王伟光 著

哲学社会科学
创新规律研究

关于构建中国特色哲学社会科学

社会科学文献出版社
SOCIAL SCIENCES ACADEMIC PRESS (CHINA)

2011 年 10 月 8 日，王伟光出席"智库在社会发展中的作用"国际研讨会

2015 年 2 月 9 日，新疆智库成立大会在北京举行，王伟光出席揭牌仪式

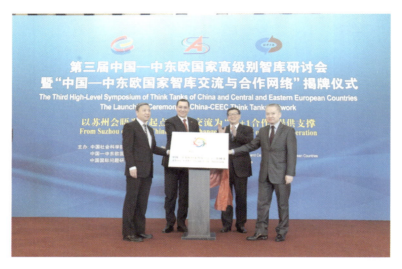

2015 年 12 月 16 日，王伟光出席第三届中国—中东欧国家高级别智库研讨会暨"中国—中东欧国家智库交流与合作网络"揭牌仪式

2016 年 6 月 29 日，王伟光出席中国社会科学院西藏智库成立大会暨第一届理事会会议

2016 年 9 月 6 日，王伟光出席中国社会科学院城乡发展一体化智库成立大会
暨深化农村集体产权制度改革研讨会

2017 年 5 月 5 日，王伟光出席走向世界的中国哲学社会科学国际论坛

2017 年 7 月 21 日，王伟光出席中国社会科学评价
研究院揭牌成立大会并致辞

2018 年 1 月 12 日，王伟光出席中国社会科学院"八名工程"
工作会议，并参观成果展览

前　言

现在摆在读者面前的是我的专题工作文集《哲学社会科学创新规律研究：关于构建中国特色哲学社会科学》。

以习近平同志为核心的党中央对哲学社会科学高度重视。2015 年 1 月，中共中央办公厅、国务院办公厅下发了《关于加强中国特色新型智库建设的意见》。2016 年 5 月 17 日，中共中央召开哲学社会科学工作座谈会，习近平总书记发表重要讲话（以下简称“‘5·17’重要讲话”）。2017 年，党中央颁发《关于加快构建中国特色哲学社会科学的意见》。2017 年 5 月 17 日，中国社会科学院建院 40 周年，习近平总书记发来贺信（以下简称“贺信”）。学习贯彻落实习近平总书记哲学社会科学工作座谈会上的重要讲话和祝贺中国社会科学院建院 40 周年贺信精神，加快构建中国特色哲学社会科学、中国特色新型智库是中国社会科学院的政治任务。围绕这一重要任务，中国社会科学院党组采取了一系列重要举措，集中精力、持续发力，努力推进中国社会科学院迈上新台阶。我的这部专题工作文集作为“哲学社会科学创新规律研究”的一个成果，主要收集了我在担任中国社会科学院领导时关于学习贯彻落实习近平总书记“5·17”重要讲话和“贺信”精神，加快构建中国特色哲学社会科学和中国特色新型智库的文稿，集中反映了我关于构建中国特色哲学社会科学和中国特色新型智库的思考和认识。

2007 年 12 月 27 日上午，我正式到中国社会科学院（以下简称“社科院”）任职。怎样按照中央要求办好社科院，加快构建中国特色哲学社会科学创新体系，繁荣发展哲学社会科学，一直是我思考并探索的大课题。这就需要研究规律、认识规律、把握规律、照规律办事。只有掌握了规律，按照规律办事，抓工作才有预见性、主动性、针对性和有效性。2009年3月17日，我在社科院2009年度工作会议的工作报告中正式提出："对于我院而言，要研究和把握'三个规律'：一是科研成果生产规律和科研人才成长规律，即出精品成果、出拔尖人才，要遵循怎样的规律；二是哲学社会科学发展规律，即哲学社会科学事业是遵循怎样的规律发展的；三是改革开放三十年我院的办院规律，即办院的经验是什么、教训是什么、有什么样的规律可循。""要认真思考和研究如何解决好我院的全局性、根本性、长远性的一系列重大问题，要考虑如何认识、把握和处理我院工作中的一些重大关系问题。譬如，基础研究和应用研究的关系、哲学社会科学创新体系和管理体制的关系、政治和学术的关系、加强统一领导和调动各方面积极性的关系等。当然还有更具体层次的关系问题也要研究，比如院和所的关系、院职能部门与研究所的关系、党委书记和所长的关系等等。能否认识和把握工作的基本规律和重要关系，关系到我院能否全面落实党中央关于办好中国社会科学院的指示要求，关系到我院改革发展大局和长远发展大计，希望全院上下都要积极探索规律、认真研究规律、不断总结规律，不断提炼、升华为理性认识，用以指导工作。"在后来的工作实践中，我又把2009年提出的"三大规律"的提法调整为"哲学社会科学人才成长规律、中国社会科学院办院规律、哲学社会科学创新规律"的提法。文字表达有所改动，更准确了，但基本精神并没有改变。

2018年3月20日，中央决定让我离开社科院领导岗位，3月22日上午，我与新任院长正式交接了工作。至此，我在社科院已经工作了十年零三个月。可以说，这十年是我逐步认识和把握社科院"三大规律"的十年，当然对"三大规律"的认识并没有完结。经过反复的实践、认识、再实践、再认识，2014年7月29日，在所局级主要领导干部"三项纪律"建设专题研讨会上的讲话中，我提出了社科院办院"三条基本经验"和"五三一"（即"五个三""一个一"）工作总要求。"三条基本经验"："第一，坚持正确的政治方向和学术导向，解决好哲学社会科学'为什么人'这个根本问题；第二，坚持科学的工作思路和举措，紧紧抓牢创新工程这一实践载体；第三，坚持把科研人员和全院群众的工作和生活需求放在重要位置，办好事、办实事，办让大家放心的事。""五三一"工作总要求："一是'三大定位'，努力把我院建设成为马克思主义的坚强阵地，我国哲学社会科学研究的最高殿堂，党中央、国务院重要的思想库和智囊团。二是'三大功能'，阵地功能、殿堂功能、智库功能。三是'三大战略'，科学强院战略、人才强院战略、管理强院战略。四是'三大风气'，加强党风、学风、作风建设。五是'三项纪律'，政治纪律、组织纪律、财经（廉洁）纪律。""一个一"："实施哲学社会科学创新工程"。2016 年，我又提炼了社科院办院的"八个坚定不移"："一是坚定不移地抓好马克思主义理论武装和理论指导，大力加强马克思主义和党的意识形态坚强阵地建设。二是坚定不移地抓好学风建设，始终坚持为人民做学问的宗旨。三是坚定不移地抓好创新工程，加快构建中国特色哲学社会科学。四是坚定不移地抓好科研这一中心任务，多出经得起实践和历史检验的优秀成果。五是坚定不移地以党和国家关注的重大理论和实践问题为主攻方向，扎实推进国家高端智库建设。六是坚定不移地抓好人才强院，选好人才、育好人才、用好人才。七是坚定不移地抓好全面从严治党和领导干部这个'关键少数'，不断加强党委、党的基层组织、党员队伍和党风廉政建设。八是坚定不移地抓好行政后勤保障体系建设，不断提高服务科研水平和保障能力。以上'八个坚定不移'是办院实践的总结和概括，是对'三条基本经验'、'五三一'工作总思路和总要求的丰富和发展，体现了办院规律，是做好全院工作的重要遵循。"这些基本经验、工作总思路总要求和重要遵循，都是院党组和全院同志共同实践、认识的结果，也包括我个人的认识和总结。

2017 年 1 月 19 日，在中国社会科学院 2017 年度工作报告中，我提出："这些年来，党组在办院实践过程中，按照中央关于办好中国社会科学院的一贯要求，认真学习贯彻中央精神，特别是习近平总书记重要讲话精神，紧紧围绕'发展什么样的哲学社会科学、怎样发展哲学社会科学'，'建设一个什么样的中国社会科学院、怎样建设中国社会科学院'的基本问题，经过理论和实践的双重探索，形成了三条基本经验，和'五个三、一个一'工作总思路，概括了'八条坚定不移'的基本遵循。这是我院建院 40 年来积累的宝贵精神财富和办院基本经验，值得继承、遵循和发扬。

2018 年 1 月 25 日，在中国社会科学院 2018 年度工作会议讲话中，我再次强调："我院办院最根本的是坚持了两条：一是坚定不移以马克思列宁主义、毛泽东思想、邓小平理论、'三个代表'重要思想、科学发展观、习近平新时代中国特色社会主义思想为指导，坚决贯彻以习近平同志为核心的党中央决策部署，同党中央保持高度一致；二是始终扭住办院总体思路和基本要求不动摇，一门心思求发展，一张蓝图绘到底，一条道路走下去。在办院实践中，经过多年的努力探索，形成了一整套办好中国社会科学院的总体思路和基本要求，即'一项战略目标'、'三条基本经验'、'五三一'工作思路要求和'八个坚定不移'重要遵循。这符合哲学社会科学研究和发展规律、中国社会科学院办院规律、哲学社会科学人才成长规律，是办院 40 年历史经验的总结，也是十八大以来在习近平新时代中国特色社会主义思想指引下办院新鲜经验的概括。"

这里，又增加了我院建设的"一项战略目标"：加快构建中国特色哲学社会科学，努力建设马克思主义理论阵地，发挥为党中央和国家决策服务的思想库作用。这是院党组根据习近平总书记 2016 年 5 月 17 日在哲学社会科学工作座谈会上关于加快构建中国特色哲学社会科学的重要讲话（简称"'5·17'重要讲话"）和 2017 年 5 月 17 日祝贺中国社会科学院成立 40 周年贺信（简称"贺信"）精神提出来的。

关于"一项战略目标"，是根据习近平总书记"5·17"重要讲话精神，院党组在深入学习、广泛征求意见的基础上，制定了《贯彻落实习近平总书记在哲学社会科学工作座谈会上的重要讲话精神总体方案》，明确提出了我院加快构建中国特色哲学社会科学的战略任务。我在 2016 年 7 月 25～29 日所局级主要领导贯彻落实习近平总书记重要讲话精神专题研讨会上的动员、总结讲话中，在 2017 年院工作会的工作报告中又多次明确了我院肩负的这一重要战略任务。

2017 年 5 月 17 日，习近平总书记在致中国社会科学院建院 40 周年的贺信中，明确要求中国社会科学院，"努力建设马克思主义理论阵地，发挥为党和国家决策服务的思想库作用"①。我在 2017 年 5 月 17 日庆祝中国社会科学院建院 40 周年大会讲话中，把习近平总书记 2016 年"5·17"重要讲话和 2017 年 5 月 17 日贺信中对我院提出的战略任务，明确概括为"一个战略目标"：加快构建中国特色哲学社会科学，努力建设马克思主义理论阵地，发挥为党中央和国家决策服务的思想库作用。

2017 年 5 月 7 日，社科院建院 40 周年。为了纪念建院 40 周年，院党组在 2016 年底决定编辑出版"中国社会科学院 40 周年纪念文库"，请曾任和在任的院主要领导每位出版一本文集。根据出版统一要求，我选编了《中国社会科学院办院规律研究》（上、下册），正式出版。中共中央党校出版社 2020 年 7 月出版了《中国特色社会主义文科大学办学规律研究》一书，收录了我关于如何办好社科院研究生院、马克思主义学院、中国社会科学院大学的有关工作文稿。这样，同现在正在编辑出版的"哲学社会科学创新规律研究"系列文集，就可以配套了。可以说，这一系列文集就是我对社科院"三大规律"认识和实践的初步答卷了。

王伟光

2021 年 10 月于中国社会科学院

---

① 《习近平致信祝贺中国社会科学院建院 40 周年》，《光明日报》2017 年 5 月 18 日第 1 版。

目　录

一　关于学习贯彻落实习近平总书记在哲学社会科学工作座谈会上的重要讲话精神

二　关于学习贯彻落实习近平总书记致中国社会科学院建院 40 周年贺信精神

三　关于中国特色新型高端智库建设

四　关于中国特色哲学社会科学话语体系建设

一 关于学习贯彻落实习近平总书记在哲学社会科学工作座谈会上的重要讲话精神

加快构建中国特色哲学社会科学的
纲领性文献*

5月17日，习近平总书记在哲学社会科学工作座谈会上发表重要讲话。讲话站在党和国家事业长远发展的战略高度，强调坚持和发展中国特色社会主义，必须高度重视哲学社会科学；必须坚持马克思主义在我国哲学社会科学领域的指导地位；必须加快构建中国特色哲学社会科学；必须加强和改进党对哲学社会科学的领导。讲话充分肯定我国哲学社会科学在中国特色社会主义伟大事业中的地位和作用，科学阐述了繁荣发展哲学社会科学的极端重要性，明确提出了构建中国特色哲学社会科学的指导思想、根本要求和主要任务，深刻阐明了事关哲学社会科学性质、方向和前途的一系列重大原则问题。习近平总书记的重要讲话，立意深远、思想深刻，富有时代性、战略性、前瞻性，具有很强的思想性、理论性、政治性、针对性和指导性，通篇贯穿着马克思主义立场观点方法，凝结着我们党对哲学社会科学工作者的殷切希望和对哲学社会科学事业的迫切期待，体现了我们党对哲学社会科学工作规律的新思想新认识。讲话具有巨大的理论说服力和思想引领力，是一篇加快构建中国特色哲学社会科学的纲领性文献，为做好新时期哲学社会科学工作提供了根本遵循和行动指南。哲学社会科学战线要认真学习领会、贯彻落实习近平总书记重要讲话精神，全面推进哲学社会科学创新发展。

---

* 原载《社科党建》2016年第3期，《光明日报》2016年5月20日，《红旗文稿》2016年第11期，收入本书时有改动。

一 坚持和发展中国特色社会主义，迫切需要哲学社会科学

习近平总书记全面论述了我国哲学社会科学在发展中国特色社会主义伟大事业中的重要地位和作用。他强调，一个没有发达的自然科学的国家不可能走在世界前列，一个没有繁荣的哲学社会科学的国家也不可能走在世界前列。坚持和发展中国特色社会主义，哲学社会科学具有不可替代的重要地位，哲学社会科学工作者具有不可替代的重要作用。坚持和发展中国特色社会主义，必须高度重视哲学社会科学。

哲学社会科学在经济社会发展中发挥着极其重要的作用。哲学社会科学是解放和发展社会生产力的精神力量。在生产力与生产关系、经济基础与上层建筑的矛盾运动过程中，哲学社会科学不仅提供了关于社会发展的规律性认识，而且提供了理论思维方式方法，指导人们的社会实践沿着正确的方向前进，推动社会生产力的解放和发展。历史证明，社会的发展和进步，不能没有自然科学，也同样不能没有哲学社会科学，哲学社会科学具有与自然科学同等重要的地位。而且，对于经济社会发展的方向和目标来说，对于塑造和提升人的素质来说，哲学社会科学发挥着不同于自然科学的独特作用。哲学社会科学又是实现社会变革、创建制度文明的理论先导。作为世界哲学社会科学发展最高成果的马克思主义理论，是认识、变革人类社会的根本性理论武器。自马克思主义诞生开始，哲学社会科学通过对社会矛盾和社会发展规律的正确把握和运用，使人类的社会变革活动逐步由自发趋向自觉，并进而指引一些国家和民族建立了符合社会发展规律和历史发展总趋势、反映时代和实践要求的社会制度。

我们党历来高度重视哲学社会科学。1940 年 2 月 5 日，毛泽东同志明确将自然科学和社会科学相提并论，提出了一个极富创见的观点，"自然科学是要在社会科学的指挥下去改造自然界"①。邓小平同志明确

---

① 《毛泽东文集》第 2 卷，人民出版社 1993 年版，第 269 页。

指出，"科学当然包括社会科学"①；"自然科学固然重要，要搞好，社会科学也很重要"②。他还说："哲学、社会科学同自然科学一样，决不能忽视基础理论的研究，这些研究是理论工作的任何巨大前进所不可缺少的。"③ 江泽民同志提出"四个同样重要"思想："在认识和改造世界的过程中，哲学社会科学与自然科学同样重要；培养高水平的哲学社会科学家，与培养高水平的自然科学家同样重要；提高全民族的哲学社会科学素质，与提高全民族的自然科学素质同样重要；任用好哲学社会科学人才并充分发挥他们的作用，与任用好自然科学人才并发挥他们的作用同样重要。"④ 胡锦涛同志特别强调："哲学社会科学发展水平和繁荣程度是一个民族综合素质和文化力量的重要体现和标志。"⑤ 党的十八大以来，以习近平同志为总书记的党中央，多次强调要大力加强中国特色新型智库建设，高度重视哲学社会科学的独特地位和重要作用。习近平总书记强调指出，要从推动科学决策、民主决策，推进国家治理体系和治理能力现代化、增强国家软实力的战略高度，把中国特色新型智库建设作为一项重大而紧迫的任务切实抓好。习近平总书记的一系列重要指示和重要讲话，向我国哲学社会科学界明确了新的任务、提出了新的要求。

哲学社会科学是中国特色社会主义事业不可或缺的重要组成部分，发挥着不可替代的作用。当前，我们党站在一个新的历史起点上，带领全国各族人民把中国特色社会主义伟大事业进一步推向前进，向我国哲学社会科学事业提出了崭新的时代课题，繁荣发展哲学社会科学是坚持和发展中国特色社会主义事业的必然要求。哲学社会科学大有可为，哲学社会科学大有展示才华的舞台。

---

① 《邓小平文选》第 2 卷，人民出版社 1994 年版，第 48 页。
② 《邓小平年谱（1975—1997）》（上），中央文献出版社 2004 年版，第 225 页。
③ 《改革开放三十年重要文献选编》（上），中央文献出版社 2008 年版，第 43 页。
④ 《江泽民论有中国特色社会主义（专题摘编）》，中央文献出版社 2002 年版，第 275 页。
⑤ 《胡锦涛文选》第 1 卷，人民出版社 2016 年版，第 384 页。

二　坚持正确的政治方向和学术导向，自觉接受马克思主义对哲学社会科学的指导

习近平总书记科学阐述了马克思主义的真理性、实践性、科学性和创新性。他强调："坚持以马克思主义为指导，是当代中国哲学社会科学区别于其他哲学社会科学的根本标志，必须旗帜鲜明加以坚持。"①我国广大哲学社会科学工作者，必须自觉接受马克思主义指导，自觉把中国特色社会主义理论体系贯穿研究和教学全过程，转化为清醒的理论自觉、坚定的政治信念、科学的思维方法。

坚持以马克思主义为指导，对于以科学研究为终生追求的哲学社会科学工作者来说，应该主动地、自觉地学习马克思主义，做到真学、真懂、真信、真用，真正树立马克思主义世界观，掌握马克思主义方法论，不断提高用马克思主义指导工作的能力，学会运用马克思主义指导科学研究。要在马克思主义指导下，自觉把正确的政治方向和学术导向统一起来，寓政治于学术之中，寓马克思主义道理于学理之中，将把住正确方向贯穿于一切科研活动的学术导向之中。

坚持马克思主义对哲学社会科学的指导，最核心的是解决哲学社会科学为什么人的问题。为什么人的问题，是马克思主义唯物史观的核心问题，是哲学社会科学研究的根本性、方向性、原则性问题。解决哲学社会科学为什么人的问题，说到底，就是要解决哲学社会科学工作者为什么人从事学术研究的问题，即为谁服务的问题。为人民群众做学问、为人民群众拿笔杆子，是我国哲学社会科学工作者的神圣职责，是实现哲学社会科学价值的必然途径。

坚持马克思主义对哲学社会科学的指导，最重要的是解决好理论联系实际的马克思主义学风问题。哲学社会科学工作者要积极投身于创新实践，要面向经济社会发展主战场、面向人民群众新需求，深入一线，

---

① 习近平：《在哲学社会科学工作座谈会上的讲话》，《人民日报》2016年5月19日，第2版。

深入群众，深入实际，坚持从人民群众的生产和生活中，从中国特色社会主义的伟大实践中，汲取智慧营养，获取发展源泉和动力。

坚持马克思主义对哲学社会科学的指导，关键是要坚持问题导向，以党和人民关注的重大理论和现实问题为科研主攻方向。问题导向是马克思主义的鲜明特色。问题是时代的声音，每个时代总有属于它自己的问题，只有树立强烈的问题意识，才能实事求是地对待问题、解决问题。

坚持以马克思主义为指导，必须大力推进马克思主义中国化、时代化、大众化，继续发展21世纪马克思主义、当代中国马克思主义。马克思主义是开放的、创新的，永远不会停留在一个水平上。我们所要坚持的马克思主义，绝不是僵化的教条的马克思主义，而是在实践中不断发展的生机勃勃的马克思主义。

坚持正确的政治方向和学术导向，坚持以马克思主义为指导，必须坚持和改进党对哲学社会科学的领导。党的领导是繁荣发展哲学社会科学事业的根本保证。各级党委要重视和加强对哲学社会科学工作的政治领导和工作指导，一手抓繁荣发展，一手抓管理，从政治方向、学术导向、科研课题、机构设置、人才培养、物质保障等方面关心和支持哲学社会科学事业发展。哲学社会科学研究机构和广大哲学社会科学工作者也要自觉接受党的领导。

三 结合中国特色社会主义伟大实践，加快构建中国特色哲学社会科学

习近平总书记指出："观察当代中国哲学社会科学，需要有一个宽广的视角，需要放到世界和我国发展大历史中去看。人类社会每一次重大跃进，人类文明每一次重大发展，都离不开哲学社会科学的知识变革和思想先导。"[1] 在深刻把握当今时代、当代中国新形势新实践新需要的基础上，他提出了加快构建中国特色哲学社会科学的战略任务和历史

---

[1]　习近平：《在哲学社会科学工作座谈会上的讲话》，《人民日报》2016年5月19日，第2版。

使命。习近平总书记强调，加快构建中国特色哲学社会科学，"要按照立足中国、借鉴国外，挖掘历史、把握当代，关怀人类、面向未来的思路"，"在指导思想、学科体系、学术体系、话语体系等方面充分体现中国特色、中国风格、中国气派"。①

一是要体现继承性、民族性。要善于继承、吸收借鉴人类优秀文明成果，善于融通马克思主义的资源、中华优秀传统文化的资源、国外哲学社会科学的资源，坚持不忘本来、吸收外来、面向未来。体现继承性，就要坚定文化自信，挖掘和阐发中华优秀传统文化，努力实现中华传统美德的创造性转化、创新性发展，把具有当代价值的中国文化精神弘扬起来，把继承优秀传统文化又弘扬时代精神、立足本国又面向世界的当代中国文化创新成果传播出去。

二是要体现原创性、时代性。习近平总书记指出："我们的哲学社会科学有没有中国特色，归根到底要看有没有主体性、原创性。"② 创新是哲学社会科学的本质所在，是一个国家、民族、政党发展的不竭动力。只有以我国实际为研究起点，提出具有主体性、原创性的理论观点，构建具有自身特质的学科体系、学术体系、话语体系，我国哲学社会科学才能形成自己的特色和优势。

三是要体现系统性、专业性。中国特色哲学社会科学应该涵盖历史、经济、政治、文化、社会、生态、军事、党建等各领域，囊括传统学科、新兴学科、前沿学科、交叉学科、冷门学科等诸多学科，不断推进学科体系、学术体系、话语体系建设和创新，努力构建一个全方位、全领域、全要素的哲学社会科学体系，敢于创立中国学派、中国理论、中国观点，使中国哲学社会科学真正屹立于世界哲学社会科学之林。

---

① 习近平：《在哲学社会科学工作座谈会上的讲话》，《人民日报》2016 年 5 月 19 日，第 2 版。
② 习近平：《在哲学社会科学工作座谈会上的讲话》，《人民日报》2016 年 5 月 19 日，第 2 版。

认真学习贯彻落实习近平总书记在哲学
社会科学工作座谈会上的重要讲话精神[*]

今天院党组召开全院学习贯彻落实习近平总书记在哲学社会科学工作座谈会上的重要讲话精神动员会。刚才，京清同志对学习做了安排，英伟同志传达了云山同志重要讲话精神，张江同志对党组的部署做了安排。这都是经过党组讨论形成的初步思路，进一步贯彻落实习近平总书记重要讲话精神还要靠全院行动起来。习近平总书记 5 月 17 日在哲学社会科学工作座谈会上的重要讲话，是新形势下坚持马克思主义指导地位，加快推进中国特色哲学社会科学创新体系建设的指导纲领。习近平总书记重要讲话，体现了对哲学社会科学的迫切期待，体现了对哲学社会科学工作者的殷切希望，是对哲学社会科学战线，也是对中国社会科学院的关怀、支持和指导，哲学社会科学工作者深受鼓舞。我们一定要认真学习并深入贯彻落实习近平总书记重要讲话精神，全面推进中国特色哲学社会科学创新体系建设。下面，我代表党组强调四点意见。

一 把深入学习贯彻习近平总书记关于哲学社会科学重要
讲话作为长期的政治任务切实抓紧抓好抓实

习近平总书记重要讲话，高度评价了我国哲学社会科学在中国特色

　＊　该文系作者 2016 年 5 月 31 日在中国社会科学院第六期局级主要领导干部马克思主义经典著作读书班上的动员讲话，原载《院内通报》2016 年 6 月 26 日，《社科党建》2016 年第 4 期，《世界社会主义研究动态》2016 年 7 月 5 日，收入本书时有改动。

社会主义伟大事业中的重要地位和不可替代的作用，科学阐述了繁荣发展哲学社会科学的极端重要性，充分肯定了我国哲学社会科学所取得的成绩，正确分析了我国哲学社会科学面临的新形势、新任务和需要着力解决的问题，明确提出了推进中国特色哲学社会科学创新体系建设的历史使命、指导思想、根本要求、主要任务和政治保障，深刻阐明了事关哲学社会科学性质、方向和前途的一系列重大原则问题。习近平总书记重要讲话立意深远，思想深刻，通篇贯穿着马克思主义的立场、观点和方法，凝结着我们党对哲学社会科学工作规律的新思想、新认识，富有时代性、战略性，体现了很强的思想性、理论性和指导性。讲话具有巨大的理论说服力和思想引领力，是一篇指导我国哲学社会科学创新发展的马克思主义纲领性文献，为做好新时期哲学社会科学工作提供了根本遵循和行动指南。我院有十几位学者，包括十名研究所所长、两名发言人出席了这次座谈会。在昨天召开的全国科技创新大会、两院院士大会和中国科协第九次全国代表大会上，习近平总书记和李克强总理在讲话中都强调最大限度解放科研生产力，延东同志的讲话也强调了这一精神，博得全体与会人员的阵阵掌声。习近平总书记关于哲学社会科学的重要讲话吹响了创造无愧于当代中国伟大时代、伟大事业、伟大实践的最繁荣、最辉煌的中国特色哲学社会科学创新体系的进军号角，赋予了哲学社会科学发挥作用的最大空间、最有作为的舞台和最难得的机遇。这次讲话为全体哲学社会科学工作者提供了一次难得的机遇。中国社会科学院作为党中央直接领导的国家级哲学社会科学研究机构和宣传思想文化战线上的重要阵地，一定要把学习贯彻习近平总书记重要讲话精神作为一项长远的、根本的政治任务，常抓不懈，抓出成效，决不辜负习近平总书记和党中央的重托。院党组精心部署安排，大力推动在我院领导干部、科研人员、管理人员、后勤保障人员中认真地、持久地、深入地开展学习活动，以党组中心组为龙头，要求全院领导干部带头学习，自觉带领全院深入学习、普遍学习、真学真用。

我院要坚决遵照习近平总书记的重要指示和要求，坚定不移地坚持以马克思主义为指导，增强政治意识、大局意识、核心意识、看齐意识，以饱满的热情、创新的精神、务实的作风，创造性地开展工作，努力构建中国特色哲学社会科学创新体系，努力把我院建成马克思主义坚强阵地、党的意识形态工作重镇、我国哲学社会科学研究的最高殿堂、党中央国务院的综合性新型高端智库，为人民服务，为中国特色社会主义服务，为实现"两个一百年"奋斗目标和中华民族伟大复兴的中国梦贡献力量。

二 准确把握习近平总书记关于哲学社会科学的重要讲话精髓，学深悟透真用

习近平总书记重要讲话，提出了关于哲学社会科学的一系列新理念、新思想、新战略，是我国哲学社会科学发展进程中具有里程碑意义的标志性大事。学习贯彻习近平总书记重要讲话精神，我们必须吃透精神、领会实质、掌握要领、真学会用。

学习领会习近平总书记重要讲话精神，应该集中领会习近平总书记重要讲话中回答的一个核心问题，即面对新形势，发展什么样的哲学社会科学，怎样发展哲学社会科学。还应该集中领会习近平总书记重要讲话中提出的一个中心问题，即结合中国特色社会主义实践，构建中国特色哲学社会科学创新体系。最重要的是深刻领会和全面把握五个重要论述：一是关于哲学社会科学重要地位和作用的重要论述；二是关于哲学社会科学"五个面对""五个更好发挥作用"的重要论述；三是关于哲学社会科学指导思想和根本遵循的重要论述；四是关于加快构建中国特色哲学社会科学目标任务的重要论述；五是关于加强和改善党的领导是繁荣发展哲学社会科学根本保证的重要论述。同时，还要认真学习以下重要观点：第一，关于坚持和发展中国特色社会主义，必须高度重视哲学社会科学的重要观点；第二，关于坚持以马克思主义为指导，是当代中国哲学社会科学区别于其他哲学社会科学的根本标志，必须旗帜鲜明加以坚持的重要观点；第三，关于坚持继续推进马克思主义中国化、时代化、大众化，继续发展21世纪马克思主义、当代中国马克思主义的

重要观点；第四，关于我国哲学社会科学工作者要自觉以马克思主义为指导，自觉把中国特色社会主义理论体系贯穿研究和教学全过程，转化为清醒的理论自觉、坚定的政治信念、科学的思维方法的重要观点；第五，关于哲学社会科学工作者以马克思主义为指导，首先要解决真懂真信的问题，核心要解决好为什么人的问题，最终要落实到怎么用上来的重要观点；第六，关于哲学社会科学工作者要自觉担负起为党和人民述学立论、建言献策光荣使命的重要观点；第七，关于按照立足中国、借鉴国外，挖掘历史、把握当代，关怀人类、面向未来的思路加快构建全方位、全领域、全要素中国特色哲学社会科学创新体系，在指导思想、学科体系、学术体系、话语体系等方面充分体现中国特色、中国风格、中国气派的重要观点；第八，关于构建中国特色哲学社会学科创新体系要体现继承性、民族性、原创性、时代性、系统性、专业性要求的重要观点；第九，关于实施以育人育才为中心的哲学社会科学整体发展战略，构筑学生、学术、学科一体的综合发展体系的重要观点；第十，关于构建中国特色哲学社会科学，要从人抓起，久久为功，实施哲学社会科学人才工程，建设哲学社会科学人才体系的重要观点；第十一，关于落实党的知识分子政策，切实做到政治上充分信任、思想上主动引导、生活上关心照顾的重要观点；第十二，关于繁荣发展哲学社会科学，必须解决好学风问题的重要观点；第十三，关于落实"双百"方针，提倡哲学社会科学理论创新和知识创新，营造哲学社会科学风清气正、互学互鉴、大胆探索、积极向上学术生态的重要观点；第十四，关于加强和完善党对哲学社会科学的领导是繁荣发展我国哲学社会科学的根本保证的重要观点。以上一个核心问题、一个中心问题、五个重要论述、十四个重要观点在学习过程中要加以深刻理解。

三　以习近平总书记关于哲学社会科学重要讲话精神为指导，狠抓落实，办好中国社会科学院

贯彻落实习近平总书记重要讲话精神，中国社会科学院一定要以

习近平总书记重要讲话精神为指导，密切结合实际，紧紧把握实施哲学社会科学创新工程这一实践抓手，重点抓好以下几个方面工作。

第一，始终坚持马克思主义指导地位，努力把中国社会科学院建设成为马克思主义和党的意识形态的坚强阵地。坚持用马克思主义、中国特色社会主义理论体系武装全院，用习近平总书记系列讲话精神统领哲学社会科学研究，提高领导干部及科研人员用马克思主义指导科研的能力。扎实推进中央马克思主义理论研究和建设工程，院马克思主义理论学科建设与理论研究工程、马克思主义文艺理论与文艺批评建设工程，努力取得一批具有重要影响力的高质量研究成果。加强马克思主义理论学科体系、话语体系和学术体系建设。加强党的主流意识形态宣传和马克思主义理论人才队伍建设，培养一批马克思主义理论研究和宣传的高层次人才。完善意识形态工作制度，加强意识形态工作。大力推进马克思主义研究学部、马克思主义研究院、当代中国研究所、信息情报研究院、中国特色社会主义理论体系研究中心、世界社会主义研究中心和马克思主义学院等七大平台建设。充分发挥报刊出版馆网库志和学术评价名优建设工程的理论学术传播作用。建设方向正确、理论深厚、战斗力强、定位清晰、功能互补的马克思主义理论研究和主流意识形态宣传研究阵地集群。

第二，加快构建中国特色哲学社会科学创新体系，努力把中国社会科学院建设成为哲学社会科学研究的最高殿堂。构建中国特色哲学社会科学创新体系是一项系统工程，要加强顶层设计、调动各方力量、统筹协调推进，要深入实施哲学社会科学创新工程，不断推出能够反映中国哲学社会科学水平的传世力作。实施人才强院战略，爱护人才、关心人才、培养人才，建设一支又红又专的科研人才队伍。坚持基础研究与应用研究，理论研究与对策研究，传统优势学科建设与新兴学科、交叉学科建设并重并举，不断巩固和完善学科体系，强化学科优势，保护并发展绝学和濒危、冷门、稀有学科，厚植国家哲学社会科学研究水平的殿堂根基，充分发挥我院在全国哲学社会科学界的示范和引领作用。

第三，坚持问题导向，以党和人民关注的重大理论和现实问题为科研主攻方向，努力把中国社会科学院建设成为国家级综合性新型高端智库。着力构建"院—所—专业"三级全院合理的智库结构，集中力量建设专业化智库群。发挥我院学科齐全、专家云集的优势和研究专长，围绕中央决策急需的重大课题，瞄准国家重大战略需求，开展全局性、战略性、前瞻性、针对性、储备性对策研究。坚持高起点推进、高质量研究、高水平建设，努力把中国社会科学院打造成为在国内外有广泛影响的代表国家最高水准的高端智库。

第四，全面从严治党，加强和改善党对哲学社会科学的领导，重视人才队伍建设和管理体制机制创新。坚持和加强党对哲学社会科学的政治领导和工作指导，确保马克思主义在哲学社会科学领域的指导地位，确保正确的政治方向和学术导向，一手抓繁荣发展哲学社会科学，一手抓管理引导领导，是繁荣发展哲学社会科学的政治保障，我院必须紧紧把握住这一根本保障，加强而不是削弱党的领导，巩固党的领导核心地位，发挥党的政治保证作用，坚定不移地坚持党委领导下的所长负责制。落实知识分子政策，尊重劳动、尊重知识、尊重人才、尊重创造。对待知识分子做到政治上关心、思想上引导、工作上创造条件、生活上关心照顾，多为他们办实事、做好事、解难事，全面贯彻"二为"方向和"双百"方针，正确区分政治问题和学术问题，关心好、培养好、使用好哲学社会科学工作者队伍，让广大哲学社会科学工作者成为先进思想的倡导者、科学研究的开拓者、社会风尚的引领者、党执政的坚定支持者，充分发挥哲学社会科学对党和国家各项事业的促进作用。

四　以高度的政治责任感和看齐意识，切实抓好习近平总书记重要讲话精神的学习贯彻落实工作

第一，领导班子带头学好，带领全院真学、真懂、真用习近平总书记重要讲话精神。各单位以领导班子、领导骨干为主要对象，集中力量先学一步，在此基础上，要组织本单位所有同志学习习近平总书记重要讲话精神。

第二，制定好落实方案，抓好工作落实。各单位结合本单位的特点和实际，制定好学习贯彻落实习近平总书记重要讲话精神的工作方案。工作方案要实，要具体到什么举措、什么步骤、什么办法，不要长篇大论讲空道理。6月20日前要把工作方案报上来，形成总方案后报送中央，召开全院的动员会议和暑期专题工作会议，进一步贯彻落实。暑期专题工作会议一般是7月20日至7月底，希望各单位参加暑期专题工作会议的同志在这段时间内除中央要求外，不要出国、出访，不要安排其他工作，原则上不要请假。暑期专题工作会议将专门安排3天时间学习习近平总书记重要讲话精神，用两天时间研讨全院整改措施和如何进一步推进全院各项工作。

第三，推进制度创新，最大限度解放科研生产力。根据习近平总书记在哲学社会科学工作座谈会上重要讲话精神和科技创新大会上重要讲话精神，院党组反复讨论、统筹考虑，要按照中央精神，最大限度调动科研人员积极性，大力推进中国特色哲学社会科学创新工程，多出成果，多出人才。我们要在巡视和审计基础上，洗掉身上的灰尘，轻装上阵，大踏步迎接哲学社会科学的春天。党组要在管理体制机制和制度上进一步创新，特别要在科研经费的管理体制机制上创造更宽松的条件，要为全院科研人员多办好事、多办实事，最大限度解放科研生产力。我们要继续最大限度地解决知识分子面临的困难。进一步加大创新工程的制度创新、管理体制机制创新和科研经费管理创新的力度，努力创造一个良好的科研环境。

为构建中国特色哲学社会科学作出更大贡献*

为期 5 天的专题研讨班办得很好，达到了预期的效果。这次专题研讨班，是我院学习贯彻习近平总书记重要讲话精神、加快构建中国特色哲学社会科学的再动员，是共同谋划我院未来建设和发展的开拓创新会，也是部署工作的责任落实会，对于我院深入贯彻落实习近平总书记系列重要讲话精神，巩固审计和巡视整改成果，深入实施创新工程，推进全面从严治党，加强党的意识形态阵地建设，发挥我院"四大功能"作用，实现中央"三大定位"要求，具有重要意义。

研讨班主题鲜明、内容丰富。研讨班的主题是深入学习贯彻习近平总书记在庆祝中国共产党成立 95 周年大会上和在哲学社会科学工作座谈会上的重要讲话精神，结合学习习近平总书记党的十八大以来关于意识形态和宣传思想文化工作的重要讲话，部署我院贯彻落实讲话精神的各项工作，巩固巡视和审计整改成果，大力推动创新工程，为构建中国特色哲学社会科学作出更大的贡献。院党组把习近平总书记在全国宣传思想工作会议、全国党校工作会议、文艺工作座谈会、新闻舆论工作座谈会、网络安全和信息化工作座谈会和在全国科技创新大会、两院院士大会、中国科协第九次全国代表大会上的重要讲话，以及党的十八大以来中央办公厅关于当前意识形态领域情况的通报等重要文件印发与会代表进行学习，并把学习贯彻讲话精神与我院改革发展紧密结合起来，使之成为进一步办好中国社会科学院的强大精神动力。

---

* 该文系作者 2016 年 7 月 29 日在贯彻落实习近平总书记重要讲话精神专题研讨班上的总结讲话，原载《社科党建》2016 年第 4 期，收入本书时有改动。

开班当天，我代表院党组作了动员报告，重点谈了学习习近平总书记"5·17"重要讲话精神的体会。研讨班还邀请李慎明同志作了党的十八大以来意识形态总体形势的报告；院领导分别就我院贯彻落实重要讲话精神总体方案和落实中央巡视组意见形成的三个重要文件以及相关工作作了说明，提出了要求。

六个单位负责同志交流了学习讲话精神的体会和治所思路。与会同志结合院所工作实际，进行了认真学习和热烈讨论。刚才，四位同志对各小组讨论情况作了很好的交流，集中反映了大家的学习成果。

同志们一致认为，习近平总书记在哲学社会科学工作座谈会上发表的重要讲话，从坚持和发展中国特色社会主义的政治高度，深刻回答了事关我国哲学社会科学长远发展的一系列根本性问题，明确提出了关于哲学社会科学发展的一系列新理念新思想新战略，系统阐明了加快构建中国特色哲学社会科学的重要性、特殊性、紧迫性和创新性，是我国哲学社会科学发展进程中具有里程碑意义的标志性大事，是当前和今后一个时期指导哲学社会科学发展的纲领性文件。讲话吹响了向构建中国特色哲学社会科学进军的号角，我们要用讲话精神统一思想和行动，认清肩负的重任，珍惜难得的机遇，为繁荣哲学社会科学贡献力量。

大家普遍认为，近年来，在院党组的领导下，我院实施创新工程，加强高端智库建设，进行体制机制改革，科研和各项工作都取得很大成绩，为党和国家重大决策及哲学社会科学的繁荣发展作出了一定贡献，院党组的工作得到党中央国务院的充分肯定和全院同志的高度评价。但是，与习近平总书记重要讲话要求相比，与新形势新任务要求相比，还有很多工作要做。我们要乘着习近平总书记在哲学社会科学工作座谈会上发表重要讲话的东风，站在新的历史起点上，开拓进取、奋发有为，推动全院各项工作再上一个新的台阶，在繁荣发展哲学社会科学事业方面继续发挥示范引领作用。通过学习、讨论和交流，大家对坚持以马克思主义为指导、加快构建中国特色哲学社会科学的重要性和紧迫性、主要任务和具体措施，思想更加统一，认识更加深刻，工作的积极性和自觉性大大增强。

同志们认为，这次专题研讨班印发的文件及方案、实施细则、实施办法，是院党组经过反复调查研究、反复讨论形成的，务实且具可操作性和创新性，具有非常重要的指导意义，能鼓舞人心。大家反映，这次研讨班虽然时间比较短，但是节奏紧凑、内容丰富、研讨深入，认真思考了许多问题，感到很振奋、很充实，收获也很大。

研讨班上，同志们带着强烈的责任感和问题意识，共同为我院改革发展献计献策。许多同志提出，哲学社会科学有数量缺质量、有专家缺大师的问题还没有得到有效解决。我院要在科研成果、智库建设、人才培养等方面得到较大提升，在坚持以马克思主义为指导，构建中国特色哲学社会科学方面发挥更大作用，必须正视这个问题，并积极采取有力措施加以解决。

在研讨班期间，党组召开了中心组理论学习会议。会议围绕学习贯彻习近平总书记在哲学社会科学工作座谈会上的重要讲话精神开展集中研讨。会议指出，院党组对贯彻落实习近平总书记在哲学社会科学工作座谈会上的重要讲话精神高度重视。作为党中央国务院直接领导的哲学社会科学研究机构，如果我们不学习、不执行、不落实讲话精神，就是失职、失责，要严肃问责、追责，必须提到这样的高度来认识。党组要不断提高自觉性和责任感，切实抓好讲话精神的学习贯彻落实。

党组认为，我院贯彻落实习近平总书记重要讲话精神，最重要的是坚持马克思主义的指导，加快构建中国特色哲学社会科学，多出高质量的成果、多出高水平的人才。党组一致认为要做好以下方面的工作。第一，一定要把以科研为中心的办院要务扎扎实实地落在实处，坚定不移地抓住科研这一中心任务，牢牢咬定创新工程不放松，聚精会神抓科研，一心一意谋创新，把学习总书记重要讲话精神的成果、审计和巡视整改的成果，体现在最大限度地解放科研生产力、尽一切力量调动科研人员的积极性和创造性上。第二，一定要抓住科研质量这一关键环节，坚持质量至上，在学科体系创新、学术观点创新、科研方法创新、话语体系创新上下功夫，出传世之作、出精品力作、出鸿篇巨作。要增强议题设置能力，善于提炼标识性概念，提高我院学术影响力、决策影响力和国际影响力。第三，一定要坚持基础学科和应用学科、基础研究和应用研究并举并重，大力实施学科建设"登峰计划"，统筹抓好濒危学科、冷门学科建设，努力推进学科体系创新。第四，一定要努力实施人才强院战略，加大留住人才、引进人才、培养人才、使用人才的力度，加大对长城学者和青年学者的支持力度，鼓励潜心为人民做学问。第五，一定要进一步推进创新工程体制机制改革，思想更解放一些，胆子更大一些，思路更开阔一些，方法更多一些，在坚持和完善后期资助目标报偿的制度设计和实施上，在科研评奖、科研表彰制度的设计和实施上，在科研经费管理的制度设计和实施上下功夫，继续加大科研经费投入，今年打算在后期资助目标报偿上投入 8000 万元，在学科建设，人才引进、培养，调动人才科研积极性上投入 4000 万元。第六，一定要全力解决好科研人员的切身利益问题，做好行政后勤保障工作，关心他们的生活，关心他们的工作，让科研人员心无旁骛、毫无后顾之忧地一门心思搞科研。

这次专题研讨班严格执行中央八项规定和我院有关制度要求，本着务实节俭的原则，严格落实了各项节约措施。当然，党组也要求在有限的经费内，让大家吃好、住好，把班办好。为办好这次研讨班，院里专门成立了筹备工作领导小组，下设文件组、简报组、会务组和后勤保障组四个专项工作小组。工作小组的同志们加班加点，努力工作，认真准备文件，编写简报，合理安排日程，做好后勤保障。在此，我代表院党组，向辛勤为研讨班提供服务的同志们表示衷心的感谢！

根据院党组部署，各单位要尽快传达学习这次研讨班精神，并认真扎实地推进各项任务的贯彻落实。关于研讨班精神的学习贯彻问题，我讲几点意见。

第一，要认真学习贯彻习近平总书记重要讲话精神。院属各单位要在前一阶段学习的基础上，继续深入推进对习近平总书记重要讲话精神的传达学习和贯彻落实工作。要把学习习近平总书记在庆祝中国共产党成立 95 周年大会上和在哲学社会科学工作座谈会上的讲话，与学习习近平总书记系列重要讲话特别是关于宣传思想文化工作的重要讲话结合起来，与学习党的十八大以来中央关于意识形态工作的指示精神结合起来，切实用讲话精神统一干部职工思想，指导我院各项工作。根据中宣部要求，我院要在今年下半年和明年上半年组织开展学习贯彻习近平总书记在哲学社会科学工作座谈会上重要讲话精神的专题培训工作，院属各单位都有自行培训任务，目前我院的专题培训工作方案已报中宣部，待批准后向院属单位正式发文实施。

第二，要把全院同志的思想和行动统一到这次研讨班精神上来，充分认识加快构建中国特色哲学社会科学的重要性和紧迫性。会后，各单位负责同志要尽快将这次研讨班精神传达到每一位干部职工，组织本单位人员认真学习习近平总书记重要讲话，学习这次研讨班上院领导所作的相关讲话和部署、审议的有关文件，特别是形成的重大认识成果，真正用研讨班精神统一全院同志的思想，并认真落实到各项工作中去。

第三，结合工作实际，制定切实可行的落实措施。会后，各单位要根据党组的要求和部署，在认真学习的基础上，从本单位实际出发，根据我院贯彻落实习近平总书记在哲学社会科学工作座谈会上重要讲话精神的总体方案，修改完善本单位的落实方案。这里需要说明的是，这次审议的文件，都是事关我院长远发展和建设的制度性、根本性举措，等会后充分吸纳大家提出的意见和建议后正式发文贯彻执行。党组要求，对我院《贯彻落实习近平总书记在哲学社会科学工作座谈会上的重要讲话精神总体方案》、《中共中国社会科学院党组关于落实全面从严治党切实加强党的建设的意见》及实施细则、《中共中国社会科学院党组关于加强党的意识形态工作，建设马克思主义坚强阵地的意见》及实施细则、《中共中国社会科学院党组关于改进和完善选人用人制度加强领导班子和人才队伍建设的意见》及实施细则，以及《中国社会科学院创新工程研究单位、科研人员绩效考核和后期资助目标报偿实施办法》、《贯彻落实〈关于进一步完善中央财政科研项目资金管理等政策的若干意见〉工作方案》的意见建议，由相关责任单位修改后于8月10日前提交办公厅，印发全院贯彻执行。各单位的具体实施方案，8月20日前提交办公厅。办公厅负责把同志们的意见汇总转各相关单位提出整改措施。

第四，切实发挥党的领导核心作用和政治保证作用。院属各单位党组织要切实增强管党治党意识，坚决贯彻落实中央和院党组的重大决策部署，加强领导，精心组织，狠抓落实，最大限度地调动全院人员的积极性。院党组对全院全面从严治党负总责，全院各级党组织都要严格落实全面从严治党主体责任，把从严从实推进党的建设作为分内之事、应尽之责。要认真执行党委领导下的所长负责制，建设强有力的领导班子，提高执行力，坚持"聚精会神抓科研，一心一意谋创新"，带领本单位干部职工努力完成好下半年的改革创新任务和各项工作，深入推进创新工程实施。办公厅等单位要加强对落实情况的督促和检查，确保年度各项工作任务的完成。

最后说一下休假。院暑期集中休假时间在 8 月 1 日至 8 月 15 日，在此期间，除特殊情况外不安排全院性的会议和活动。希望同志们在休假期间严格遵守中央八项规定精神和有关规章制度，把"两学一做"学习教育落在实处，坚决反对"四风"，严禁公款旅游、公车私用等行为，要严格执行请假报备和值班制度，加强防汛防火工作。休假通知办公厅已下发，要认真贯彻落实。

同志们，这次会议是一次团结的会议、鼓劲的会议、振奋人心的会议、推动科研大发展的会议，必将在我院发展历史上留下浓墨重彩的一页。党组对在座的"关键少数"寄予殷切的希望和重托。同志们，哲学社会科学又一个春天到来了，让我们张开双臂，满怀激情地拥抱这个春天，放下包袱，轻装上阵，凝聚共识，团结一致，不辱使命，奋力拼搏，推动我院乘风而上。

学习贯彻落实习近平总书记关于哲学社会科学重要讲话精神，加快构建中国特色哲学社会科学[*]

习近平总书记 5 月 17 日在哲学社会科学工作座谈会上的重要讲话，高度评价我国哲学社会科学在中国特色社会主义伟大事业中的重要地位和不可替代的作用，科学阐述繁荣发展哲学社会科学的极端重要性，充分肯定我国哲学社会科学所取得的成绩，正确分析我国哲学社会科学所面临的新形势、新任务和应着力解决的问题，明确提出推进中国特色哲学社会科学创新体系建设的历史使命、指导思想、根本要求、主要任务和政治保证，深刻阐明事关哲学社会科学性质、方向和前途的一系列重大原则问题。习近平总书记的重要讲话，立意深远、思想深刻，通篇贯穿着马克思主义立场观点方法，凝结着我们党对哲学社会科学工作规律的新思想新认识，富有时代性、战略性，具有很强的思想性、理论性和指导性。讲话具有巨大的理论说服力和思想引领力，是一篇指导我国哲学社会科学创新发展的马克思主义纲领性文献，为做好新时期哲学社会科学工作提供了根本遵循和行动指南。

一　深刻领会和全面把握关于哲学社会科学重要地位和不可替代作用的重要论述

习近平总书记指出，坚持和发展中国特色社会主义，必须高度重视

---

[*]　原载《中国社会科学》2016 年第 12 期，收入本书时有改动。

哲学社会科学。习近平总书记站在人类历史规律的高度，站在中国特色社会主义发展大局的高度，站在国家文化安全战略的高度，科学论述了哲学社会科学的地位和作用，高度肯定了哲学社会科学对于坚持和发展中国特色社会主义的极端重要性。

（一）哲学社会科学是人们认识世界、改造世界的重要工具，是推动历史发展和社会进步的重要力量

习近平总书记强调："哲学社会科学是人们认识世界、改造世界的重要工具，是推动历史发展和社会进步的重要力量，其发展水平反映了一个民族的思维能力、精神品格、文明素质，体现了一个国家的综合国力和国际竞争力。一个国家的发展水平，既取决于自然科学发展水平，也取决于哲学社会科学发展水平。一个没有发达的自然科学的国家不可能走在世界前列，一个没有繁荣的哲学社会科学的国家也不可能走在世界前列。坚持和发展中国特色社会主义，需要不断在实践和理论上进行探索、用发展着的理论指导发展着的实践。在这个过程中，哲学社会科学具有不可替代的重要地位，哲学社会科学工作者具有不可替代的重要作用。"[1]

哲学社会科学是以世界总体和社会历史各个特定领域为研究对象的科学的通称，是认识和把握自然发展规律、社会发展规律和思维发展规律的理论体系。哲学社会科学和自然科学犹如车之两轮、鸟之两翼，在人类社会发展进程中具有同等重要的地位和作用。

第一，哲学社会科学是解放和发展社会生产力的思想动力。哲学社会科学同社会生产力之间是一种辩证统一的关系，对于社会生产力的解放和发展，对于人类物质文明的创造发挥着巨大的作用。一方面，在人类历史发展过程中，生产力是"伟大的历史杠杆"和"最明显的字面意义而言的革命力量"[2]，哲学社会科学是在批判与揭露旧世界中发现

---

① 习近平：《在哲学社会科学工作座谈会上的讲话》，人民出版社 2016 年版，第 2 页。
② 《马克思恩格斯全集》第 25 卷，人民出版社 2001 年版，第 592 页。

新世界、建立新世界这一"一般历史发展过程的产物"和"这一发展过程的精华"①，生产力和社会经济的发展决定和推动哲学社会科学的发展。另一方面，哲学社会科学对社会生产力有巨大的反作用，甚至在一定条件下起着决定性作用。恩格斯指出："政治、法、哲学、宗教、文学、艺术等等的发展是以经济发展为基础的。但是，它们又都互相作用并对经济基础发生作用。"② 当生产力与生产关系、经济基础与上层建筑发生严重矛盾和根本冲突时，人们必须对旧制度或旧体制、旧观念进行批判和变革。在这个过程中，哲学社会科学不仅提供关于社会发展的规律性认识，而且提供理论思维方式方法，指导人们的社会实践沿着正确的方向发展，并促进生产力的解放和发展。

第二，哲学社会科学是实现社会变革、创建制度文明的理论先导。对社会制度革故鼎新的要求，首先是以代表一定阶级的先进的哲学家和思想家提出的新思想、新理论反映出来的，这些新思想、新理论从而成为政治革命和社会变革的先导。恩格斯指出，哲学革命是政治变革的前导③；列宁指出："没有革命的理论，就不会有革命的运动。"④ 这都从不同的侧面阐明了哲学社会科学在人类社会发展和进步中所发挥的重要作用。作为世界哲学社会科学发展最高成果的马克思主义理论，是认识、变革人类社会的根本性理论武器。自马克思主义诞生开始，哲学社会科学通过对社会矛盾和社会发展规律的正确把握和运用，使人类的社会变革活动逐步由自发趋向自觉，进而指引一些国家和民族建立了符合社会发展规律和历史发展总趋势、反映时代和实践要求的社会制度。社会主义革命是人类历史上最伟大的历史性变革，社会主义制度的创立和发展是人类制度文明建设最突出的成就，而只有掌握了包括哲学社会科学在内的人类全部文化知识，才能更好地建设社会主义。

第三，哲学社会科学是创造精神文明、实现人的全面发展的精神支

---

① 《马克思恩格斯文集》第 8 卷，人民出版社 2009 年版，第 395 页。
② 《马克思恩格斯选集》第 4 卷，人民出版社 2012 年版，第 649 页。
③ 参见《马克思恩格斯选集》第 4 卷，人民出版社 2012 年版，第 220 页。
④ 《列宁专题文集·论无产阶级政党》，人民出版社 2009 年版，第 70 页。

柱。哲学社会科学是精神文明的核心与灵魂，是传承、弘扬民族精神的最重要的文化载体。马克思曾经说过，"人民的最美好、最珍贵、最隐蔽的精髓都汇集在哲学思想里"①，而"任何真正的哲学都是自己时代的精神上的精华"②。哲学社会科学的发展不断创造和丰富着精神文明的内涵，不断提升和加强着整个人类的素质。马克思指出："艺术对象创造出懂得艺术和具有审美能力的大众，——任何其他产品也都是这样。因此，生产不仅为主体生产对象，而且也为对象生产主体。"③ 也就是说，在推动人类精神文明发展的同时，文化艺术、哲学社会科学也推动了人类自身的发展。

哲学作为时代精神的精华和"文化的活的灵魂"，在实现人的全面发展上起着指导性和方向性的作用；政治经济学以其对经济运行规律的探索和理性把握，指导人们更好地从事经济活动，更有效地调控社会经济的发展；政治学和法学通过揭示政治、法律与现实生活的本质联系，帮助我们优化对社会秩序的调控和管理；伦理学借助于对人际关系的伦理基础和道德准则的研究与阐释，帮助人们提高道德境界，实践伦理道德规范；文学理论和美学则是要促进人民提高审美意识和审美情趣，以陶冶人的情操，净化人的心灵；如此等等。

第四，哲学社会科学的发展水平和繁荣程度，是一个国家和民族综合素质和文化力量的重要体现和标志。哲学社会科学的研究能力和成果，是国家的软实力，也是综合国力的重要组成部分。哲学社会科学是帮助人民解决世界观、人生观、价值观问题，解决理论认识和科学思维问题，解决把握和运用社会发展规律、社会管理规律问题的科学，对于人们正确认识纷繁复杂的社会现象，提高道德素养和精神境界是十分重要的。在当代中国，马克思主义对整个文化的前进方向具有导航作用，社会主义核心价值观对整个民族的精神文明状况和道德水准具有灵魂作

---

① 《马克思恩格斯全集》第 1 卷，人民出版社 1995 年版，第 219～220 页。
② 《马克思恩格斯全集》第 1 卷，人民出版社 1995 年版，第 220 页。
③ 《马克思恩格斯选集》第 2 卷，人民出版社 2012 年版，第 692 页。

用，马克思主义理论、社会主义核心价值观构成我国哲学社会科学的核心内容，是社会主义先进文化最重要的组成部分，凝聚着我国强大的民族精神。只有繁荣发展哲学社会科学，才能繁荣发展先进文化并坚持先进文化的前进方向。

（二）哲学社会科学在中国特色社会主义事业发展中具有不可替代的重要作用

习近平总书记指出，坚持和发展中国特色社会主义，需要不断在实践和理论上进行探索、用发展着的理论指导发展着的实践。在这个过程中，哲学社会科学具有不可替代的重要地位，哲学社会科学工作者具有不可替代的重要作用。①

第一，哲学社会科学深刻而长远地影响着中国特色社会主义的前途命运。哲学社会科学研究的方向正确与否、发展状况如何，直接影响着人们的思想意识和社会道德风尚，影响着经济建设、政治建设、文化建设、社会建设、生态文明建设和党的建设，并深刻而长远地影响着中华民族的兴衰和中国特色社会主义的前途命运。早在 20 世纪 50 年代，毛泽东同志就指出："无产阶级没有自己的庞大的技术队伍和理论队伍，社会主义是不能建成的。"② 江泽民同志指出："哲学社会科学具有不可替代的重要作用，哲学社会科学工作者是一支不可替代的重要力量。我们必须始终重视哲学社会科学，加快发展哲学社会科学。"③ 要努力使我国的哲学社会科学成为我们正确认识世界和改造世界，推动理论创新和先进文化发展，促进党和国家决策科学化民主化，推进全面深化改革和社会主义现代化建设的重要力量。习近平总书记对哲学社会科学特别是马克思主义哲学给予了高度重视。习近平总书记强调："我们的领导干部要正确判断形势，在错综复杂的形势变化面前保持头脑清醒，坚定

---

① 习近平：《在哲学社会科学工作座谈会上的讲话》，人民出版社 2016 年版，第 2 页。
② 《毛泽东文集》第 7 卷，人民出版社 1999 年版，第 309 页。
③ 《江泽民文选》第 3 卷，人民出版社 2006 年版，第 491 页。

理想信念，科学分析我国发展面临的机遇和挑战，全面看待前进道路上的主流和支流、出现的矛盾和问题，都离不开马克思主义哲学的指导，离不开辩证唯物主义和历史唯物主义的思想方法。"①

第二，哲学社会科学深刻影响着人们的思想意识、道德风尚和精神风貌。作为文化观念形态的哲学社会科学，对我国人民群众的思想认识、道德情操、知识水平、理论素质、社会风尚等发生潜移默化的导向、影响和塑造作用。

第三，哲学社会科学为党和人民事业发挥着重要的思想库和智囊团作用。长期以来，党和国家对哲学社会科学的发展始终给予充分肯定并寄予厚望。2004 年，《中共中央关于进一步繁荣发展哲学社会科学的意见》提出，要使哲学社会科学界成为党和政府工作的"思想库"和"智囊团"，"一定要从党和国家事业发展的全局高度，增强责任感和使命感，把繁荣发展哲学社会科学作为一项重大而紧迫的战略任务，切实抓紧抓好"②，要进一步办好中国社会科学院。2007 年，党的十七大报告中明确提出，要"鼓励哲学社会科学界为党和人民事业发挥思想库作用"③，这是我们党第一次将哲学社会科学的"思想库"作用写进党的代表大会报告。党的十八大以来，以习近平同志为核心的党中央，基于哲学社会科学的独特地位和重要作用，多次强调要大力加强中国特色新型智库建设。2013 年 4 月，习近平总书记就加强中国特色新型智库建设作出重要批示。2013 年 11 月，党的十八届三中全会明确提出建设中国特色新型智库的重要任务。2014 年 10 月 27 日，习近平总书记主持召开中央全面深化改革领导小组第六次会议，审议《关于加强中国特色新型智库建设的意见》。习近平总书记强调指出，要从推动科学决策、民主决策，推进国家治理体系和治理能力现代化、增强国家软实力的战略高度，把中国特色新型智库建设作为一项重大而紧迫的任务切实

---

① 《习近平在中央党校春季学期第二批入学学员开学典礼上强调　认真学习马克思主义经典著作　不断推进中国特色社会主义事业》，《人民日报》2011 年 5 月 14 日，第 1 版。

② 《十六大以来重要文献选编》（上），中央文献出版社 2005 年版，第 686 页。

③ 《改革开放三十年重要文献选编》（下），中央文献出版社 2008 年版，第 1730 页。

抓好；要统筹推进党政部门、社会科学院、党校行政学院、高校、军队、科技和企业、社会智库协调发展，形成定位明晰、特色鲜明、规模适度、布局合理的中国特色新型智库体系，重点建设一批具有较大影响和国际影响力的高端智库，重视专业化智库建设。① 习近平总书记的重要讲话及会议审议的《意见》，向我国哲学社会科学界明确了新的任务、提出了新的要求。

第四，哲学社会科学影响着我国社会主义的意识形态安全。哲学社会科学的政治方向、学术导向、理论学术观点，对意识形态具有举足轻重的作用。哲学社会科学战线是意识形态重要战线，哲学社会科学工作者是党的意识形态的重要方面军。我国哲学社会科学如何，直接关系到党的意识形态安全。

总之，哲学社会科学在中国特色社会主义大局中具有重要战略地位。以马克思主义为指导的当代中国哲学社会科学，为巩固全党全国人民团结奋斗的共同思想基础提供了重要的理论支撑，为党和政府决策的科学化民主化提供了重要的科学依据，为经济建设和社会发展提供了智力支持和发展思路，为全国各族人民提供了重要的精神食粮，为增强中华文明的影响力、促进祖国和平统一、实现中华民族伟大复兴提供了强有力的思想保证、精神动力和智力支撑。

（三）坚持和发展中国特色社会主义，迫切需要哲学社会科学发挥更好的作用

习近平总书记强调，新形势下，我国哲学社会科学地位更加重要、任务更加繁重，并提出了"五个面对""五个更好发挥作用"的重要论述。

一是面对社会思想观念和价值取向日趋活跃、主流和非主流同时并存、社会思潮纷纭激荡的新形势，如何巩固马克思主义在意识形态领域的指导地位，培育和践行社会主义核心价值观，巩固全党全国各族人民

---

① 《中央深改组第六次会议：运用法治思维和法治方式推进改革》，中央人民政府网，2014年10月27日，http://www.gov.cn/xinwen/2014-10/27/content_2771283.htm。

团结奋斗的共同思想基础，迫切需要哲学社会科学更好发挥作用。

二是面对我国经济发展进入新常态、国际发展环境深刻变化的新形势，如何贯彻落实新发展理念、加快转变经济发展方式、提高发展质量和效益，如何更好保障和改善民生、促进社会公平正义，迫切需要哲学社会科学更好发挥作用。

三是面对改革进入攻坚期和深水区、各种深层次矛盾和问题不断呈现、各类风险和挑战不断增多的新形势，如何提高改革决策水平、推进国家治理体系和治理能力现代化，迫切需要哲学社会科学更好发挥作用。

四是面对世界范围内各种思想文化交流交融交锋的新形势，如何加快建设社会主义文化强国、增强文化软实力、提高我国在国际上的话语权，迫切需要哲学社会科学更好发挥作用。

五是面对全面从严治党进入重要阶段、党面临的风险和考验集中显现的新形势，如何不断提高党的领导水平和执政水平、增强拒腐防变和抵御风险能力，使党始终成为中国特色社会主义事业的坚强领导核心，迫切需要哲学社会科学更好发挥作用。

总之，坚持和发展中国特色社会主义，统筹推进"五位一体"总体布局和协调推进"四个全面"战略布局，实现"两个一百年"奋斗目标、实现中华民族伟大复兴的中国梦，"我国哲学社会科学可以也应该大有作为"[1]。

（四）我们党一贯高度重视哲学社会科学，重视发挥哲学社会科学工作者的作用

我们党历来高度重视哲学社会科学。1940 年 2 月 5 日，毛泽东同志明确将自然科学和社会科学相提并论，提出了一个极富创见的观点，即"自然科学是要在社会科学的指挥下去改造自然界"[2]。他强调，"要用

---

① 习近平：《在哲学社会科学工作座谈会上的讲话》，人民出版社 2016 年版，第 7 页。
② 《毛泽东文集》第 2 卷，人民出版社 1993 年版，第 269 页。

社会科学来了解社会，改造社会，进行社会革命"①。邓小平同志明确指出，"科学当然包括社会科学"②；"自然科学固然重要，要搞好，社会科学也很重要"③。他还说："哲学、社会科学同自然科学一样，决不能忽视基础理论的研究，这些研究是理论工作的任何巨大前进所不可缺少的。"④ 江泽民同志提出"四个同样重要"思想："在认识和改造世界的过程中，哲学社会科学与自然科学同样重要；培养高水平的哲学社会科学家，与培养高水平的自然科学家同样重要；提高全民族的哲学社会科学素质，与提高全民族的自然科学素质同样重要；任用好哲学社会科学人才并充分发挥他们的作用，与任用好自然科学人才并发挥他们的作用同样重要。"⑤ 胡锦涛同志强调："哲学社会科学发展水平和繁荣程度是一个民族综合素质和文化力量的重要体现和标志。"⑥ 党的十八大以来，以习近平同志为核心的党中央多次强调，要大力加强中国特色新型智库建设，高度重视哲学社会科学的独特地位和重要作用。习近平总书记强调指出，要从推动科学决策、民主决策，推进国家治理体系和治理能力现代化、增强国家软实力的战略高度，把中国特色新型智库建设作为一项重大而紧迫的任务切实抓好。习近平总书记的一系列重要指示和重要讲话，向我国哲学社会科学界明确了新的任务、提出了新的要求。

（五）当代中国正在经历伟大的社会变革和实践创新，为哲学社会科学繁荣发展提供了强大动力和广阔空间

习近平总书记指出："历史表明，社会大变革的时代，一定是哲学社会科学大发展的时代。当代中国正经历着我国历史上最为广泛而深刻

---

① 《毛泽东文集》第 2 卷，人民出版社 1993 年版，第 269 页。
② 《邓小平文选》第 2 卷，人民出版社 1994 年版，第 48 页。
③ 《邓小平年谱（1975—1997）》（上），中央文献出版社 2004 年版，第 225 页。
④ 《邓小平文选》第 2 卷，人民出版社 1994 年版，第 179 页。
⑤ 《江泽民论有中国特色社会主义（专题摘编）》，中央文献出版社 2002 年版，第 275 页。
⑥ 《胡锦涛文选》第 1 卷，人民出版社 2016 年版，第 384 页。

的社会变革，也正在进行着人类历史上最为宏大而独特的实践创新。这种前无古人的伟大实践，必将给理论创造、学术繁荣提供强大动力和广阔空间。这是一个需要理论而且一定能够产生理论的时代，这是一个需要思想而且一定能够产生思想的时代。我们不能辜负了这个时代。"①中国特色社会主义事业是前无古人的伟大实践，为哲学社会科学的发展提供了广大的舞台、空间和不竭的源泉，我国哲学社会科学大有可为，一定可为，一定能够创造出无愧于伟大时代和伟大实践的灿烂的哲学社会科学。

（六）全面肯定我国哲学社会科学的成绩，客观分析存在的问题，对哲学社会科学工作者提出了明确要求

习近平总书记回顾了我国哲学社会科学发展历程，总结了我国哲学社会科学发展的经验，肯定了我国哲学社会科学取得的成绩，同时又指出了我国哲学社会科学面对新形势新要求，还存在一系列亟待解决的问题。一是有一些同志对马克思主义理解不深、理解不透，在运用马克思主义立场、观点、方法上功力不足、高水平成果不多，在建设以马克思主义为指导的学科体系、学术体系、话语体系上功力不足、高水平成果不多。二是社会上也存在一些模糊甚至错误的认识。有的认为马克思主义已经过时，中国现在搞的不是马克思主义；有的说马克思主义只是一种意识形态说教，没有学术上的学理性和系统性。三是实际工作中，在有的领域中马克思主义被边缘化、空泛化、标签化，在一些学科中"失语"、教材中"失踪"、论坛上"失声"。四是哲学社会科学发展战略还不十分明确，学科体系、学术体系、话语体系建设水平总体不高，学术原创能力还不强。五是哲学社会科学训练培养教育体系不健全，学术评价体系不够科学，管理体制和运行机制还不完善。六是人才队伍总体素质亟待提高，学风方面问题还比较突出，等等。他认为，总的看，

---

① 习近平：《在哲学社会科学工作座谈会上的讲话》，人民出版社 2016 年版，第 8 页。

我国哲学社会科学还处于有数量缺质量、有专家缺大师的状况，作用没有充分发挥出来。① 这种状况必须引起我们高度重视。

习近平总书记要求我们哲学社会科学工作者加倍努力改变现状，解决存在的突出问题，推进哲学社会科学的发展。他要求我们："一切有理想、有抱负的哲学社会科学工作者都应该立时代之潮头、通古今之变化、发思想之先声，积极为党和人民述学立论、建言献策，担负起历史赋予的光荣使命。"②

二 深刻领会和全面把握坚持马克思主义在哲学社会科学领域的指导地位的重要论述

习近平总书记强调："坚持以马克思主义为指导，是当代中国哲学社会科学区别于其他哲学社会科学的根本标志，必须旗帜鲜明加以坚持。"③ 坚持以马克思主义指导我国哲学社会科学工作，是构建中国特色哲学社会科学必须解决好的首要问题。我国的哲学社会科学离开了马克思主义的指导，也就失去了方向，丧失了灵魂。因此，必须牢牢把握坚持以马克思主义为指导的灵魂和方向。

（一）哲学社会科学具有意识形态属性

为什么我国的哲学社会科学必须坚持以马克思主义为指导？这是由哲学社会科学的政治和意识形态属性所决定的。毫无疑义，哲学社会科学是以追求真理为宗旨、与自然科学一样严谨科学的学问。同时，就其总体而言，哲学社会科学具有鲜明的政治和意识形态属性，这是哲学社会科学与自然科学一个重要区别。

为什么哲学社会科学具有政治和意识形态属性，而自然科学却没

---

① 参见习近平《在哲学社会科学工作座谈会上的讲话》，人民出版社2016年版，第7、10页。
② 习近平：《在哲学社会科学工作座谈会上的讲话》，人民出版社2016年版，第8页。
③ 习近平：《在哲学社会科学工作座谈会上的讲话》，人民出版社2016年版，第8页。

有呢？

理由一，迄今为止的整个人类社会仍然是阶级社会，自从原始社会末期人类分裂为阶级对立的社会以来，人类社会总体上还处于阶级社会，当下世界主要还存在社会主义制度与资本主义制度、工人阶级与资产阶级的差别、对立和斗争。尽管我国社会的主要矛盾已经不是阶级矛盾，但阶级斗争还在一定范围内存在。这就决定了在当今世界哲学社会科学具有政治和意识形态属性。

理由二，唯物史观告诉我们，社会的经济基础决定上层建筑，而上层建筑又分为政治的上层建筑和意识形态的上层建筑。我国社会主义的经济基础决定了社会主义政治的上层建筑，即社会主义的国体和政体，而社会主义政治的上层建筑又决定了社会主义的意识形态的上层建筑。我国哲学社会科学作为意识形态的上层建筑部分，显然具有社会主义的政治和意识形态属性。

理由三，人类社会存在两大类社会现象，一是物质的、经济的现象，一是精神的、思想的现象。精神的、思想的现象又分为两部分，一部分是社会心理、情感、经验等感性认识，一部分是经济、政治、哲学、宗教等观点的综合，被称为人类的理性认识，即上升为理论形态的认识，即意识形态。"'思想'一旦离开'利益'，就一定会使自己出丑。"① 哲学社会科学即是哲学、经济、政治、文学、艺术、历史、法律、宗教等观点的综合，当然具有鲜明的政治和意识形态属性。

理由四，哲学社会科学作为观念形态的文化，是一定社会政治经济的集中体现。毛泽东同志指出，"一定的文化（当作观念形态的文化）是一定社会的政治和经济的反映，又给予伟大影响和作用于一定社会的政治和经济"②。哲学社会科学作为文化的灵魂，是文化最概括的思想结晶，是一定社会的政治、经济最集中的理论反映，是为一定社会的政治、经济服务的。迄今为止，任何社会形态（除去原始社会）的文化

---

① 《马克思恩格斯文集》第 1 卷，人民出版社 2009 年版，第 286 页。
② 《毛泽东选集》第 2 卷，人民出版社 1991 年版，第 663～664 页。

都有着鲜明的政治和意识形态性，作为一定社会形态的反映的哲学社会科学就必然具有该社会形态的鲜明属性，即政治和意识形态属性。

我国哲学社会科学作为理论学术的载体，作为思想精神的力量，作为观念形态的文化，首先是社会主义方向、性质的理论学术，为中国特色社会主义的政治、经济服务，是党的思想文化和意识形态的重要战线。就总体属性来说，首先是党领导的、工人阶级的、人民大众的、社会主义性质的观念形态的文化，从属、服务于社会主义主流意识形态，必须从总体上接受马克思主义指导，由此我国哲学社会科学带有强烈的意识形态属性和政治属性。有的学科虽然意识形态属性不强，或不具有意识形态属性，但其研究对象与内容也是某类社会历史现象，研究者本身也有一个为什么人服务的感情问题、立场问题，也有一个用什么样的立场、观点、方法指导学术研究的问题。

强调哲学社会科学具有政治和意识形态属性，绝对不会否定或削弱其科学属性和文化、学术价值。当然，我们也要反对把学术问题、理论问题和不同观点的讨论无限上纲，与政治问题、意识形态问题不加区别地混淆在一起，反对"打棍子、扣帽子、抓辫子、装袋子"的阶级斗争扩大化的做法。在这方面，我们有过惨痛教训，再也不能犯那样的错误。但是，这绝不意味着我们的哲学社会科学研究没有政治和意识形态属性，可以脱离党的政治领导和党的理论指导。正确认识这一问题，关系到哲学社会科学的性质方向和繁荣发展。

世界上没有任何哲学社会科学研究与政治、意识形态可以完全不沾边，可以完全相脱离。我们不否认也不反对个人研究兴趣、爱好和追求，但作为党领导的社会主义哲学社会科学工作者，个人的兴趣要服务于人民、党和国家的需要。我们也不反对研究古人、研究洋人，借鉴古学问、借鉴洋学问是需要的，但要为现实服务、为人民服务。对外国和中国古代传统的学术，必须一分为二，去粗取精，去伪存真。必须处理好学术与政治和意识形态的关系，既要看到它们之间的区别，又要看到它们之间的必然联系，既坚持正确的政治方向和学术导向，又坚持贯彻落实党的"双百"方针，调动研究人员的积极性、主动性和创造性。

（二）中国特色哲学社会科学，特就特在坚持以马克思主义为指导上

哲学社会科学的意识形态属性和政治属性，决定了我国哲学社会科学必须坚持正确的政治方向和学术导向，决定了坚持以马克思主义为指导是我国哲学社会科学区别于其他哲学社会科学的根本标志。坚持以马克思主义为指导，是我国哲学社会科学最鲜明的特色。加强马克思主义理论学习，提高运用马克思主义指导科研的能力，不是权宜之计，也不是一时之策，而是事关我国哲学社会科学事业方向和发展的长远大计、根本大计。

从哲学社会科学的政治和意识形态属性来看，坚持马克思主义的指导地位，是我国哲学社会科学繁荣发展的题中应有之义，是我们在错综复杂的形势下，保持清醒头脑，坚持正确的政治方向和学术导向的思想政治保证，是哲学社会科学第一位的政治任务。加强马克思主义指导，要落实在行动上而不是口头上，最根本的是抓住两条：一是坚持"老祖宗不能丢"，要组织哲学社会科学工作者认真学习马克思主义理论，加强马克思主义学习型党组织和学习型研究机构建设，提高用马克思主义指导哲学社会科学研究的能力和水平，提高政治素质、理论素养和思想道德水平，坚定理想信念，自觉接受马克思主义指导；二是坚持将马克思主义基本原理同中国具体实际相结合，在新的时代条件下积极推动马克思主义的中国化、时代化和大众化。总之，要在大是大非面前，保持头脑清醒，政治敏锐，是非分明，立场坚定，搞清楚哪些是正确的，哪些是错误的；要有勇气、有担当，旗帜鲜明地对错误思想观点进行说理斗争。扫帚不到，灰尘不会自己跑掉。错误的东西不加以批驳，照例也不会自动消失。

（三）马克思主义是科学的真理，是伟大的认识工具，是哲学社会科学研究的利器

习近平总书记指出，"无论时代如何变迁、科学如何进步，马克思主义依然显示出科学思想的伟力，依然占据着真理和道义的制高点"①，是伟大的认识工具。在我国，不坚持以马克思主义为指导，哲学社会科学就会失去灵魂、迷失方向，最终也不能发挥应有的作用。1954 年 9 月 15 日，在中华人民共和国第一届全国人民代表大会第一次会议开幕式上，毛泽东同志郑重地强调："领导我们事业的核心力量是中国共产党。指导我们思想的理论基础是马克思列宁主义。"② 这掷地有声的至理名言，既是中国共产党及其领导的人民事业永远立于不败之地的根本原则，也是我国哲学社会科学的根本遵循。

有人认为，现在时过境迁，时代变了，马克思主义过时了，不管用了。我们可以斩钉截铁地回答：马克思主义没有过时，马克思主义仍然具有强大的生命力，仍然具有强大的现实指导意义。

20 世纪苏东剧变，世界社会主义运动遭受严重挫折。"历史终结论""社会主义失败论""马克思主义过时论"甚嚣尘上，邓小平同志以坚定的马克思主义信念，斩钉截铁地说："不要惊慌失措，不要认为马克思主义就消失了，没用了，失败了。哪有这回事！"③ "我坚信，世界上赞成马克思主义的人会多起来的，因为马克思主义是科学。"④ 马克思主义并未过时，在今天仍然是我们党的指导思想，这也是由马克思主义的科学性所决定的。马克思主义除了显著的阶级性之外，其科学性在于实践性、发展性和创造性。马克思主义的实践性、发展性和创造性，决定了马克思主义是科学，是有生命力的，不会过时。

首先，马克思主义的立场、观点、方法，马克思主义的世界观、方法论，是科学的、正确的，是指南，是思想方法，是有生命力的。毛泽东同志说："马克思主义有几门学问……但基础的东西是马克思主义哲学。这个东西没有学通，我们就没有共同的语言，没有共同的方法，扯了许多皮，还扯不清楚。有了辩证唯物论的思想，就省得许多事，也少

---

① 习近平：《在哲学社会科学工作座谈会上的讲话》，人民出版社 2016 年版，第 10 页。
② 《毛泽东年谱（1949—1976）》第 2 卷，中央文献出版社 2013 年版，第 283 页。
③ 《邓小平文选》第 3 卷，人民出版社 1993 年版，第 383 页。
④ 《邓小平文选》第 3 卷，人民出版社 1993 年版，第 382 页。

犯许多错误。"① 所谓具有普遍指导意义的真理，首先就是指马克思主义哲学世界观和方法论。学习马克思主义，正确的态度是从马克思主义中找立场、找观点、找方法，并且学会运用马克思主义的立场观点方法分析具体问题，从中找出规律，以指导我们的实践。所谓立场，就是工人阶级及其广大劳动人民的立场。用马克思主义看问题首先要站在工人阶级的立场上，从工人阶级和广大人民的立场出发。所谓观点，就是马克思主义对世界的基本看法，就是运用马克思主义的观点认识世界、解释世界、改造世界。所谓方法，马克思主义世界观同时就是方法论，就是运用马克思主义世界观作为方法论分析问题、解决问题。毛泽东同志认为，正确的哲学思维方法是经济学家写出好的经济学论著的必要条件。他说："没有哲学家头脑的作家，要写出好的经济学来是不可能的。马克思能够写出《资本论》，列宁能够写出《帝国主义论》，因为他们同时是哲学家，有哲学家的头脑，有辩证法这个武器。"② 正因为马克思有了辩证法、有了唯物论、有了正确的方法论，才创造了科学的论著。

其次，马克思主义的基本原理是有生命力的，马克思主义通过揭示客观规律和历史趋势得出的一般结论，是科学的、正确的原理。

最后，即使马克思主义经典作家个别结论具有历史局限性，也并不说明可以否定马克思主义的科学性。真理是具体的。从历史发展的规律来讲，任何一个历史人物都是有历史局限性的。任何一个理论形态也都是一定历史时代的产物。马克思、列宁、毛泽东的某些具体结论，必然受到各自所处的历史和时代条件的制约，不能不具有一定的历史局限性。马克思主义的科学性主要在于它对社会历史发展客观规律的深刻洞察和揭示，个别结论和论断的局限性并不能说明可以否定马克思主义的科学性。马克思主义的科学性决定了马克思主义永远是我们党的指导思想，这点是不可动摇的。一旦动摇了、放弃了马克思主义的指导，必然

---

① 《毛泽东文集》第 6 卷，人民出版社 1999 年版，第 396 页。
② 《毛泽东文集》第 8 卷，人民出版社 1999 年版，第 140 页。

会发生苏东剧变之类的山崩地裂的蜕变。

（四）坚持马克思主义指导地位，哲学社会科学工作者必须做到以下几点

第一，坚持以马克思主义为指导，首先要解决真懂真信的问题，自觉接受马克思主义指导。

习近平总书记指出："我国广大哲学社会科学工作者要自觉坚持以马克思主义为指导，自觉把中国特色社会主义理论体系贯穿研究和教学全过程，转化为清醒的理论自觉、坚定的政治信念、科学的思维方法。"①

虽然我们党始终强调坚持以马克思主义为指导，但对于每一位哲学社会科学工作者来说，并不是都已经完全解决好了真懂真信问题。只有坚持以马克思主义为指导，才能推进我国哲学社会科学繁荣发展，构建中国特色哲学社会科学创新体系。每一个哲学社会科学工作者只有解决了对马克思主义真懂真信问题，才能真正掌握马克思主义立场、观点和方法，才能提高运用马克思主义指导科研的能力和水平，才能自觉接受马克思主义指导，才能把马克思主义真正用于指导哲学社会科学研究工作。

第二，坚持以马克思主义为指导，核心要解决好为什么人的问题。

为什么人的问题是哲学社会科学的根本性、原则性问题，必须解决好为什么人的问题。为什么人的问题，是马克思主义群众观的根本问题。要解决为什么人的问题，就有一个坚持以什么样的世界观、价值观和方法论为指导的问题。如果坚持以错误的世界观、价值观和方法论为指导，那么搞科研就是为了个人，就是为了评职称，为了多拿钱，为了光宗耀祖，为了出名得利。如果以马克思主义的世界观、价值观为指导，那么搞科研就是为了建设中国特色社会主义，为了中华民族伟大复兴，为了发展社会主义文化事业，这样就不会把追逐个人名利放在第一

---

① 习近平：《在哲学社会科学工作座谈会上的讲话》，人民出版社 2016 年版，第 11 页。

位，而是把拿出让党和人民满意的科研成果放在第一位。所以，所有从事哲学社会科学研究的同志，都有一个为什么人的问题，即为什么人做学问、为什么人服务的问题。哲学社会科学工作者当然要为人民搞科研，为人民服务，为党和政府的决策服务。在今天，就是为建设中国特色社会主义服务，为实现中国梦服务。

毛泽东同志曾经借用"皮之不存，毛将焉附？"这句话论述知识分子与人民大众的关系。知识分子就是附着在中国人民大众身上的"毛"。①今天，社会主义中国的知识分子就要为人民群众服务，为什么人的问题，就是马克思主义立场问题。坚持马克思主义立场，就会对人民产生深厚感情，对党产生深厚感情，就会知道什么样的政治方向和学术导向是正确的，就会站在人民的立场上，为人民鼓与呼，为人民的利益发声，为党的事业发声。为人民做学问，就必须坚持正确的政治方向和学术导向，必须严格遵守政治纪律，不能跟人民唱反调。比如，有的学者不为工人农民说话，这就有方向问题了。有的学者言必称西，言必称洋，崇拜洋教条，甚至名词用语都照抄照搬外国的，这也是没有解决好为什么人的问题的表现。当然，崇拜土教条也是不对的。

为人民搞科研，有一个对人民负责和对党负责的一致性问题。对人民负责和对党负责是一致的，这就决定了我们要紧密地团结在以习近平同志为核心的党中央周围，这与为人民谋利益是一致的。要从党和国家的需要出发，以实际工作中亟待回答和解决的重大理论和现实问题，以经济社会发展中的全局性、前瞻性、战略性问题，以干部群众普遍关注的热点焦点难点问题为科研工作的主攻方向。我们不反对和否认个人研究兴趣、爱好和追求，但是，科学研究必须首先解决好为什么人的问题。

第三，坚持以马克思主义为指导，最终要落实到怎么用上来。

1942 年 2 月毛泽东同志在《整顿党的作风》一文中讲道："我们党校的同志不应当把马克思主义的理论当成死的教条。对于马克思主义的

---

① 参见《毛泽东年谱（1949—1976）》第 3 卷，中央文献出版社 2013 年版，第 142 页。

理论，要能够精通它、应用它，精通的目的全在于应用。如果你能应用马克思列宁主义的观点，说明一个两个实际问题，那就要受到称赞，就算有了几分成绩。被你说明的东西越多，越普遍，越深刻，你的成绩就越大。现在我们的党校也要定这个规矩，看一个学生学了马克思列宁主义以后怎样看中国问题，有看得清楚的，有看不清楚的，有会看的，有不会看的，这样来分优劣，分好坏。"① "真懂真信"是为了"真用"。马克思主义不仅在于解释世界，更重要的是在于"改造世界"，掌握马克思主义必须体现在用上。对于我们哲学社会科学工作者来说，体现在用马克思主义提出问题、分析问题、认识问题，找到解决问题的答案，用马克思主义指导哲学社会科学研究，出成果，出人才。

第四，坚持以马克思主义为指导，必须解决好学风问题。

习近平总书记强调："对待马克思主义，不能采取教条主义的态度，也不能采取实用主义的态度。"② 必须采取理论联系实际的学风，这是对待马克思主义的正确态度。

第五，坚持以马克思主义为指导，必须坚持问题导向。

习近平总书记指出："坚持问题导向是马克思主义的鲜明特点。"③ 问题是时代的灵魂。具体问题具体分析是马克思主义活的灵魂。只有抓住时代问题、分析问题、解决问题，才能推进哲学社会科学发展。哲学社会科学工作者必须坚持问题导向，以党和国家当前重大理论和现实问题为科研主攻方向，把哲学社会科学研究落实在思考和解决重大问题上来。

第六，坚持以马克思主义为指导，必须不断推进马克思主义中国化、时代化、大众化的伟大任务。

习近平总书记指出："马克思主义中国化取得了重大成果，但还远未结束。我国哲学社会科学的一项重要任务就是继续推进马克思主义中

---

① 《毛泽东选集》第 3 卷，人民出版社 1991 年版，第 815 页。
② 习近平：《在哲学社会科学工作座谈会上的讲话》，人民出版社 2016 年版，第 13 页。
③ 习近平：《在哲学社会科学工作座谈会上的讲话》，人民出版社 2016 年版，第 14 页。

国化、时代化、大众化，继续发展 21 世纪马克思主义、当代中国马克思主义。"① 紧密结合中国特色社会主义伟大实践创新，不断推进马克思主义中国化理论创新，是摆在哲学社会科学工作者面前的重大的历史使命。

三 深刻领会和全面把握关于加快构建中国特色哲学社会科学历史使命的重要论述

习近平总书记指出："观察当代中国哲学社会科学，需要有一个宽广的视角，需要放到世界和我国发展大历史中去看。人类社会每一次重大跃进，人类文明每一次重大发展，都离不开哲学社会科学的知识变革和思想先导。"② 在深刻把握当今时代、当代中国新形势新实践新需要的基础上，他提出了加快构建中国特色哲学社会科学的战略任务和历史使命。

人类历史证明，社会大变革的时代，就是哲学社会科学大繁荣的时代。伟大的时代一定是产生伟大理论的时代，伟大的实践一定是推进学术繁荣的实践。放眼当代中国，中国特色社会主义实践是前无古人的伟大实践，当今我国正经历着中国历史上最为广泛而深刻的社会变革，中国人民正在进行着人类历史上最为宏大而独特的实践创新。这就为我国哲学社会科学提供了理论创造、学术繁荣的广阔舞台、材料源泉和强大动力，我国哲学社会科学正面临着发展的大好机遇。一切有理想、有抱负的哲学社会科学工作者都应积极为党和人民述学立论、建言献策，努力担负起建构当代中国特色哲学社会科学的光荣使命。

综观今日全球，当今世界也正处于大发展大变革大调整时期，面对复杂的国际形势和国际环境，需要哲学社会科学认真研究、正确阐释、广泛宣传中国发展道路和发展理念，提升国家话语权和舆论主导权，为

---

① 习近平：《在哲学社会科学工作座谈会上的讲话》，人民出版社 2016 年版，第 9～10 页。
② 习近平：《在哲学社会科学工作座谈会上的讲话》，人民出版社 2016 年版，第 3 页。

党和国家应对国际挑战和风险提供及时有效的建议；迫切需要建立与我国国际地位相称、能够为增强国家综合实力和国际竞争力提供有力支撑的哲学社会科学，使我国哲学社会科学以前所未有的崭新姿态出现在世界舞台上，进一步扩大我国学术和文化在国际上的影响力、吸引力、感召力。

构建中国特色哲学社会科学，是增强国家软实力、提高国际竞争力、争夺国际话语权的必然要求，也是我国哲学社会科学繁荣发展的必由之路。

（一）提出构建中国特色哲学社会科学的总思路

习近平总书记提出的加快构建中国特色哲学社会科学的总思路是：要按照立足中国、借鉴国外，挖掘历史、把握当代，关怀人类、面向未来的思路，着力构建中国特色哲学社会科学，在指导思想、学科体系、学术体系、话语体系等方面充分体现中国特色、中国风格、中国气派。这就要求我们必须立足中国大地，根据中国文明，凝练中国智慧，创新中国思想，解决中国问题，服务中国发展，真正体现中国特色、中国风格、中国气派。

（二）提出构建中国特色哲学社会科学的总特点

习近平总书记强调指出，构建中国特色哲学社会科学创新体系要突出六个特点。

一要体现继承性、民族性。要善于继承、吸收借鉴人类优秀文明成果，善于融通马克思主义的资源、中华优秀传统文化的资源、国外哲学社会科学的资源，坚持不忘本来、吸收外来、面向未来。体现继承性，就要坚定文化自信，挖掘和阐发中华优秀传统文化，努力实现中华传统美德的创造性转化、创新性发展，把具有当代价值的中国文化精神弘扬起来，把继承优秀传统文化又弘扬时代精神、立足本国又面向世界的当代中国文化创新成果传播出去。中国特色哲学社会科学要具有鲜明的民族性，一不照抄照搬国外的东西，反对洋教条，二不照抄照搬本国已有的传统结论，反对土教条，而是深深扎根于中国的土地上，是在中国的土地上创造出来的思想学术成果。在弘扬民族优秀文化成果的同时，必须以宽广视野观察世界，以主动的姿态面向世界，以积极的态度了解世界，以比天空更宽阔的胸怀对待不同文明，大胆吸收和借鉴人类社会一切有益思想成果。哲学社会科学只有在古今中外丰富的学术思想中汲取营养、推陈出新，才能传承中华文明、宏扬社会主义先进文化，才能健全完善具有中国特色、体现时代精神的哲学社会科学创新体系。

二要体现原创性、时代性。习近平总书记指出，我们的哲学社会科学有没有中国特色，归根到底要看有没有主体性、原创性。创新是哲学社会科学的本质所在，是一个国家、民族、政党发展的不竭动力。只有以我国实际为研究起点，提出具有主体性、原创性的理论观点，构建具有自身特质的学科体系、学术体系、话语体系，我国哲学社会科学才能形成自己的特色和优势。要回答和解决实践当中遇到的各种新课题，在中国特色社会主义这项前无古人的伟大实践中发挥出哲学社会科学强大的助推力，就要始终坚持解放思想、实事求是、与时俱进、开拓创新，真正做到把马克思主义基本原理同中国具体实际相结合，积极推动马克思主义中国化进程；真正做到准确把握当今世界发展趋势和当代中国经济社会发展规律，积极推动学术观点创新、学科体系创新和科研方法创新。要赢得具有许多新的历史特点的伟大斗争，就应该以我们正在做的事情为中心，加强对改革开放和社会主义现代化建设实践经验的系统总结，加强对发展社会主义市场经济、民主政治、先进文化、和谐社会、生态文明以及党的执政能力建设等领域的分析研究，加强对党中央治国理政新理念新思想新战略的研究阐释，从我国改革发展的实践中挖掘新材料、发现新问题、提出新观点、构建新理论。

三要体现系统性、专业性。中国特色哲学社会科学应该涵盖历史、经济、政治、文化、社会、生态、军事、党建等各领域，囊括传统学科、新兴学科、前沿学科、交叉学科、冷门学科等诸多学科，不断推进学科体系、学术体系、话语体系建设和创新，努力构建一个全方位、全领域、全要素的哲学社会科学体系，敢于创立中国学派、中国理论、中国观点，使中国哲学社会科学真正屹立于世界哲学社会科学之林。要加强以马克思主义为指导，努力瞄准世界学术发展前沿，立足当代中国学术实际，大力加强学科建设，完善学科布局，形成具有支撑作用的基础学科，具有较强优势的重点学科，具有重要现实意义和良好发展前景的新兴学科、交叉学科，具有重要文化价值的"绝学"和濒危学科。要与学科体系相配套，大力抓好教材建设，形成适应中国特色社会主义发展要求、立足国际学术前沿、门类齐全的哲学社会科学教材体系。要通过总结经验，探索规律，制定配套的制度和措施，创造有利于出成果、出人才的学科发展新体制新机制。要实行基础研究和应用研究并重并举，鼓励那些能够为解决经济社会发展的重大问题提供认知新途径的科学研究，鼓励科研人员致力于原创性、原理性的重大发现，为应用研究和对策研究提供强大厚重的学理支撑。

（三）提出构建中国特色哲学社会科学的具体任务

习近平总书记指出了构建中国特色哲学社会科学的具体任务：一是抓好马克思主义经典著作的学习和研究；二是继续推进马克思主义中国化、时代化、大众化；三是加强对中华优秀传统文化的挖掘和阐发；四是系统总结改革开放和社会主义现代化建设实践经验，加强对党中央治国理政新理念新思想新战略的研究阐释，提炼出有学理性的新理论，概括出有规律性的新实践；五是按照突出优势、拓展领域、补齐短板、完善体系的要求，加强学科体系建设，统筹抓好基础学科、优势重点学科、新兴学科和交叉学科、冷门学科建设；六是抓好教材体系建设，形成适应中国特色社会主义发展要求、立足国际学术前沿、门类齐全的教材体系；七是加强话语体系建设，善于提炼标识性概念，打造易于为国际社会所理解和接受的新概念、新范畴、新表述，引导国际学术界展开研究和讨论；八是推进评价体系改革，建立科学权威、公开透明的成果评价体系；等等。对这些重要任务和工作，要一项一项进行梳理研究，明确远期、中期、近期的目标要求，有路线图、有时间表，有具体分工和责任单位，以钉钉子精神抓好各项任务和举措的落实。

（四）提出构建中国特色哲学社会科学，要从人抓起，久久为功

要实施以育人育才为中心的哲学社会科学整体发展战略，构筑学生、学术、学科一体的综合发展体系。要实施哲学社会科学人才工程，建立哲学社会科学人才体系。关心好、培养好、使用好哲学社会科学工作者队伍，让他们成为现今思想的倡导者、社会风尚的引导者、党执政的坚定支持者。

（五）提出构建中国特色哲学社会科学，要注意顶层设计、统筹协调

习近平总书记指出，构建中国特色哲学社会科学是一个系统工程，是一项极其繁重的任务，要加强顶层设计，统筹各方面力量协同推进。

四　深刻领会和全面把握加强和改善党的领导是繁荣发展哲学社会科学根本保证的重要论述

习近平总书记指出："哲学社会科学事业是党和人民的重要事业，哲学社会科学战线是党和人民的重要战线。加强和改善党对哲学社会科学工作的领导，是繁荣发展我国哲学社会科学事业的根本保证。"[①]

坚持正确的政治方向和学术导向，坚持以马克思主义为指导，必须坚持和改进党对哲学社会科学的领导。党的领导是繁荣发展哲学社会科学事业的根本保证。一方面，各级党委要重视和加强对哲学社会科学工作的政治领导和工作指导，一手抓繁荣发展，一手抓管理，从政治方向、学术导向、科研课题、机构设置、人才培养、物质保障等方面，关心和支持哲学社会科学事业发展。哲学社会科学研究机构和广大哲学社会科学工作者，要自觉接受党的领导。另一方面，要切实改进党对哲学

[①]　习近平：《在哲学社会科学工作座谈会上的讲话》，人民出版社 2016 年版，第 25 页。

社会科学工作的领导。各级党委和政府要尊重哲学社会科学发展规律，不断改进领导方式，提高领导水平。要认真贯彻"二为"方向、"双百"方针，重视人才、爱惜人才，实施哲学社会科学人才工程。要落实知识分子政策，调动科研人员积极性，实施以育人育才为中心的哲学社会科学整体发展战略。要大力实施哲学社会科学创新工程，积极倡导学术民主，充分尊重学术自由，正确处理思想理论领域的问题，注意区分学术问题和政治问题的界限，引导哲学社会科学工作者在坚持正确政治方向的前提下，进行大胆探索和创造。

习近平总书记发表的关于哲学社会科学重要讲话，提出了关于哲学社会科学的一系列新理念新思想新战略，是我国哲学社会科学发展进程中具有里程碑意义的标志性大事。学习贯彻习近平总书记重要讲话，必须吃透精神、领会实质、掌握要领，真学会用。

习近平总书记的重要讲话，集中回答了面对新形势"发展什么样的哲学社会科学，怎样发展哲学社会科学"这样一个核心问题；全面提出了结合中国特色社会主义伟大实践，繁荣发展哲学社会科学，构建中国特色哲学社会科学这样一项战略任务；科学阐述了哲学社会科学重要地位和作用、哲学社会科学"五个面对""五个更好发挥作用"、马克思主义是哲学社会科学的指导思想和根本遵循、加快构建中国特色哲学社会科学的目标任务、加强和改善党的领导是繁荣发展创新哲学社会科学根本保证等五个方面的重要思想。

学习领会习近平总书记关于哲学社会科学重要讲话精神，要紧密结合"一个核心问题"、"一项战略任务"、"五个方面""五个更好发挥作用"的重要思想，全面地深刻领会和把握以下重要论述：关于坚持和发展中国特色社会主义，必须高度重视哲学社会科学的重要论述；关于坚持以马克思主义为指导，是当代中国哲学社会科学区别于其他哲学社会科学的根本标志，必须旗帜鲜明加以坚持的重要论述；关于继续推进马克思主义中国化、时代化、大众化，继续发展21世纪马克思主义、当代中国马克思主义的重要论述；关于我国哲学社会科学工作者要自觉以马克思主义为指导，自觉把中国特色社会主义理论体系贯穿研究和教学全过程，转化为清醒的理论自觉、坚定的政治信念、科学的思维方法的重要论述；关于哲学社会科学工作者以马克思主义为指导，首先要解决真懂真信的问题，核心要解决好为什么人的问题，最终要落实到怎么用上来的重要论述；关于哲学社会科学工作者要自觉担负起为党和人民述学立论、建言献策光荣使命的重要论述；关于按照立足中国、借鉴国外，挖掘历史、把握当代，关怀人类、面向未来的思路，加快构建全方位、全领域、全要素中国特色哲学社会科学创新体系，在指导思想、学科体系、学术体系、话语体系等方面充分体现中国特色、中国风格、中国气派的重要论述；关于构建中国特色哲学社会科学创新体系要体现继承性、民族性、原创性、时代性、系统性、专业性要求的重要论述；关于实施以育人育才为中心的哲学社会科学整体发展战略，构筑学生、学术、学科一体的综合发展体系的重要论述；关于构建中国特色哲学社会科学，要从人才抓起，久久为功，实施哲学社会科学人才工程，建设哲学社会科学人才体系的重要论述；关于落实党的知识分子政策，切实做到政治上充分信任、思想上主动引导、生活上关心照顾的重要论述；关于繁荣哲学社会科学，必须解决好学风问题的重要论述；关于落实"双百"方针，提倡哲学社会科学理论创新和知识创新，营造哲学社会科学风清气正、互学互鉴、大胆探索、积极向上学术生态的重要论述；关于加强和改善党对哲学社会科学的领导是繁荣发展我国哲学社会科学的根本保证的重要论述；等等。

我们一定要把习近平总书记的重要讲话学深吃透，切实用到哲学社会科学的实际工作中，牢牢把握以马克思主义为指导的地位和方向，始终坚持党对哲学社会科学的领导这个政治保证，按照习近平总书记关于构建体现中国特色、中国风格、中国气派，富有中国话语的哲学社会科学创新体系的建设总思路，有针对性地着力解决哲学社会科学工作中存在的问题，实实在在地推进我国哲学社会科学繁荣发展。

加快构建中国特色哲学社会科学创新体系，进一步办好中国社会科学院[*]

在习近平总书记"5·17"重要讲话发表一周年之际，召开这个座谈会具有十分重要的意义。去年5月17日，习近平总书记在哲学社会科学工作座谈会上发表重要讲话，深刻回答了事关我国哲学社会科学长远发展的一系列根本性问题，提出了加快构建中国特色哲学社会科学的战略任务，讲话是一篇马克思主义的重要文献。2017年，中共中央印发了《关于加快构建中国特色哲学社会科学的意见》，这是新世纪以来党中央关于发展哲学社会科学的又一重要指导性文件，在我们党领导哲学社会科学发展的历史上都是具有里程碑意义的大事。这充分体现了以习近平同志为核心的党中央对哲学社会科学工作的高度重视，对哲学社会科学工作者的亲切关怀和信任。

中国社会科学院作为党中央直接领导的国家哲学社会科学研究机构，作为党的宣传思想文化工作部门，深感使命光荣，责任重大。一年来，我们坚持以习近平总书记系列重要讲话精神特别是"5·17"重要讲话精神统领全院工作。一是深化学习培训。把习近平总书记"5·17"重要讲话纳入"两学一做"学习教育内容；以领导干部为重点，通过党组中心组学习会议、党组中心组扩大会议、所局级领导干部培训班、处室级领导干部"千人大培训"等形式，对全院4100余名在职人员全部轮训了一遍；组织院属单位主要负责人撰写学习习近平总书记"5·17"重

---

    * 该文系作者2017年5月17日在加快构建中国特色哲学社会科学工作座谈会上的发言，原载《院内通报》2017年5月23日，收入本书时有改动。

要讲话精神的体会文章68篇，汇编出版专题文集。二是深入研究。围绕习近平总书记"5·17"重要讲话，新立项院级研究课题30余项。三是深入贯彻落实。制定了《贯彻落实习近平总书记在哲学社会科学工作座谈会上的重要讲话精神总体方案》，明确了任务书、路线图和责任人。每两周召开一次专项督查督办会议，院党组每季度听取一次贯彻落实进展情况汇报，坚持任务督办例会雷打不动。

我们体会到，加快构建中国特色哲学社会科学创新体系，进一步办好中国社会科学院，关键要把握好以下几点。

一要始终坚持以马克思主义为指导。深入学习宣传研究习近平总书记系列重要讲话精神和治国理政新理念新思想新战略，推进马克思主义中国化、时代化、大众化。制定并落实院党组《关于加强党的意识形态工作，建设马克思主义坚强阵地的意见》及实施细则，全面加强马克思主义阵地和意识形态工作。加大学习研究阐释习近平总书记系列重要讲话精神和治国理政新理念新思想新战略的力度。院党组成员带头在中央媒体发表学习研究文章，其中多篇文章得到中央领导同志批示。组织编写了《习近平新时代中国特色社会主义思想学习丛书》（12册）。扎实推进马克思主义理论学科建设与理论研究工程。基本形成马克思主义理论学科群，构建起马克思主义理论一级学科、二级学科和三级学科的立体网络。建设马克思主义理论研究和主流意识形态宣传研究阵地集群。

二要始终坚持以人民为中心的研究导向。树立为人民拿笔杆子、为人民做学问的理念，坚持为人民发声、为人民谋利的立场。坚持把个人学术追求同国家和人民事业发展紧密联系起来，坚持把做人、做事、做学问统一起来，深入实践，深入群众，努力从人民群众广阔而丰富的实践中汲取营养和智慧，提出真知灼见，创造学术精品，立志为人民做大学问、做中国特色社会主义真学问。制定并落实院党组《关于深入贯彻落实〈十八届中央政治局关于改进工作作风、密切联系群众的八项规定〉的实施意见》。举办道德论坛，加强学风和道德建设。

三要始终坚持为党和国家工作大局服务。聚焦党和国家重大决策部署，开展前瞻性、针对性、储备性政策研究，推出高质量研究成果。构建"院—所—专业"三级智库结构，正式挂牌成立19个专业化智库。承担了中办、国办、中财办、中央深改办、中央国安办委托的多项研究任务，推出一批质量高、影响大的智库成果，在党和国家重大决策中发挥了重要作用。年度报送信息量从5年前的680篇增加到去年的2400余篇（3600多期），每年采用批示量从240篇增加到近600篇。报送信息量增长了2.5倍，采用批示量增长了1.5倍。

四要始终坚持问题导向，推动理论创新。坚持解放思想、实事求是、与时俱进，以创新工程为实践抓手，鼓励大胆探索，提高哲学社会科学的创新能力、回答实际问题的能力。总结实施创新工程以来取得的经验和成就，不断推出具有标志性的重大创新成果，积极打造哲学社会科学创新工程"升级版"。实施创新工程以来，每年科研成果总数比上一年平均增长30%以上，我院共发布重大标志性科研成果400余项，在学界的引领和带动作用明显。

五要始终坚持以科研工作为中心。加快推进中国特色、中国风格、中国气派的哲学社会科学学科体系、学术体系、话语体系建设。实施学科建设"登峰战略"，加快建设一批重点学科和优势学科，打造一批国内一流、国际知名的学科集群，努力产生一批具有时代高度、代表国家水准的精品力作和鸿篇巨制，厚植全国哲学社会科学最高殿堂根基。扎实推进科研管理体制和机制创新。深入推进报刊出版馆网库志和学术评价名优建设工程，打造哲学社会科学理论学术传播的"名优平台"。

六要始终坚持加强哲学社会科学人才队伍建设。坚持人才强院战略，着力打造习近平总书记提出的"三个一批"人才体系，建设种类齐全、梯队衔接的哲学社会科学人才队伍。推进哲学社会科学人才工程，推进马克思主义理论人才造就工程、领军人才引进工程、青年英才培养工程、支撑与管理人才保障工程等系列人才工程；实施资深学科带头人资助计划，推进高端人才延揽计划；办好中国社会科学院大学和研究生院，加强哲学社会科学后备人才培养。

七要始终坚持推动哲学社会科学走向世界。中国社会科学院形成了以高端论坛、合作研究、对外培训、智库交流、传播平台五大类别项目为支撑的比较完整的对外交流合作格局。目前，我院对外学术交流已遍及世界100多个国家和地区，与海外200多个社科研究机构、学术团体、高等院校建立了学术交流关系，对外签订学术交流协议160多个。每年院、所举办的国际性学术会议200余场。院年度派出交流量2000余人次，接待来访2200余人次。在海外境外建立或筹建中国—中东欧研究院、香港中国学术研究院、中国研究中心等，增强我国哲学社会科学研究的国际影响力。

八要始终坚持加强和改善党对哲学社会科学工作的领导。牢固树立"四个意识"，自觉在思想上政治上行动上同以习近平同志为核心的党中央保持高度一致。从讲政治的高度，加强党对哲学社会科学的政治领导，加强党委集体领导下的所长负责制建设；加强党委和基层党支部建设。尊重劳动，尊重知识，尊重人才，尊重创造，把全院知识分子凝聚起来，聚天下英才而用之。

我院全体同志将紧密团结在以习近平同志为核心的党中央周围，在中央宣传部有力领导下，不辱使命、不负重托，为加快构建中国特色哲学社会科学，为实现"两个一百年"奋斗目标、实现中华民族伟大复兴的中国梦作出新的更大贡献！

必须加快构建中国特色哲学社会科学*

2017 年，中共中央印发了《关于加快构建中国特色哲学社会科学的意见》（以下简称《意见》）。《意见》强调，坚持和发展中国特色社会主义，必须加快构建中国特色哲学社会科学。记者采访了中国社会科学院院长、党组书记、学部主席团主席王伟光，请他对《意见》进行解读。

记者：《意见》的出台有什么重要意义？为什么说坚持和发展中国特色社会主义，必须加快构建中国特色哲学社会科学？

王伟光：党中央出台的《关于加快构建中国特色哲学社会科学的意见》，是本世纪以来党中央关于繁荣发展我国哲学社会科学的又一个具有里程碑意义的重要文件；是继一年前习近平总书记在哲学社会科学工作座谈会上的讲话之后，又一篇指导哲学社会科学大发展大繁荣的指导性文献。习近平总书记"5·17"重要讲话为加快构建中国特色哲学社会科学作出了顶层设计，提出了战略目标和任务，《意见》对加快构建中国特色哲学社会科学作出全面部署，提出了明确要求，提供了重要遵循。

加快构建中国特色哲学社会科学，是在新的历史起点上坚持和发展中国特色社会主义的必然要求。哲学社会科学作为揭示自然发展规律、社会发展规律和人类自身发展规律的知识体系，是人们认识世界、改造世界的重要工具，是推动历史发展和社会进步的重要力量。坚持和发展中国特色社会主义，哲学社会科学具有不可替代的重要地位，哲学社会

---

* 该文系人民日报记者专访中国社会科学院院长、党组书记、学部主席团主席王伟光的访谈稿，原载《人民日报》2017 年 5 月 31 日，收入本书时有改动。

科学工作者具有不可替代的重要作用。

当今世界正处在一个大发展大变革大调整时代，世界多极化、经济全球化、社会信息化、文化多样化深入发展。错综复杂的国际形势和国际环境，世界范围内各种思想文化交流交融交锋新形势，迫切需要哲学社会科学更好发挥作用，迫切需要加快构建中国特色哲学社会科学。经过 30 多年的改革开放，我国经济社会发展取得了举世瞩目的成就。但经济体制、社会结构、利益格局、思想观念都在发生广泛而深刻的变化，新情况新问题层出不穷。意识形态领域形势错综复杂，各种思潮此起彼伏，统一思想、凝聚共识的任务仍然艰巨。解决这些重大理论和实践问题，迫切需要加快构建中国特色哲学社会科学。

记者：《意见》提出坚持马克思主义在哲学社会科学领域的指导地位，我国哲学社会科学界如何进一步推进马克思主义中国化、时代化、大众化？

王伟光：哲学社会科学就其总体而言，具有鲜明的政治和意识形态属性。坚持以马克思主义为指导，是我国哲学社会科学最鲜明的特色。坚持以马克思主义为指导，必须把理论武装、理论指导和理论创新结合起来，自觉把正确的政治方向、价值取向和学术导向统一起来，寓政治于学术之中，寓马克思主义道理于学理之中，将把住方向贯穿于一切科研活动的导向之中。

坚持以马克思主义为指导，当前首要任务是把学习研究阐释当代中国马克思主义最新成果作为重中之重，大力推进马克思主义中国化、时代化、大众化。要坚持把马克思主义基本原理同当代中国实际和时代特点紧密结合起来，发展 21 世纪马克思主义、当代中国马克思主义，推动用发展着的理论指导发展着的实践。习近平总书记系列重要讲话精神和治国理政新理念新思想新战略，是 21 世纪马克思主义、当代中国马克思主义最现实的体现。坚持以马克思主义为指导，最重要的就是要深入学习贯彻习近平总书记系列重要讲话精神和治国理政新理念新思想新战略，解决好真学真懂真信真用的问题。要深入研究阐释其时代背景、重大意义、科学内涵、核心要义、精神实质，推动用马克思主义中国化最新成果武装头脑、凝心聚魂，为续写当代中国马克思主义新篇章提供有力的学理支撑。

记者： 如何进一步构建全方位、全领域、全要素的哲学社会科学体系？

王伟光： 加快构建中国特色哲学社会科学是党中央站在时代高度提出的一项战略任务。《意见》把加快构建中国特色哲学社会科学学科体系、学术体系、话语体系作为加快构建中国特色哲学社会科学体系的着力点和主攻方向。

加快构建中国特色哲学社会科学学科体系，要按照突出优势、拓展领域、补齐短板、完善体系的要求，优化学科结构，形成具有时代特点、门类齐全、结构合理、优势突出、立足国际学术前沿、适应国家经济社会发展需要的学科布局。一是加强马克思主义理论学科建设，制定马克思主义学科发展规划，努力把马克思主义学科建设成为哲学社会科学的优势学科，发挥好马克思主义学科的支撑引领作用。二是加快完善对哲学社会科学具有支撑作用的学科，如哲学、历史学、经济学、政治学、法学、社会学、民族学、新闻学、人口学、宗教学、心理学等，打造具有中国特色和普遍意义的学科体系。三是注重发展优势重点学科。四是加快发展具有重要现实意义的新兴学科和交叉学科。五是重视发展具有重要文化价值和传承意义的"绝学"、冷门学科。通过学科体系建设，努力使基础学科健全扎实、重点学科优势突出、新兴学科和交叉学科创新发展、冷门学科代有传承、基础研究和应用研究相辅相成、学术研究和成果应用相互促进。

加快构建中国特色哲学社会科学学术体系，要坚持不忘本来、吸收外来、面向未来，在提升学术原创能力和水平、推动学术理论中国化、建立激发科研活力的体制机制、构建具有自身特质的学术评价体系上下大功夫。要从我国改革发展的实践中挖掘新材料、发现新问题、提出新观点、构建新理论。在古今中外丰富的学术思想中汲取营养、推陈出新，传承中华文明、弘扬社会主义先进文化，健全完善具有中国特色、体现时代精神的哲学社会科学学术体系，努力实现中华传统文化的创造性转化、创新性发展。

要着力推动党的创新理论成果的学理化、哲学社会科学话语体系大众化、中国话语国际化。要立足中国实践、深入解读中国道路、切实提升中国经验，要勇于创新，不断概括出新概念、新范畴、新术语，打造具有中国特色、中国风格、中国气派的学术话语体系。

记者：您认为，我们应该如何构建具有自身特质的学术评价体系？

王伟光：学术评价体系建设十分重要，对哲学社会科学创新发展、人才队伍成长具有巨大的导向力和引领力。《意见》提出，构建具有自身特质的学术评价体系，对加快构建中国特色哲学社会科学具有重要意义。构建具有自身特质的学术评价体系要坚持正确的学术导向，以学术质量、社会影响、实际效果为衡量标准，通过科学设置考核周期，合理确定评价条件，建立科研信用管理、评价结果公布制度规定等，引导教学研究人员潜心钻研、铸造精品，扭转重数量轻质量、重国外轻国内的倾向。

记者：《意见》对建设种类齐全、梯队衔接的人才队伍将发挥哪些重要作用？

王伟光：优秀成果纷呈、优秀人才辈出，是哲学社会科学繁荣发展的重要标志。《意见》就建设种类齐全、梯队衔接的人才队伍提出了一系列重要举措，如实施哲学社会科学人才工程、建立规范的人才激励和奖励体制机制、加强学术道德和学风建设等，为加快构建中国特色哲学社会科学提供了重要的人才保证和支撑。要坚持尊重劳动、尊重知识、尊重人才、尊重创造，把人才队伍建设作为基础性建设。要把工作的着力点放在发现、培养、集聚一批有深厚马克思主义理论素养、学贯中西的思想家和理论家，一批理论功底扎实、勇于开拓创新的学科带头人，一批年富力强、锐意进取的中青年学术骨干上。要发扬学术民主，提倡开展平等、健康、活泼和充分说理的学术争鸣，营造风清气正、互学互鉴，追求真理、积极向上的学术生态。

加快构建中国特色社会主义政治经济学*

今天中国社会科学院全国中国特色社会主义政治经济学研究中心正式成立，这是中国社会科学院的一件大事，也是我国经济学界的一件大事；同时召开"中国特色社会主义政治经济学话语体系学术研讨会"，这也是一项很有意义的学术活动。在这里，我代表中国社会科学院党组表示热烈祝贺！向应邀前来参会的各位专家学者致以诚挚问候！

2015 年 11 月 23 日，中共中央政治局就马克思主义政治经济学基本原理和方法论进行了第二十八次集体学习。习近平总书记发表重要讲话，阐发了一系列关于中国特色社会主义政治经济学的新思想新观点，提出了坚持和发展马克思主义政治经济学、构建中国特色社会主义政治经济学的政治要求。

2016 年 5 月 17 日，习近平总书记发表了关于哲学社会科学的重要讲话，提出坚持以马克思主义为指导，加快构建中国特色哲学社会科学的战略任务。

2017 年 5 月 17 日，习近平总书记又致中国社会科学院建院 40 周年贺信，给予中国社会科学院充分肯定，提出了新的更高要求。

习近平总书记的重要讲话和贺信精神，是指导我们办好中国社会科学院，加快构建中国特色哲学社会科学，构建中国特色社会主义政治经济学，努力建设马克思主义理论阵地，发挥为党和国家决策服务的思想库作用的思想指南和基本遵循。

＊ 该文系作者 2017 年 6 月 3 日在"中国特色社会主义政治经济学话语体系学术研讨会"上的讲话，原载《院内通报》2017 年 6 月 3 日，收入本书时有改动。

学习宣传贯彻落实习近平总书记重要讲话和贺信精神，加快构建中国特色哲学社会科学和中国特色社会主义政治经济学，是我院也是经济研究所的一项战略任务，是摆在哲学社会科学也是经济学工作者面前的重要使命。为落实好总书记的重要讲话和贺信精神，院党组采取了一系列重要举措，努力推进中国特色哲学社会科学和中国特色社会主义政治经济学的构建进程。今天的会议，就是我们贯彻落实总书记重要讲话和贺信精神，推进中国特色哲学社会科学和中国特色社会主义政治经济学建设的一个具体行动。

经中宣部批准，中国社会科学院成立"全国中国特色社会主义政治经济学研究中心"，这是我院构建中国特色社会主义政治经济学，推动中国特色哲学社会科学建设的重要举措。院党组决定将"中心"设在经济研究所，与当代中国马克思主义政治经济学创新智库一个机构、两块牌子，由经济研究所统一承担管理建设任务。院党组希望经济研究所按照习近平总书记关于哲学社会科学和中国特色社会主义政治经济学的重要讲话精神，把"中心"办好，努力办成全国中国特色社会主义政治经济学的理论研究、学术交流和人才培养高地，院各职能部门和相关研究所都要大力支持"中心"的工作。

坚持和发展马克思主义政治经济学，努力构建中国特色社会主义政治经济学，是全国中国特色社会主义政治经济学研究中心也是经济研究所的中心任务。关于办好全国中国特色社会主义政治经济学研究中心，我谈几点看法。

一要认真学习贯彻习近平总书记关于坚持和发展马克思主义政治经济学的重要讲话精神，真学、真懂、真信、真用马克思主义政治经济学。习近平总书记关于坚持和发展马克思主义政治经济学的重要讲话是指导我国经济研究，构建中国特色社会主义政治经济学的纲领性文件。习近平总书记强调："马克思主义政治经济学是马克思主义的重要组成部分，也是我们坚持和发展马克思主义的必修课。""我们政治经济学的根本只能是马克思主义政治经济学，而不能是别的什么经济理论。""还是要讲马克思主义政治经济学，当代中国社会主义政治经济学要大讲特讲，不能被边缘化。"① 必须认真学习贯彻习近平总书记的重要讲话精神，坚持以马克思主义政治经济学为指导，运用马克思主义政治经济学的立场、观点和方法指导经济研究，加强马克思主义政治经济学和中国特色社会主义政治经济学的学科体系、学术体系、话语体系和教材体系建设，为党和国家经济建设发展大局服务。

二要立足我国国情和发展实践，坚持和发展马克思主义政治经济学的基本原理，构建当代中国的社会主义政治经济学。我们党历来重视与我国国情和实践紧密结合创新发展马克思主义政治经济学。在我国社会主义建设初期，毛泽东同志号召全党学习《资本论》，学习马克思主义政治经济学，并强调为了推进中国社会主义经济建设，既要坚持马克思主义政治经济学的基本原理，又要立足中国国情，总结中国经验，不断推进马克思主义理论创新，产生自己的理论家，创造自己的经济学理论，形成具有中国自己特色的政治经济学理论。他在读苏联《政治经济学教科书》时明确指出："马克思这些老祖宗的书，必须读，他们的基本原理必须遵守，这是第一。但是，任何国家的共产党，任何国家的思想界，都要创造新的理论，写出新的著作，产生自己的理论家，来为当前的政治服务，单靠老祖宗是不行的。"②

党的十八大以来，习近平总书记在一系列重大社会主义经济问题上，提出了很多新思想、新观点，发展了当代中国马克思主义政治经济学，开拓了马克思主义政治经济学的新境界，也为我们树立了运用马克思主义的立场、观点、方法构建中国特色社会主义政治经济学的典范。

马克思主义政治经济学是不断发展、与时俱进的科学。在新的历史时期，面对生机勃勃的中国特色社会主义经济的丰富实践，发展和创新马克思主义政治经济学，建设具有中国风格、中国气派、中国特色的社会主义政治经济学理论和学术话语体系的任务，比任何时候都更加迫

---

① 习近平：《论把握新发展阶段、贯彻新发展理念、构建新发展格局》，中央文献出版社 2021 年版，第 58、59、65 页。
② 《毛泽东文集》第 8 卷，人民出版社 1999 年版，第 109 页。

切、更加重要。要根据习近平总书记的重要指示，坚持和发展马克思主义政治经济学，把马克思主义政治经济学作为指导思想，加快构建中国特色社会主义政治经济学。

三要深入研究世界经济和我国经济面临的新情况新问题，为中国特色社会主义经济建设、为世界经济健康发展贡献中国智慧。要按照习近平总书记的要求，深入研究世界经济和我国经济面临的新情况新问题，以重大现实问题为导向，深化对世界经济发展规律的认识和把握，深化对我国社会主义经济发展规律的认识和把握，深化对当代资本主义的内在矛盾及其发展趋势的认识和把握，深化对人类社会发展规律和社会历史发展必然趋势的认识和把握。要总结中国特色社会主义建设新鲜经验，回答我国经济社会发展面临的新问题，为党和国家的经济决策服务；要提炼和总结我国经济发展实践的规律性成果，把实践经验上升为系统化的经济学说，为指导我国和世界经济的健康发展贡献我们的智慧。

四要把全国中国特色社会主义政治经济学研究中心打造成全国性的理论研究阵地、学术交流平台和人才聚集高地。要团结和凝聚起一批坚持马克思主义政治经济学立场、观点和方法，有志于中国特色社会主义政治经济学研究的专家学者，特别是中青年学者来从事构建中国特色社会主义政治经济学这项伟大的工程，既要立足于中国社会科学院丰厚的学术和科研资源，又要开门搞研究，搭起大舞台，出精品，聚人才，在中国特色社会主义政治经济学研究中起带头和引领作用。

中国社会科学院经济研究所承担全国中国特色社会主义政治经济学研究中心暨当代中国马克思主义政治经济学创新智库的管理建设任务。希望你们按照习近平总书记坚持和发展马克思主义政治经济学的要求，把经济研究所打造成马克思主义政治经济学理论阵地、中国特色社会主义政治经济学创新中心、经济史和经济思想史研究重镇、我国宏观经济对策咨询智库，办好中国社会科学院经济研究所，办好全国中国特色社会主义政治经济学研究中心和当代中国马克思主义政治经济学创新智库。

参加今天会议的专家中，不仅有国内马克思主义政治经济学界的著名学者，也有正在成长、成熟的中青年学者。我相信，与会专家、学者相互之间的学术交流与对话，一定会迸发出更多的思想火花，奉献出更多的理论洞见，进一步拓展经济研究的视野，促进中国特色社会主义政治经济学的发展。

最后，预祝"中国特色社会主义政治经济学话语体系学术研讨会"取得圆满成功！

加快构建中国特色哲学社会科学创新体系[*]

2016 年 5 月 17 日，习近平总书记在哲学社会科学工作座谈会上发表重要讲话，深刻回答了事关我国哲学社会科学长远发展的一系列根本性问题，提出了加快构建中国特色哲学社会科学的战略任务。"5·17"重要讲话是一篇马克思主义的重要文献，为做好新时期哲学社会科学工作提供了根本遵循和行动指南。同年 12 月，中央全面深化改革领导小组第三十一次会议审议通过了《关于加快构建中国特色哲学社会科学的意见》（以下简称《意见》），对加快构建中国特色哲学社会科学作出战略部署，这是新世纪以来党中央关于发展哲学社会科学的又一重要指导性文件。

作为党中央直接领导的国家哲学社会科学研究机构，中国社会科学院认真学习领会、全面贯彻落实习近平总书记"5·17"重要讲话和《意见》精神，加快构建中国特色哲学社会科学创新体系，明确了进一步办好中国社会科学院的总体要求，即坚持"一个战略任务"、"三条基本经验"、"五个三"工作总思路和"八个坚定不移"重要遵循。"一个战略任务"：加快构建中国特色哲学社会科学。"三条基本经验"：始终坚持正确的政治方向和学术导向，解决好哲学社会科学研究为什么人这个根本问题；始终坚持科学的工作思路和举措，紧紧抓牢创新工程这一实践载体；始终坚持把科研人员和全院群众的工作和生活需要放在重要位置，办实事，办好事，办让大家满意的事。"五个三"工作总思路：一是"三大定位"，即努力把中国社会科学院建设成为马克思主义

　＊　原载《社科党建》2017 年第 3 期，《求是》2017 年第 10 期，收入本书时有改动。

的坚强阵地和党的意识形态重镇、我国哲学社会科学研究的最高殿堂、党中央国务院重要的思想库和智囊团；二是"三大功能"，即发挥好阵地功能、殿堂功能、智库功能；三是"三大战略"，即实施科研强院战略、人才强院战略、管理强院战略；四是"三大风气"，即加强学风、作风、文风建设；五是"三项纪律"，即加强以政治纪律、组织纪律、财经（廉洁）纪律为重点的纪律建设。"八个坚定不移"重要遵循，即坚定不移地抓好马克思主义理论武装和理论指导，大力加强马克思主义和党的意识形态坚强阵地建设；坚定不移地抓好学风建设，始终坚持为人民做学问的宗旨；坚定不移地抓好创新工程，加快构建中国特色哲学社会科学；坚定不移地抓好科研这一中心任务，多出经得起实践和历史检验的优秀成果；坚定不移地以党和国家关注的重大理论和实践问题为主攻方向，扎实推进国家高端智库建设；坚定不移地抓好人才强院，选好人才、育好人才、用好人才；坚定不移地抓好全面从严治党和领导干部这个"关键少数"，不断加强党委、党的基层组织、党员队伍和党风廉政建设；坚定不移地抓好行政后勤保障体系建设，不断提高服务科研水平和保障能力。总体目标是加快构建中国特色哲学社会科学创新体系。

　　加快构建中国特色哲学社会科学创新体系，要始终坚持以马克思主义为指导。马克思主义深刻揭示了自然界、人类社会和思维发展的一般规律，为哲学社会科学各学科提供了具有指导意义的世界观、历史观、价值观和方法论。坚持以马克思主义为指导，就要坚持理论武装，切实解决好真学真懂真信真用、为什么人的问题，提高用马克思主义立场、观点、方法指导科研的能力，把马克思主义立场、观点、方法贯穿哲学社会科学各学科各领域，确保正确的政治方向、价值取向和学术导向。当前首要的是学习宣传阐释习近平总书记系列重要讲话精神和治国理政新理念新思想新战略，推进马克思主义中国化、时代化、大众化，发展21世纪马克思主义、当代中国马克思主义，不断开辟马克思主义发展新境界。抓好马克思主义理论学科建设与理论研究工程、马克思主义文艺理论与文艺批评建设工程。建设好马克思主义研究学部、马克思主义研究院、当代中国研究所、信息情报研究院、中国特色社会主义理论体系研究中心、马克思主义学院和世界社会主义研究中心七大马克思主义研究平台。建设方向正确、理论深厚、战斗力强、定位清晰、功能互补的马克思主义理论研究和主流意识形态宣传研究阵地集群。坚持党管意识形态，切实维护党的意识形态安全，把中国社会科学院建成党的意识形态工作重镇。要勇于亮剑，敢于发声，开展对错误观点和错误思潮的批驳，牢牢掌握意识形态工作领导权管理权话语权。

加快构建中国特色哲学社会科学创新体系，要始终坚持中国特色、中国风格、中国气派的基本要求。加快构建中国特色哲学社会科学，必须加快推进中国特色、中国风格、中国气派的学科体系、学术体系、话语体系建设。加强哲学社会科学学科建设顶层设计，调整学科设置，优化学科布局，完善学科门类。进一步拓展学术视野和研究领域，改革和创新科研管理体制、机制、方法，培育新的理论生长点，催生新的思想和观念。在提高学术品质、学理厚度上下功夫，在提升学术命题、学术思想、学术观点、学术标准、学术话语的能力和水平上下功夫。推动哲学社会科学话语体系学理化、大众化、国际化。坚持用中国理论阐释中国实践，用中国实践升华中国理论。要实施中国学术走出去，善于提炼标识性概念，讲好中国故事，传播好中国声音。着力提出体现中国立场、中国智慧、中国价值的正确思路和方案，提升国际学术影响力和话语权。

加快构建中国特色哲学社会科学创新体系，要始终坚持以我国发展和我们党执政面临的重大理论和实践问题为主攻方向。哲学社会科学要以我国改革开放和现代化建设的实际问题、以我们正在做的事情为中心，深入研究回答我国发展和我们党执政面临的重大理论和实践问题，不断提高为党和国家决策服务水平。着力推进国家高端智库建设，坚持高端定位、凝练主攻方向、突出专业特色、注重成果质量。讲大局、议大事、谋大计，使科学研究服从、服务于党和国家工作大局，融入坚持和发展中国特色社会主义的实践中，深入实践，深入群众，加大调研力度，真正把握世情、国情、党情、民情，站在中国经济社会发展进步的潮头，坚持基础理论研究与应用对策研究并重，认真研究关系党和国家事业发展的全局性、战略性、前瞻性问题，为党和国家大局，为统筹推进"五位一体"总体布局、协调推进"四个全面"战略布局提供理论支撑，切实发挥好党中央国务院重要的思想库和智囊团的作用。

加快构建中国特色哲学社会科学创新体系，要始终坚持以科研工作为中心。科学研究是哲学社会科学的根基和支撑，科研工作是哲学社会科学的中心工作。哲学社会科学的一切工作都要围绕这一中心工作来展开，为这一中心工作服务。围绕基础学科健全扎实、重点学科优势突出、新兴学科和交叉学科创新发展、冷门学科代有传承、基础研究和应用研究相辅相成、学术研究和成果应用相互促进的学科发展目标，实施学科建设"登峰战略"，加快建设一批在国内具有引领作用的重点学科、在国际具有重要影响的优势学科，打造一批国内一流、国际知名的学科集群。勇攀哲学社会科学研究的学术高峰，多出研究成果，努力产生一批具有时代高度、代表国家水准的精品力作和鸿篇巨制。努力建设与中国社会科学院学术地位相称的、体现我国哲学社会科学最高研究水平的名报、名刊、名社、名馆、名网、名库和评价中心。扎实推进科研管理体制和机制创新，完善多出成果、多出精品的管理体制和竞争激励机制，不断提高科研管理水平。

加快构建中国特色哲学社会科学创新体系，要始终坚持问题导向以推动理论创新。理论的生命力在于创新。创新是哲学社会科学发展的永恒主题和不竭动力，也是社会发展、实践深化、历史前进对哲学社会科学的必然要求。构建中国特色哲学社会科学创新体系，理论创新是题中应有之义。必须以创新工程为实践抓手，坚持解放思想、实事求是、与时俱进，坚持问题导向，鼓励大胆探索，注重从我国改革发展的实践中挖掘有时代性的新材料、提炼有学理性的新理论、概括有规律性的新实践，提高哲学社会科学的创新能力、回答实际问题的能力。不断打开理论创新的新视野，不断开辟理论探索的新境界，更好地体现时代性、把握规律性、富于创造性，努力建设符合时代要求、适应实践发展的中国特色哲学社会科学创新体系。总结实施创新工程以来取得的经验和成就，积极打造哲学社会科学创新工程的"升级版"，发挥好在哲学社会科学界的引领和带动作用。

加快构建中国特色哲学社会科学创新体系，要始终坚持加强哲学社会科学人才队伍建设。加快构建中国特色哲学社会科学创新体系，人才是根基，是第一资源。实施以育人育才为中心的哲学社会科学整体发展战略，构筑学生、学术、学科一体的综合发展体系，推进哲学社会科学人才工程，着力发现、培养、聚集一批有深厚马克思主义理论素养、学贯中西的思想家和理论家，一批理论功底扎实、勇于开拓创新的学科带头人，一批年富力强、锐意进取的中青年学术骨干，为加快构建中国特色哲学社会科学提供坚实的人才支撑。推进马克思主义理论人才造就工程、领军人才引进工程、青年英才培养工程、支撑与管理人才保障工程等系列人才工程；实施资深学科带头人资助计划，启动高端人才延揽计划；依托中国社会科学院研究生院和中国社会科学院大学，加强哲学社会科学后备人才培养。让广大哲学社会科学工作者成为先进思想的倡导者、学术研究的开拓者、社会风尚的引领者、党执政的坚定支持者。

加快构建中国特色哲学社会科学创新体系，要始终坚持"二为"方向和"双百"方针相统一。为人民服务、为社会主义服务，是哲学社会科学根本宗旨；百花齐放、百家争鸣，是我国哲学社会科学的重要方针。加快构建中国特色哲学社会科学创新体系，要处理好"二为"方向与"双百"方针的关系，坚持"二为"方向和"双百"方针的有机统一。要在坚持"二为"方向的前提下，坚持和发扬学术民主，提倡不同学术观点、不同风格学派相互切磋、平等讨论。正确区分学术问题和政治问题，不要把一般的学术问题当成政治问题，也不要把政治问题当成一般的学术问题，既反对打着学术研究旗号从事违背学术道德、违反宪法法律的假学术行为，也反对把学术问题和政治问题混淆起来，用解决政治问题的办法对待学术问题的简单化做法。大力弘扬理论联系实际、密切联系群众的优良学风，营造风清气正、互学互鉴、积极向上的学术生态。哲学社会科学工作者要真正把做人、做事、做学问统一起来，有立志为人民做大学问、做中国特色社会主义真学问的执着坚守。

加快构建中国特色哲学社会科学创新体系，要始终坚持加强和改善党对哲学社会科学工作的领导。加强和改善党对哲学社会科学工作的领导，是加快构建中国特色哲学社会科学创新体系的根本保证。从讲政治的高度，加强党对哲学社会科学的政治领导和工作指导，一手抓繁荣发展哲学社会科学，一手抓引导管理，确保哲学社会科学始终沿着正确的政治方向前进。坚持党性原则，加强党的建设。认真贯彻落实全面从严治党的要求，牢固树立"四个意识"，坚决维护党中央权威和集中统一领导，自觉在思想上政治上行动上同以习近平同志为核心的党中央保持高度一致。合理配置资源，把重要人才、重要阵地统筹好，把重大研究规划、重大研究项目、重大资金分配、重大评价评奖活动统筹好。要尊重劳动、尊重知识、尊重人才、尊重创造，以识才的慧眼、爱才的诚意、用才的胆识、容才的雅量，聚天下英才而用之。

深入学习贯彻落实习近平"5·17"重要讲话精神，办好中国社会科学院[*]

首先，我代表中国社会科学院对参加加快构建中国特色哲学社会科学研讨会暨《全国社会科学院年鉴》出版研讨会的各地方社会科学院领导表示热烈欢迎和诚挚问候，对《全国社会科学院年鉴》的出版表示祝贺。当前，党的十九大召开在即，我们作为全国社会科学院系统，一定要以良好的精神风貌、优异的工作成绩为构建中国特色哲学社会科学作出新的贡献，迎接这一重要会议的召开。下面，我就深入学习贯彻落实习近平总书记"5·17"重要讲话精神，办好社会科学院，加快构建中国特色哲学社会科学谈几点意见，供大家参考。

一　始终坚持马克思主义在我国哲学社会科学领域的指导地位

习近平总书记强调："坚持以马克思主义为指导，是当代中国哲学社会科学区别于其他哲学社会科学的根本标志，必须旗帜鲜明加以坚持。"① 坚持以马克思主义为指导，是构建中国特色哲学社会科学必须解决好的首要问题。我国的哲学社会科学，离开了马克思主义的指导，也就失去了方向，失去了灵魂。因此，必须牢牢把握坚持以马克思主义为指导的灵魂和方向。坚持马克思主义的指导地位，我们哲学社会科学

　＊　该文系作者 2017 年 9 月 29 日在加快构建中国特色哲学社会科学研讨会暨《全国社会科学院年鉴》出版研讨会上的讲话，原载《院内通报》2017 年 10 月 16 日，收入本书时有改动。

　①　习近平：《在哲学社会科学工作座谈会上的讲话》，人民出版社 2016 年版，第 8 页。

工作者必须做到以下几点。

一是坚持以马克思主义为指导，首先要解决真懂真信的问题，自觉接受马克思主义的指导。习近平总书记指出："我国广大哲学社会科学工作者要自觉坚持以马克思主义为指导，自觉把中国特色社会主义理论体系贯穿研究和教学全过程，转化为清醒的理论自觉、坚定的政治信念、科学的思维方法。"① 我们党始终强调坚持以马克思主义为指导，但是对于每一个哲学社会科学工作者来说，并不是都已经完全解决好了真懂真信的问题。只有坚持以马克思主义为指导，才能推进我国哲学社会科学的繁荣发展，构建中国特色哲学社会科学创新体系。每一个哲学社会科学工作者，只有解决对马克思主义真懂真信的问题，才能真正掌握马克思主义的立场、观点和方法，才能提高运用马克思主义指导科研的能力和水平，才能自觉接受马克思主义指导，才能把马克思主义真正用于指导哲学社会科学研究。

二是坚持以马克思主义为指导，核心要解决好为什么人的问题。为什么人的问题是哲学社会科学研究的根本性、原则性问题。必须解决好为什么人的问题。为什么人的问题是马克思主义群众观的根本问题。要解决为什么人的问题，就有一个坚持以什么样的世界观、价值观和方法论为指导的问题。如果坚持以错误的世界观、价值观和方法论为指导，那么搞科研就是为了个人，就是为了评职称，为了多拿钱，为了光宗耀祖，为了出名得利。如果以马克思主义世界观、价值观和方法论为指导，那么搞科研就是为了建设中国特色社会主义，为了中华民族伟大复兴，为了发展社会主义文化事业，这样就不会把追逐个人名利放在第一位，而是把拿出让党和人民放心的科研成果放在第一位。因此，所有从事哲学社会科学研究的同志都需要解决好为什么人的问题，即为什么人做学问、为什么人服务的问题。哲学社会科学工作者当然要为人民搞科研，为人民服务，为党和政府决策服务，为中国特色社会主义事业服务，为实现"两个一百年"奋斗目标、实现中华民族伟大复兴的中国

---

① 习近平：《在哲学社会科学工作座谈会上的讲话》，人民出版社 2016 年版，第 11 页。

梦服务。毛泽东同志曾经借用"皮之不存，毛将焉附？"来论述知识分子与人民大众的关系，知识分子就是附在人民大众身上的"毛"。① 今天社会主义中国的知识分子就要为人民群众服务。为什么人的问题就是马克思主义的立场问题。坚持马克思主义立场就会对人民产生深厚的感情，对党产生深厚的感情，就会知道什么样的政治方向和学术导向是正确的，就会站在人民的立场上为人民鼓与呼，为人民利益发声，为党的事业发声。为人民拿笔杆子，就必须坚持正确的政治方向和学术导向，必须严格遵循政治纪律，不能跟人民唱反调。比如，有个别学者不为工人、农民说话，这就有方向问题了；有个别学者言必称西，言必称洋，崇拜洋教条，甚至是名词用语都照搬照抄外国的，这也是没有解决好为什么人的问题的表现。当然，崇拜土教条也是不对的。为人民搞科研，有一个对人民负责和对党负责的一致性问题。对人民负责和对党负责是一致的，这就决定了我们要紧密团结在以习近平同志为核心的党中央周围。这与为人民谋利益是一致的，就要从党和国家的需要出发，以实际工作中亟待回答和解决的重大理论和现实问题，以经济社会发展中的全局性、前瞻性、战略性问题，以干部群众普遍关注的热点、焦点、难点问题为科研工作的主攻方向。我们不反对和否认个人研究爱好和追求，但是科学研究必须首先解决好为什么人的问题。

　　三是坚持以马克思主义为指导，最终要落实到怎么用上来。1942年2月1日，毛泽东同志在《整顿党的作风》一文中讲道："我们党校的同志不应当把马克思主义的理论当成死的教条。对于马克思主义的理论，要能够精通它、应用它，精通的目的全在于应用。如果你能应用马克思列宁主义的观点，说明一个两个实际问题，那就要受到称赞，就算有了几分成绩。被你说明的东西越多，越普遍，越深刻，你的成绩就越大。现在我们的党校也要定这个规矩，看一个学生学了马克思列宁主义以后怎样看中国问题，有看得清楚的，有看不清楚的，有会看的，有不

---

　　① 参见《毛泽东年谱（1949—1976）》第3卷，中央文献出版社2013年版，第142页。

会看的，这样来分优劣，分好坏。"① 这是毛泽东同志对党校学员的要求。现在对于社会科学院系统来讲，也要有这种追求，看一个研究人员学了马克思列宁主义以后怎样看中国问题，看清楚还是没有看清楚，会看还是不会看，是说明问题了还是没有说明问题，是按照党和人民的要求来拿笔杆子还是按照错误的方向来拿笔杆子，这样才能分出好坏，分出优劣。真懂真信就是为了真用。马克思主义不仅在于解释世界，更重要的是在于改造世界。掌握马克思主义必须体现在"怎么用"上。对我们哲学社会科学工作者来说，体现在用马克思主义提出问题、分析问题、认识问题，找到解决问题的答案，用马克思主义指导哲学社会科学研究，多出精品成果、多出优秀人才。

四是坚持以马克思主义为指导，必须解决好学风问题。习近平总书记强调，对待马克思主义不能采取教条主义态度，也不能采取实用主义态度，必须弘扬理论联系实际的学风，这是对待马克思主义的正确态度。毛泽东同志指出，学风问题是对待马克思主义的根本态度问题，是第一重要的问题。我们的研究工作必须紧密联系实际、联系群众、面向基层、面向现实、面向世界、面向未来，发扬理论联系实际的良好学风。

五是坚持以马克思主义为指导，必须坚持问题导向。习近平总书记指出，坚持问题导向是马克思主义的鲜明特点。问题是时代的灵魂，具体问题具体分析是马克思主义活的灵魂，只有抓住时代问题，分析时代问题，解决时代问题，才能推动哲学社会科学的发展。哲学社会科学工作者必须坚持问题导向，坚持以马克思主义为指导，必须落到研究我国发展和我们党执政面临的重大理论和实践问题上来，落到提出解决问题的正确思路和有效办法上来。要坚持用联系的发展的眼光看问题，增强战略性、系统性思维，分清本质和现象、主流和支流，既看存在问题又看其发展趋势，既看局部又看全局，提出的观点、作出的结论要客观准确、经得起检验，在全面客观分析的基础上，努力揭示我国社会发展、人类社会发展的大逻辑大趋势。

---

① 《毛泽东选集》第 3 卷，人民出版社 1991 年版，第 815 页。

六是坚持以马克思主义为指导，必须不断推进马克思主义中国化、时代化、大众化。习近平总书记指出，马克思主义中国化取得了重大成果，但还远未结束。我国哲学社会科学的一项重要任务就是继续推进马克思主义中国化、时代化、大众化，继续发展21世纪马克思主义、当代中国马克思主义。紧密结合中国特色社会主义的伟大实践创新，不断推进马克思主义中国化理论创新，这是摆在哲学社会科学工作者面前的重大历史使命。我们要把中国化、时代化的马克思主义最新理论和广大人民群众真正结合在一起，真正实现马克思主义中国化理论成果的大众化。

二 始终坚持把学习宣传贯彻落实习近平总书记系列重要讲话精神和党中央治国理政新理念新思想新战略作为哲学社会科学第一位的政治任务

习近平总书记系列重要讲话和党中央治国理政新理念新思想新战略，深刻阐释了党的十八大以来党和国家事业发展的历史性变革，深刻阐述了新的历史条件下坚持和发展中国特色社会主义一系列重大理论和实践问题，提出了一系列新的重要思想、重要观点、重大判断、重大举措，极大地推进了党的理论创新。它既是马克思主义中国化的最新成果，同时也是构建中国特色哲学社会科学的重要依据。所以，我们一定要学习好、研究好、宣传好、贯彻好、落实好习近平总书记系列重要讲话精神和党中央治国理政新理念新思想新战略，这是当前和今后相当长一个时期社会科学战线的一项光荣的政治任务。哲学社会科学工作者要从学术上准确把握并阐明其在马克思主义中国化进程中的历史地位，把握并阐明其实质要义、时代内涵和精神品格，把握并阐明其与马克思列宁主义、毛泽东思想、中国特色社会主义理论体系一脉相承的关系，揭示其与时俱进的特质，把握并阐明其话语表达特点。这是历史所赋予当代哲学社会科学工作者的不可推卸的历史责任。

习近平总书记在哲学社会科学工作座谈会上的重要讲话，是系列重要讲话的重要内容。习近平总书记"5·17"重要讲话，站在人类历史规律的高度，站在中国特色社会主义发展大局的高度，站在国家文化和安全战略的高度，高度评价我国哲学社会科学在中国特色社会主义伟大事业中的地位和不可替代的作用，科学阐释繁荣发展哲学社会科学的极端重要性，充分肯定我国哲学社会科学所取得的成绩，正确分析我国哲学社会科学所面临的新形势、新任务和着力解决的新问题，明确提出推进中国特色哲学社会科学创新体系建设的历史使命、指导思想、基本要求、主要任务和政治保障，深刻阐明事关哲学社会科学的性质、方向和前途的一系列的重大原则问题。习近平总书记"5·17"重要讲话，意义深远，思想深刻，通篇贯穿着马克思主义立场观点方法，凝聚着我们党对哲学社会科学的新的思想认识，富有时代性、战略性，具有很强的思想性、理论性和指导性，讲话具有巨大的理论说服力和思想影响力，是一篇指导我国哲学社会科学创新发展的马克思主义纲领性文件，为做好新时期哲学社会科学工作提出了根本遵循和行动指南。哲学社会科学战线的同志们，必须带着感情学，带着使命学，带着问题学，要学深、学透、学懂。要真用，真正用来指导哲学社会科学的研究工作，特别是我们在座的地方社会科学院的院长、党委书记们，我建议你们无论是在办公桌上还是在家里桌上都放上《在哲学社会科学工作座谈会上的讲话》，要反复地学、深刻地学，能不能照这篇讲话来办事，能不能理解这篇讲话，关系到你所领导的地方的和你所领导的单位的哲学社会科学的方向问题和繁荣问题。

习近平总书记的重要讲话，集中回答了面对新形势发展什么样的哲学社会科学、怎样发展哲学社会科学这个关键问题，全面提出了结合中国特色社会主义伟大实践，繁荣发展哲学社会科学，构建中国特色哲学社会科学这样一个战略任务。学习领会习近平总书记关于哲学社会科学的重要讲话，要紧密结合这个关键问题，就是发展什么样的哲学社会科学、怎样发展哲学社会科学的问题。

习近平总书记的重要讲话，集中阐释了关于哲学社会科学的重要地位和作用、马克思主义在我国哲学社会科学领域的指导地位、加快构建中国特色哲学社会科学的目标任务、加强党的领导是繁荣发展创新哲学社会科学的根本保证等这样四个方面的重要思想。

一是全面深刻领会和把握关于坚持和发展中国特色社会主义，必须高度重视哲学社会科学的重要论述。即关于面对意识形态、经济新常态、改革进入攻坚期和深水区、思想文化交流交融交锋、从严治党等五项重要任务，都迫切需要哲学社会科学更好发挥作用的重要论述。

二是全面深刻领会和把握关于坚持以马克思主义为指导，是当代中国哲学社会科学区别于其他哲学社会科学的根本标志，必须旗帜鲜明加以坚持的重要论述。即关于继续推进马克思主义中国化、时代化、大众化，继续发展 21 世纪马克思主义、当代中国马克思主义的重要论述；关于我国哲学社会科学工作者自觉以马克思主义为指导，自觉把中国特色社会主义理论体系贯穿研究和教学全过程的重要论述；关于哲学社会科学工作者以马克思主义为指导，首先要解决真懂真信问题，核心要解决好为什么人的问题，最终落实到怎么用的问题上的重要论述。

三是全面深刻领会和把握关于加快构建中国特色哲学社会科学的目标任务的重要论述。即关于哲学社会科学工作者自觉担负起为党和人民述学立论、建言献策等光荣使命的重要论述；关于按照立足中国、借鉴国外，挖掘历史、把握当代，关怀人类、面向未来的思路，加快构建全方位、全领域、全要素的中国特色哲学社会科学体系，在指导思想、学科体系、学术体系、话语体系等方面充分体现中国特色、中国风格、中国气派的重要论述；关于构建中国特色哲学社会科学创新体系要体现继承性、民族性、原创性、时代性、系统性、专业性要求的重要论述；关于实施以育人育才为中心的哲学社会科学的整体发展战略，构建学生、学术、学科一体的综合发展体系的重要论述。

现在我们开办中国社会科学院大学就是构建学生、学术、学科一体的综合发展体系，中国社会科学院大学今年已经招收了 390 人。中国社会科学院大学从报批、批准到成立，仅仅用了十个月的时间。教育部的同志说，这是真正的中国速度！一般情况下，办一所大学，从申报到最后开学至少需要五年时间，报的材料得有一人高。这也是习近平总书记和党中央对哲学社会科学事业的亲切关怀。中国社会科学院大学是一个机构三块牌子，中国社会科学院大学一块牌子，中国社会科学院研究生院一块牌子，中国社会科学院马克思主义学院一块牌子。一个机构三块牌子，就是说这三块牌子由一个党委领导。现在青岛校区正在抓紧建设，1200 亩地，29 亿元的投资，2019 年交付使用。另外，我们在燕郊准备办一个文博学院，很快就要开工了。研究生院的 600 多亩地准备再盖一个大礼堂、34000 平方米的学生宿舍、第三食堂等，这就真正形成了本科、硕士、博士，学术、学科和研究一体的综合发展体系。希望地方社会科学院把好的学生推荐给我们。

四是全面深刻领会和把握关于加强党的领导是繁荣发展创新哲学社会科学的根本保证的重要论述。即关于各级党委要把哲学社会科学工作纳入重要议事日程，加强政治领导和工作指导的重要论述；关于各级党委和政府要发挥哲学社会科学在治国理政中的重要作用的重要论述；关于构建中国特色哲学社会科学要从人才抓起，久久为功，实施哲学社会科学的人才工程，建立哲学社会科学的人才体系的重要论述；关于落实党的知识分子的政策，切实做到政治上充分信任、思想上主动引导、工作上创造条件、生活上给予照顾的重要论述；关于繁荣发展哲学社会科学必须解决好学风问题，营造风清气正、互学互鉴、积极向上的学术生态的重要论述；关于落实"双百"方针，提倡哲学社会科学理论创新和知识创新的重要论述；等等。

我们一定要把习近平总书记的讲话学深吃透，切实落到哲学社会科学的实际工作中，要有针对性地解决哲学社会科学中存在的问题，按照习近平总书记关于构建中国特色、中国风格、中国气派、富有中国话语的哲学社会科学创新体系的建设总思路，实实在在地推进我国哲学社会科学的繁荣发展。

三　始终坚持把构建中国特色哲学社会科学作为
我国哲学社会科学的战略任务

习近平总书记指出，观察当代中国哲学社会科学，需要有一个宽广的视角，需要放到世界和我国发展大历史中去看。人类社会每一次重大跃进，人类文明每一次重大发展，都离不开哲学社会科学的知识变革和思想先导。在深刻把握当今时代，当今中国新形势、新实践、新需要的基础上，习近平总书记提出了加快构建中国特色哲学社会科学的战略任务和历史使命。人类历史证明，社会大变革的时代，就是哲学社会科学大发展的时代，伟大的时代一定能产生伟大的理论。伟大的实践一定是推进学术繁荣的伟大实践。放眼当代中国，中国特色社会主义实践是前无古人的伟大实践，当今我国正经历着中国历史上最为广泛而深刻的社会变革，中国人民正在进行着人类历史上最为宏大而独特的实践创新，我们党正在领导具有许多新的历史特点的伟大斗争，这就为我们哲学社会科学提供了理论创造、学术繁荣的广阔舞台、材料源泉和强大动力。我国哲学社会科学正面临着历史上难有的大好发展机遇，我希望一切有理想的、有抱负的、想作为的哲学社会科学工作者，积极为党和人民述学立论、建言献策，努力肩负起繁荣和发展当代哲学社会科学的光荣使命。

习近平总书记关于构建中国特色哲学社会科学的战略设想包括这样几个方面。

一是构建中国特色哲学社会科学的总思路。按照立足中国、借鉴国外，挖掘历史、把握当代，关怀人类、面向未来的思路，着力构建中国特色哲学社会科学。在指导思想、学科体系、学术体系、话语体系等方面充分体现中国特色、中国风格、中国气派，这就要求我们必须立足中国大地，根据中国文明凝练中国智慧，创新中国思想，解决中国问题，服务中国发展，真正体现出中国的特色、中国的风格、中国的气派。这就是总思路。

二是构建中国特色哲学社会科学的总特点。构建中国特色哲学社会科学的总特点要体现"六个特性"：继承性、民族性、原创性、时代性、系统性、专业性。

三是构建中国特色哲学社会科学的具体任务。主要有八项。

第一项是抓好马克思主义经典著作的学习和研究。

第二项是继续推进马克思主义中国化、时代化、大众化。

第三项是加强对中国优秀传统文化的挖掘和阐发。

第四项是系统总结改革开放和社会主义现代化的经验，加强对党中央治国理政的新思想、新理念、新战略的研究阐释，提炼出有学理性的新理论，概括出有规律性的新实践。

第五项是按照突出优势、拓展领域、补齐短板、完善体系的要求，加强学科体系建设，统筹抓好基础学科、优势重点学科、新型学科和交叉学科、冷门学科建设。

第六项是加强教材体系建设，形成适应中国特色社会主义的发展要求、立足国际学术前沿、门类齐全的教材体系。

第七项是加强话语体系建设，善于提炼标志性概念，打造为国际社会所理解和接受的新概念、新范畴、新表述，引导国际学术界展开研究和讨论。

改革开放近 40 年来，中国社会科学院和全国的哲学社会科学界，在打造三个标志性理论提法方面作了一定贡献。第一个是实践是检验真理的唯一标准。这在党中央领导下，在全国人民响应下，也包括全国哲学社会科学战线的积极努力，形成了全国性的思想解放运动。当时《哲学研究》因为发表《实践是检验真理的唯一标准》这样的讨论文章，每期发行达 350 万份。第二个是社会主义市场经济。对于这个提法，哲学社会科学工作者，特别是经济学学者，像刘国光这样的一些老专家也作了贡献。第三个是依法治国。依法治国是中国社会科学院法学研究所的同志率先建议的，后来被党中央采纳。哲学社会科学工作者对历史发展的贡献不可小视。

第八项是推进评价体系改革。要建立科学权威、公开透明的哲学社会科学成果评价体系，建立优秀成果推介制度，把优秀研究成果真正评出来并推广开。中国社会科学院建立了中国社会科学评价研究院。要进行科学的评价，要打破用西方话语、西方标准来评价中国学术的一统天下局面。

地方社会科学院的同志，要把这些任务一项一项进行梳理研究，明确远期、中期、近期目标要求，有路线图，有时间表，有任务书，有责任状，要以钉钉子精神抓好和督促落实各项任务。

四是提出了构建中国特色哲学社会科学，要从人才抓起，久久为功。要实施以育人育才为中心的哲学社会科学发展战略，构筑学生、学术、学科一体的综合发展体系，实施哲学社会科学人才工程，建立哲学社会科学人才体系，要关心好、培养好、使用好哲学社会科学的人才队伍，让广大哲学社会科学工作者成为先进思想的倡导者、学术研究的开拓者、社会风尚的引领者、党执政的坚定支持者。

五是提出构建中国特色哲学社会科学要注意顶层设计，统筹协调。这是一个系统工程，是一项极其繁重的任务。要加强顶层设计，统筹各方力量。在座的各位地方社会科学院的书记、所长、院长，你们各自单位的哲学社会科学怎么样往前推进，也应有顶层设计和统筹规划。

四　始终坚持把加强和改善党的领导作为繁荣发展哲学社会科学的根本保证

习近平总书记指出，哲学社会科学事业是党和人民的重要事业，哲学社会科学战线是党和人民的重要战线。坚持正确的政治方向和学术导向，坚持以马克思主义为指导，必须坚持和改进党对哲学社会科学的领导，党的领导是繁荣发展哲学社会科学事业的根本保证。一方面，各级党委要重视和加强对哲学社会科学的政治领导和工作指导，一手抓繁荣发展，一手抓管理，从政治方向、学术导向、课题研究、机构设置、人才培养、物质保障等方面关心和支持哲学社会科学系统的发展。哲学社会科学研究机构和广大哲学社会科学工作者也要自觉接受党的领导。另一方面，切实改进党对哲学社会科学的领导，各级党委和政府要尊重哲学社会科学发展规律，不断改进领导方式，提高领导水平，要认真贯彻"为人民服务、为社会主义服务"的"二为"方向和"百花齐放、百家争鸣"的"双百"方针，重视人才、爱护人才，实施哲学社会科学工作人才工程，落实知识分子政策，调动科研人员积极性，实施以育人育才为中心的哲学社会科学的发展战略，积极倡导学术民主，充分尊重学术自由。

我们中国社会科学院坚持的原则是正确区分学术问题和政治问题，不把一般的学术问题当成政治问题，也不把政治问题当成一般的学术问题，既反对打着学术研究旗号从事违背学术道德、违反宪法法律的假学术行为，也反对把学术问题和政治问题混淆起来，用解决政治问题的办法对待学术问题的简单化做法。

加强和改进党对哲学社会科学的领导，一要坚持党委集体领导下院长和所长负责制。我们中国社会科学院已经形成制度，我们有《党委工作条例》和《所长工作条例》，党委决定哪些事情、所长决定哪些事情，我们都有严格的规定，而且我们的机关党委要对党委的议事日程、党委决定的事情进行定期检查。二要加强基层党组织和党员队伍的建设。三要从严治党，加强党的六大建设。四要注意从科研人员特别是青年科研人员中发展党员，加强党的领导。

五 始终坚持抓住创新工程这一繁荣发展哲学社会科学的实践"抓手"

我们中国社会科学院深深体会到，创新工程是我们繁荣发展哲学社会科学的生命线和重要保证。实施创新工程近六年来，全院面貌发生了根本性的变化。实施创新工程，是党和国家推进哲学社会科学事业的重大决策，其目标就是要构建中国特色哲学社会科学的学科体系、学术体系和话语体系，构建以理论阵地、高端智库、学术殿堂、话语中心、讲坛论坛、交流平台、传播平台、人才体系、建设和保障等领域为支撑的创新体系，要持之以恒地深入推进。

在学科体系方面，要遵循哲学社会科学的学术发展规律，加强学科建设的顶层设计，调整学科设计，优化学科布局，完善学科门类，形成学科标准。要注重发展优势重点学科，加快发展具有重要现实意义的新型学科和交叉学科，重视发展具有重要文化价值和传承意义的绝学和冷门学科，要重点突破弱势学科和短板学科，把我们的强项、重点领域、关键点规划好、维护好、建设好。

在学术体系方面，要建立起能激发科研活力的教学科研机制、人才培养机制、成果评价体制和对外交流机制，以打造中国特色的研究方法、研究路径、研究范式为目标，提升学术的原创能力和水平，构建中国特色的学术运转体系，提高运用马克思主义指导学术体系建设的水平，注重从我国改革发展的实践中挖掘新材料、发现新问题、提出新观点、构建新理论，要从不同的学术竞争中吸取对手的学术思想营养，推陈出新。

在话语体系建设方面，要着力推动党的创新理论成果的学理化、哲学社会科学话语体系的大众化、中国话语体系的中国化。要以问题为导向，以创新为动力，不断地概括出新概念、新范围、新术语等，提高学术内涵、学术思想、学术观点、学术标准、学术话语上的能力和水平。实施中国学术"走出去"战略。围绕我国学术发展面临的重大问题，着力提出体现中国立场、中国智慧、中国价值的理念、主张和方案。宣传中国道路，传播中国方案，运用中国话语，不断增强我国哲学社会科学的国际影响力。

在教材体系建设方面，我们办大学，办研究生院，办马克思主义学院就是要发挥哲学社会科学的育人功能，帮助学生形成正确的世界观、人生观、价值观，提高道德修养和精神境界，养成科学思维习惯，促进身心和人格健康发展。培养出好的哲学社会科学有用之才，就要有好的教材。在我们实施马克思主义理论研究和建设工程的过程中，研究生教材建设取得了重要成果，但本科生教材还是一个短板。要抓好教材体系建设，形成适应中国特色社会主义发展要求、立足国际学术前沿、门类齐全的具有中国特色的文科一流大学、一流研究生院、一流马克思主义学院的教材体系。

同志们，构建中国特色哲学社会科学，需要我们坚定信心、再接再厉、砥砺前行、蹄疾步稳，从宏观上部署，在微观处着手。"天下大事必作于细，古今事业必成于实。""不积跬步无以至千里，不积小流无以成江河。"今天发布的《全国社会科学院年鉴》整合社会科学院系统力量，集中展示近40年辉煌成绩。见微知著，恰逢其时，通过这个《年鉴》，我们看到社会科学院系统几十年来大师荟萃，巨匠云集，成果丰富，影响广泛。2015年中国社会科学院及各省级研究院共有在职人员6250人，其中高级专业技术人员达4180人，承担了国家社科基金项目311项，主办专业期刊177种，推出专著成果1209部，完成学术著作和研究报告类成果15691篇。可以说这是社会科学院系统的一部巡礼之作、一部给党的十九大的献礼之作，起到了摸清家底、理清来路、认清位置的作用，很有意义。编修史、志、鉴，是中华民族的优良传统，具有"资政、存史、育人"的作用。我院开展的创新工程项目，是中国社会科学院创新学术出版的探索，是一项基础性学术工程，旨在以学术年鉴的形式记录学术、学科之变化，"辨章学术，考镜源流"，为学术文献的整体保存提供了重要平台。

同志们，朋友们，在构建中国特色哲学社会科学的征程中，让我们更加紧密地团结在以习近平同志为核心的党中央周围，不忘初心，开拓进取，在为祖国、为人民立德立言中成就自我、实现价值，以优异成绩迎接党的十九大的胜利召开。

努力构建中国特色社会主义政治经济学[*]

习近平总书记关于坚持和发展马克思主义政治经济学的重要讲话精神，是习近平新时代中国特色社会主义思想的重要内容，对于发展当代马克思主义政治经济学，指导中国特色社会主义经济建设，意义重大。我们要深入领会习近平总书记重要讲话精神，通过学习马克思主义政治经济学，运用马克思主义政治经济学的立场、观点和方法，深化对我国社会主义经济发展规律的认识和把握，深化对当代资本主义内在矛盾及其发展趋势的认识和把握，深化对人类社会发展规律和社会历史发展必然趋势的认识和把握，总结中国特色社会主义建设新经验，分析我国经济社会发展在新阶段面临的新情况新问题，认识我国社会主要矛盾发生的重大变化，构建中国特色社会主义政治经济学，实现马克思主义政治经济学的创新发展。

一 既坚持马克思主义政治经济学的基本原理，又结合中国实际进行理论创新，是我们党的优良传统

我们党一贯高度重视马克思主义政治经济学的指导作用，重视马克思主义政治经济学的学习、研究和运用，重视社会主义政治经济学的建设。这首先表现在毛泽东本人的带头重视上。1956 年，我国基本完成了对农业、手工业和资本主义工商业的社会主义改造，我们党正在把工作重点由社会主义生产资料所有制的改造转向大规模的经济建设。由于

---

* 原载《经济日报》2017 年 11 月 24 日，收入本书时有改动。

我们党缺少管理全国经济的经验，再加上许多方面照搬苏联的做法，我国的经济建设也出现不少问题。如何处理社会主义建设中的各类矛盾，总结国内外社会主义建设的经验教训，提出适合我国情况的建设社会主义的路线、方针和政策？这是当时迫切需要解决的问题。毛泽东同志在大量调查研究的基础上，1956 年 4 月 25 日在中央政治局扩大会议上作了《论十大关系》的报告，全面分析了我国经济建设中的各种关系，并提出了解决问题的总思路。这一报告是从理论上探索适合中国国情的社会主义经济建设和发展道路的最初尝试，也是建设中国特色社会主义的第一本经济学著作。1958 年开始，毛泽东认真研究和深入思考苏联社会主义经济理论和中国社会主义经济问题，对中国的社会主义政治经济学进行了论述探讨，这些集中体现在他 1958 年的《读斯大林〈苏联社会主义经济问题〉批注》《读斯大林〈苏联社会主义经济问题〉谈话》和 1959 年到 1960 年的《读苏联〈政治经济学教科书〉的谈话》中。这些批注和谈话为构建适合中国国情的社会主义政治经济学提供了基础，留下了丰富而又珍贵的思想财富。

毛泽东除对商品经济提出了独创性的观点以外，还对社会主义经济规律做了全面的研究，提出了许多重要思想。例如，关于经济体制，他主张着重解决中央与地方分清经济管理权限的分权问题，提出要充分发挥中央和地方两个积极性，中央向地方放权，扩大企业的自主权；关于社会主义所有制结构的改革，他提出，"可以搞国营，也可以搞私营。可以消灭了资本主义，又搞资本主义"[1]，因为它是社会主义经济的有益补充；关于对外开放，他主张："一切民族、一切国家的长处都要学……但是，必须有分析有批判地学，不能盲目地学，不能一切照抄，机械搬用。"[2] 毛泽东还提出实行按劳分配，反对平均主义和收入悬殊，实现公有制基础上的共同富裕问题；提出从生产资料所有制出发来研究分配问题，兼顾国家、集体、个人三者利益；提出国有企业要完善管理制

---

① 《毛泽东文集》第 7 卷，人民出版社 1999 年版，第 170 页。

② 《毛泽东文集》第 7 卷，人民出版社 1999 年版，第 41 页。

度，学习西方管理经验应有所扬弃和创造等问题。

二　把市场经济与社会主义制度结合起来，是我们党对马克思主义政治经济学的重大创新

在社会主义条件下，要不要搞市场经济，能不能搞市场经济，怎么搞市场经济，这是一个重大的理论和现实问题。

马克思主义政治经济学告诉我们，公有制必然代替私有制，共产主义社会形态必然代替资本主义社会形态。资本主义到共产主义必然有一个过渡阶段，这是"共产主义社会的第一阶段"，即社会主义阶段。当然，这一重要结论，只是马克思根据历史发展的总趋势作出的理论概括。对于共产主义到底是什么样子，社会主义到底是什么样子，社会主义怎么建设，他只是提出了若干个原则，规划了一个总的蓝图，不可能说得那么具体。马克思认为，在社会主义社会，实行的是全社会的公有制，劳动者直接按劳分配，没有商品、货币，实行计划经济；按劳分配是社会主义社会与共产主义社会的重要区别。这些设想的理论逻辑是，既然社会主义社会晚于资本主义社会，其生产力已经高度发达，那么就可以不再搞商品经济，直接过渡到计划经济了。

与此同时，马克思还论证了人类社会发展是一个自然历史过程，要经历自然经济、商品经济、产品经济三个循序渐进的历史阶段，商品经济是这个自然历史过程的一个必经阶段。这个重要论断为落后国家建设社会主义可以搞市场经济留下了创造性的空间。事实上，成功的社会主义革命都发生在相对落后的国家，如俄国、中国，而没有发生在欧美发达的资本主义国家。这就提出了如何把马克思主义基本原理同国情和实践相结合的问题，而且必须结合好。

新中国成立后的前30年，我们曾经按照计划经济的思路来规划社会主义建设。在当时历史条件下，计划经济对于社会主义生产力的发展，对于社会主义制度的巩固，的确发挥了积极作用。但是，随着时间的推移和条件的变化，初期计划经济体制的僵化弊端逐渐暴露出来，制

约了社会主义制度优越性的发挥。毛泽东很早就觉察到这个问题，于是对传统计划经济提出了质疑，形成了很多卓越的见解，提出了发展社会主义商品生产的重要思想，这是我们党改革开放新时期关于社会主义市场经济理论的重要先导。

改革开放以来，我们党深刻认识到市场经济既可以同私有制相联系，也可以同公有制相联系，既可以搞资本主义市场经济，也可以搞社会主义市场经济，应该把社会主义制度与市场经济结合在一起，最大限度地释放生产力的活力。1979 年 11 月 26 日，邓小平同志就说过："说市场经济只存在于资本主义社会，只有资本主义的市场经济，这肯定是不正确的。……社会主义也可以搞市场经济。"① 1992 年，邓小平同志再次说："计划多一点还是市场多一点，不是社会主义与资本主义的本质区别。计划经济不等于社会主义，资本主义也有计划；市场经济不等于资本主义，社会主义也有市场。计划和市场都是经济手段。"② 从1979 年邓小平同志首次提出"社会主义的市场经济"概念，到1992 年党的十四大正式宣布我国经济体制改革的目标是建立社会主义市场经济体制，要使市场在社会主义国家宏观调控下对资源配置起基础性作用，再到党的十八届三中全会明确提出使市场在资源配置中起决定性作用和更好发挥政府作用，再到党的十九大继续强调这一点，我们党对社会主义市场经济的认识不断深化。我们党以极大的政治智慧和理论勇气，建立和发展了社会主义市场经济体制，用市场经济的办法释放社会主义制度的优势，不断地解放和发展生产力，从而解决了其他社会主义国家始终没解决或没解决好的一个重大问题，这是我们党对马克思主义政治经济学的重大创新发展。

今天，我们发展中国特色社会主义，不但要搞市场经济，而且要搞好市场经济。我国社会主义市场经济与世界市场经济是联系在一起的，我们是在资本主义国家为主的世界市场环境下搞社会主义市场经济的，

① 《邓小平文选》第 2 卷，人民出版社 1994 年版，第 236 页。
② 《邓小平文选》第 3 卷，人民出版社 1993 年版，第 373 页。

这就更需要坚持和发展马克思主义政治经济学。马克思主义政治经济学对市场经济规律作了充分论证，对资本主义市场经济作了充分论证，对如何发挥价值和价值规律的作用作了充分论证，高度概括了市场经济的一般规律及其特征，是我们进行社会主义市场经济伟大实践的基本遵循，是我们发展社会主义市场经济理论的起点。

三　努力构建中国特色社会主义政治经济学，不断开创马克思主义政治经济学新局面

学习领会习近平总书记重要讲话精神，坚持以马克思主义政治经济学为指导，努力构建中国特色社会主义政治经济学，是一项十分必要而迫切的战略任务。

党的十一届三中全会以来，我们党把马克思主义政治经济学基本原理同改革开放新的实践结合起来，不断丰富和发展马克思主义政治经济学。在 1984 年 10 月《中共中央关于经济体制改革的决定》通过后，邓小平同志评价说，"写出了一个政治经济学的初稿，是马克思主义基本原理和中国社会主义实践相结合的政治经济学"[①]。近 40 年来，我们党在改革开放新的实践中形成了一系列马克思主义政治经济学新成果。例如，关于社会主义本质的理论、关于社会主义初级阶段基本经济制度的理论、关于社会主义市场经济的理论、关于生产要素参与收入分配的理论、关于国有企业改革和股份制改造的理论、关于经济全球化与对外开放的理论、关于自主创新和建立创新型国家的理论等。

党的十八大以来，习近平总书记在社会主义经济一系列重大问题上，又提出了很多新思想、新观点，发展了当代中国马克思主义政治经济学，开拓了马克思主义政治经济学的新境界。譬如，把坚持以人民为中心的发展思想、坚持新发展理念、坚持和完善社会主义基本经济制度、坚持和完善社会主义分配制度、坚持社会主义市场经济改革方向、

---

① 《邓小平文选》第 3 卷，人民出版社 1993 年版，第 83 页。

坚持对外开放基本国策，作为中国特色社会主义政治经济学的重大原则。强调坚持以人民为中心的发展思想，丰富了满足人民群众日益增长的物质文化需要是社会主义生产目的的马克思主义政治经济学基本观点；科学分析国内外经济发展形势、准确把握我国基本国情的基础，针对我国经济发展的阶段性特征，作出了我国经济发展进入新常态的重要判断，形成了创新、协调、绿色、开放、共享五大发展理念；坚持马克思主义政治经济学的指导地位，提出发展中国特色社会主义政治经济学的重大任务；提出坚持和完善社会主义基本经济制度，毫不动摇巩固和发展公有制经济，毫不动摇鼓励、支持、引导非公有制经济发展，坚持和完善基本分配制度，努力推动居民收入增长和经济增长同步、劳动报偿和劳动生产率同步提高的重要思想；提出促进社会公平正义、逐步实现全体人民共同富裕，推动新型工业化、信息化、城镇化、农业现代化相互协调发展，市场在资源配置中起决定性作用和更好发挥政府作用，发展混合所有制经济，推进供给侧结构性改革，用好国际国内两个市场、两种资源，我国社会主要矛盾已经转化为人民日益增长的美好生活需要和不平衡不充分的发展之间的矛盾等重要观点，这些重要观点为我们树立了运用马克思主义的立场、观点、方法解决问题的典范。

习近平总书记指出，要"深入研究世界经济和我国经济面临的新情况新问题，揭示新特点新规律，提炼和总结我国经济发展实践的规律性成果，把实践经验上升为系统化的经济学说，不断开拓当代中国马克思主义政治经济学新境界，为马克思主义政治经济学创新发展贡献中国智慧"。① 马克思主义政治经济学是不断发展、与时俱进的科学。在新的历史时期，面对生机勃勃的中国特色社会主义经济实践，发展和创新马克思主义政治经济学，建设具有中国风格、中国气派、中国特色的社会主义政治经济学理论和学术话语体系的任务，比任何时候都更加迫切、更加重要。我们要学习好党的十九大精神，学习好习近平新时代中

---

① 《习近平关于社会主义经济建设论述摘编》，中央文献出版社 2017 年版，第 327～328 页。

国特色社会主义思想，深入研究世界经济和我国经济面临的新情况新问题，立足我国国情和我国发展实践，揭示新特点新规律，提炼和总结我国经济发展实践的规律性成果，把实践经验上升为系统化的经济学说，为中国特色社会主义政治经济学的创新发展贡献智慧，为实现"两个一百年"的奋斗目标贡献智慧。

二　关于学习贯彻落实习近平总书记致中国社会科学院建院 40 周年贺信精神

深入学习贯彻习近平总书记贺信精神，加快构建中国特色哲学社会科学[*]

今天，我们怀着喜悦的心情，庆祝中国社会科学院建院 40 周年。中共中央总书记习近平同志专门发来贺信。习近平总书记在贺信中指出："40 年来，在党的领导下，中国社会科学院与时代同发展、与人民齐奋进，努力建设马克思主义理论阵地，发挥为党和国家决策服务的思想库作用，不断出成果、出人才，为推进马克思主义中国化、繁荣发展我国哲学社会科学作出了重要贡献。"[1] 习近平总书记强调："坚持和发展中国特色社会主义，是理论和实践的双重探索。希望中国社会科学院的同志们和广大哲学社会科学工作者，紧紧围绕坚持和发展中国特色社会主义，坚持马克思主义指导地位，贯彻'百花齐放、百家争鸣'方针，坚持为人民做学问理念，以研究我国改革发展稳定重大理论和实践问题为主攻方向，立时代潮头，通古今变化，发思想先声，繁荣中国学术，发展中国理论，传播中国思想，努力为发展 21 世纪马克思主义、当代中国马克思主义，构建中国特色哲学社会科学学科体系、学术体系、话语体系，增强我国哲学社会科学国际影响力作出新的更大的贡献！"[2] 习近平总书记的贺信，立意高远、思想深刻、语重心长，是对中国社会科学院全体同志的巨大关怀、鼓舞和鞭策，充分体现了以习近平同志为核心的党中央对中国社会科学院、对全国哲学社会科学界

---

* 该文系作者 2017 年 5 月 17 日在庆祝中国社会科学院建院 40 周年大会上的讲话，原载《中国社会科学报》2017 年 5 月 23 日，收入本书时有改动。

[1] 《习近平致中国社会科学院建院 40 周年的贺信》，《人民日报》2017 年 5 月 18 日，第 1 版。
[2] 《习近平致中国社会科学院建院 40 周年的贺信》，《人民日报》2017 年 5 月 18 日，第 1 版。

的高度重视。我们要认真学习领会贺信精神，坚决贯彻落实，决不辜负习近平总书记和党中央的殷切希望！

中共中央政治局委员、国务院副总理刘延东同志，中共中央政治局委员、书记处书记、中宣部部长刘奇葆同志，代表党中央、国务院莅临庆祝大会，刚才刘延东同志宣读了习近平总书记的贺信，刘奇葆同志一会儿还要作讲话，我们要认真学习领会，抓好贯彻落实。我代表院党组和全院同志，对延东同志、奇葆同志和各位领导、各位来宾的到来，表示热烈欢迎和衷心感谢！

中国社会科学院40年的成长发展，凝结着几代党中央领导集体的亲切关怀，凝结着历任院领导班子、几代学者的辛勤耕耘和无私奉献。

40年来，我院努力建设马克思主义理论阵地，发挥为党和国家决策服务的思想库作用，为推进马克思主义中国化、繁荣发展我国哲学社会科学作出了重要贡献。

40年来，我院从建院初期的14个研究所发展到今天6大学部39个研究所，研究范围涵盖了哲学社会科学主要学科领域，成为我国学科门类最全、整体研究实力最强的哲学社会科学最高研究机构。

40年来，我院推出了一大批具有时代高度、代表国家水准的研究成果，产生了数以20余万计的学术著作、研究论文、研究报告及其他形式的研究成果，其中有1000余项获国家和省部级奖励。

40年来，我院聚集了一大批享誉海内外的学术大师，培养造就了一大批学科带头人和科研骨干，形成了一支规模宏大的哲学社会科学研究队伍。

回顾不平凡的光辉历程，在庆祝中国社会科学院建院40周年之际，我代表院党组，向为我院的建立和发展作出重大贡献的历任院领导、专家学者、党员干部和离退休人员，以及在各种岗位上辛勤工作的全院广大职工，致以崇高的敬意！向关心支持我院改革发展的中央有关部门、社会各界和海内外朋友，表示衷心的感谢！

40年的发展，我院取得很大成就，积累了宝贵的经验。院党组认真总结这些宝贵经验，形成了办好中国社会科学院的总体思路："一个战略目标"、"三条基本经验"、"五个三"工作总思路、"八个坚定不移"重要遵循。"一个战略目标"：加快构建中国特色哲学社会科学，努力建设马克思主义理论阵地，发挥为党和国家决策服务的思想库作用。"三条基本经验"：始终坚持正确的政治方向和学术导向，解决好哲学社会科学研究为什么人这个根本问题；始终坚持科学的工作思路和举措，紧紧抓牢创新工程这一实践载体；始终坚持把科研人员和全院群众的工作和生活需要放在重要位置，办实事，办好事，办让大家满意的事。"五个三"工作总思路：一是"三大定位"，即努力把中国社会科学院建设成为马克思主义理论阵地、我国哲学社会科学的最高研究机构、为党和国家决策服务的思想库；二是"三大功能"，即发挥好阵地功能、殿堂功能、智库功能；三是"三大战略"，即实施科研强院战略、人才强院战略、管理强院战略；四是"三大风气"，即加强学风、作风、文风建设；五是"三项纪律"，即加强以政治纪律、组织纪律、财经（廉洁）纪律为重点的纪律建设。"八个坚定不移"重要遵循：一是坚定不移地抓好马克思主义理论武装和理论指导，大力加强马克思主义理论和党的意识形态阵地建设；二是坚定不移地抓好学风建设，始终坚持为人民做学问理念；三是坚定不移地抓好创新工程，加快构建中国特色哲学社会科学学科体系、学术体系、话语体系；四是坚定不移地抓好科研这一中心任务，多出经得起实践和历史检验的优秀成果；五是坚定不移地以研究我国改革发展稳定重大理论和实践问题为主攻方向，扎实推进国家高端智库建设；六是坚定不移地抓好人才强院，选好人才、育好人才、用好人才；七是坚定不移地抓好全面从严治党和领导干部这个"关键少数"，不断加强党委、党的基层组织、党员队伍和党风廉政建设；八是坚定不移地抓好行政后勤保障体系建设，不断提高服务科研水平和保障能力。

"一个战略目标"、"三条基本经验"、"五个三"工作总思路、"八个坚定不移"重要遵循的办院总体思路，符合哲学社会科学发展规律、中国社会科学院办院规律、哲学社会科学人才成长规律，是加快构建中国特色哲学社会科学的生动实践，是办院40年经验的系统总结，是我院宝贵的精神财富，我们一定要倍加珍惜。

面对新形势新任务，我们要在以习近平同志为核心的党中央坚强领导下，以马克思列宁主义、毛泽东思想、邓小平理论、"三个代表"重要思想、科学发展观为指导，深入学习贯彻习近平总书记系列重要讲话精神，特别是"5·17"重要讲话精神和治国理政新理念新思想新战略，深入学习贯彻习近平总书记贺信精神，加快构建中国特色哲学社会科学，在坚持和发展中国特色社会主义伟大事业中，实现中国社会科学院新的更大作为。

第一，在建设马克思主义理论阵地方面实现更大作为。坚持以马克思主义为指导，建设马克思主义理论阵地，是习近平总书记和党中央对我院第一位的要求。当前，我们要把深入学习宣传研究习近平总书记系列重要讲话精神和治国理政新理念新思想新战略、深入学习贯彻习近平总书记"5·17"重要讲话和贺信精神作为首要任务，大力推进党的理论创新，为发展21世纪马克思主义、当代中国马克思主义作出应有的贡献。要完成好中央"马克思主义理论研究和建设工程"任务，发挥马克思主义理论创新智库作用，加强马克思主义理论研究阵地集群建设。

第二，在打造坚守党的意识形态重镇方面实现更大作为。要强化意识形态工作领导责任制，坚持意识形态工作协调会议制度，坚持意识形态工作问题"一票否决制"。加大理论斗争、舆论斗争和网上斗争的力度，旗帜鲜明地批判错误思潮和错误观点。要深入贯彻落实全面从严治党要求，坚定不移加强党的建设，为加快构建中国特色哲学社会科学提供坚强政治保证。

第三，在构建中国特色哲学社会科学学科体系、学术体系、话语体系方面实现更大作为。习近平总书记在贺信中殷切希望我院同志们立时代潮头，通古今变化，发思想先声，繁荣中国学术，发展中国理论，传播中国思想，努力构建中国特色哲学社会科学学科体系、学术体系、话语体系。我们要在构建中国特色哲学社会科学学科体系、学术体系、话语体系方面发挥好引领和带头作用，实施学科建设"登峰战略"，打造一批国内一流、国际知名的学科集群；总结实施创新工程以来取得的经验和成绩，积极打造哲学社会科学创新工程"升级版"。

第四，在发挥为党和国家决策服务的思想库作用方面实现更大作为。贯彻习近平总书记贺信中对我院的要求，要更加自觉地以研究我国改革发展稳定重大理论和实践问题为主攻方向，围绕国家重大战略开展前瞻性、针对性、储备性政策研究。加快构建院级、所级、专业化智库"三位一体"的智库建设格局，高质量、高起点地推进国家高端智库试点工作，着力打造在国内外有广泛影响的国家级高端智库群，推出高质量研究成果，提高为党和国家决策服务的能力。

第五，在建设哲学社会科学"人才高地"方面实现更大作为。要尊重劳动、尊重知识、尊重人才、尊重创造，贯彻"百花齐放、百家争鸣"方针，坚持为人民做学问理念，服务于党和国家工作大局，深入实施人才强院战略，实施哲学社会科学人才体系建设工程，建设种类齐全、梯队衔接的哲学社会科学人才队伍。办好中国社会科学院大学和研究生院，加强哲学社会科学后备人才培养，为加快构建中国特色哲学社会科学提供重要的人才支撑。

第六，在推动学术"走出去"、增强我国哲学社会科学国际影响力方面实现更大作为。习近平总书记在贺信中要求我院为增强我国哲学社会科学国际影响力作出新的更大的贡献。为贯彻好习近平总书记的重要指示，我们要实施中国学术"走出去"战略，积极搭建国际学术交流平台，增强议题设置能力，打造高端国际论坛，加强与国际知名智库的合作交流，建立海外中国学术研究组织和中国研究中心，引导国际学术界展开研究和讨论，深入传播中国思想、中国理论、中国智慧、中国道路、中国价值。

同志们，朋友们，40年辉煌成就鼓舞着我们，新的更大光荣与梦想引领我们不断前进。让我们更加紧密地团结在以习近平同志为核心的党中央周围，开拓进取，奋发有为，为党和人民述学立论、建言献策，以加快构建中国特色哲学社会科学的优异成绩，迎接党的十九大胜利召开！

努力建设马克思主义理论阵地，发挥为党和国家决策服务的思想库作用[*]

到 2017 年 5 月，中国社会科学院已走过 40 年不平凡的光辉历程。5 月 17 日，中共中央总书记习近平同志专门致信祝贺中国社会科学院建院 40 周年，并向全国广大哲学社会科学工作者致以诚挚问候。

习近平总书记在贺信中指出："40 年来，在党的领导下，中国社会科学院与时代同发展、与人民齐奋进，努力建设马克思主义理论阵地，发挥为党和国家决策服务的思想库作用，不断出成果、出人才，为推进马克思主义中国化、繁荣发展我国哲学社会科学作出了重要贡献。"① 习近平总书记强调："坚持和发展中国特色社会主义，是理论和实践的双重探索。希望中国社会科学院的同志们和广大哲学社会科学工作者，紧紧围绕坚持和发展中国特色社会主义，坚持马克思主义指导地位，贯彻'百花齐放、百家争鸣'方针，坚持为人民做学问理念，以研究我国改革发展稳定重大理论和实践问题为主攻方向，立时代潮头，通古今变化，发思想先声，繁荣中国学术，发展中国理论，传播中国思想，努力为发展 21 世纪马克思主义、当代中国马克思主义，构建中国特色哲学社会科学学科体系、学术体系、话语体系，增强我国哲学社会科学国际影响力作出新的更大的贡献！"②

在庆祝中国社会科学院建院 40 周年之际，回顾总结 40 年发展历史、

---

　　* 原载《中国社会科学》2017 年第 5 期，收入本书时有改动。
　　① 《习近平致中国社会科学院建院 40 周年的贺信》，《人民日报》2017 年 5 月 18 日，第 1 版。
　　② 《习近平致中国社会科学院建院 40 周年的贺信》，《人民日报》2017 年 5 月 18 日，第 1 版。

主要成就和实践经验，对于深入学习贯彻落实习近平总书记"5·17"重要讲话精神，深入学习贯彻落实习近平总书记致中国社会科学院建院40周年贺信精神，加快构建中国特色哲学社会科学，具有十分重要的意义。

一 在党中央的高度重视和亲切关怀下成长发展

中国社会科学院是在我们党几代领导集体的直接关怀下不断成长和发展起来的。新中国成立后，以毛泽东同志为核心的党的第一代中央领导集体，十分重视和关心哲学社会科学建设。当时的哲学社会科学学部以及一些学科和研究所，就是在毛泽东同志的批示和支持下建立起来的。

早在新中国成立之初，毛泽东同志就明确提出，"国内没有一个由马克思主义者领导的研究机构"[①]，要在国内建立由马克思主义者领导的哲学社会科学研究机构。从 1950 年 4 月开始，党中央批示组建了历史、考古、语言等一批哲学社会科学领域的研究所。1955 年 6 月，在毛泽东同志的关心支持下，中国科学院哲学社会科学学部成立，这是中国社会科学院的前身。中国科学院院长郭沫若同志兼任哲学社会科学学部主任。

1956 年，党中央向全党全国人民发出"向科学进军"的伟大号召。1957 年，毛泽东同志又强调："无产阶级没有自己的庞大的技术队伍和理论队伍，社会主义是不能建成的。"[②] 1956 年，中央制定了科学技术十二年（1956～1967）发展远景规划（《1956—1967 年科学技术发展远景规划》）。同年，毛泽东同志提出将"百花齐放、百家争鸣"作为发展科学文化工作的基本方针，指出："在中华人民共和国宪法范围之内，各种学术思想，正确的、错误的，让他们去说，不去干涉他们。……就是社会科学学派，这一派、那一派，让他们去谈。在刊物

---

① 《毛泽东年谱（1949—1976）》第 5 卷，中央文献出版社 2013 年版，第 298 页。
② 《毛泽东文集》第 7 卷，人民出版社 1999 年版，第 309 页。

上、报纸上可以说各种意见。"① 毛泽东同志提出要"重理不轻文"，重视马克思主义基本原理的宣传普及，批评当时照搬苏联教科书的教条主义倾向，批示建立一批世界宗教和国际问题研究机构。

在毛泽东主席、周恩来总理等中央领导同志的关心和支持下，在哲学社会科学学部时期，许多著名的哲学社会科学专家学者，都是从全国遴选调集的。当时，哲学社会科学学部会聚了一批享誉海内外的学术大家。建院以后，这些学术大家，对中国社会科学院的学科建设、人才培养、优良学风的形成，都发挥了极为重要的作用。

1963 年，哲学社会科学学部召开了第四次学部委员扩大会议，党和国家领导人毛泽东、刘少奇、周恩来、朱德、董必武等会见了与会代表。毛泽东同志亲自修改审定了这次会议的主题报告《哲学社会科学工作者的战斗任务》，提出建立和壮大马克思列宁主义理论队伍，强调把现实问题研究提到首要地位，在我国哲学社会科学发展史上具有重要影响和意义。在毛泽东同志和党中央的重视和关怀支持下，新中国的哲学社会科学基本构建起以马克思主义为指导的研究和教学体系，为我国哲学社会科学的繁荣发展奠定了基础。

以邓小平同志为核心的党的第二代中央领导集体，高度重视我国哲学社会科学事业的恢复和发展。进入改革开放历史新时期，邓小平同志指出，"科学当然包括社会科学"②，"政治学、法学、社会学以及世界政治的研究，我们过去多年忽视了，现在也需要赶快补课"③，对哲学社会科学发展作出一系列重要指示。他强调，要坚决执行不抓辫子、不戴帽子、不打棍子的"三不主义"政策；加强党对思想战线的领导，坚持四项基本原则，旗帜鲜明地反对资产阶级自由化，引导哲学社会科学界坚持"为人民服务、为社会主义服务"方向。邓小平同志指出，"现在也应该承认社会科学的研究工作（就可比的方面说）比外国落后了"④，

---

① 《毛泽东年谱（1949—1976）》第 2 卷，中央文献出版社 2013 年版，第 575 页。
② 《邓小平文选》第 2 卷，人民出版社 1994 年版，第 48 页。
③ 《邓小平文选》第 2 卷，人民出版社 1994 年版，第 180～181 页。
④ 《邓小平文选》第 2 卷，人民出版社 1994 年版，第 181 页。

"必须下定决心，急起直追"①。他还强调，中国不仅要成为经济大国，还要成为文化大国。

1977 年 5 月，在邓小平同志的关心支持下，经中央批准，在原中国科学院哲学社会科学学部的基础上，中国社会科学院建院，成为党中央直接领导的、国务院直属的国家级哲学社会科学研究机构。建院之初，邓小平等中央领导同志十分关心中国社会科学院的发展，多次对中国社会科学院的办院方针、学科设置、学术研究、工作安排、恢复和创办刊物等作出重要指示和批示。1982 年 10 月，中共中央宣传部召开了全国哲学社会科学规划座谈会。同年 11 月 22 日，中共中央转发了《全国哲学社会科学规划座谈会纪要》，这是我们党就我国哲学社会科学的发展颁发的第一个专门性文件。在邓小平同志和党中央的关心支持下，中国社会科学院先后成立工业经济研究所、农村发展研究所、财贸经济研究所、新闻研究所（现为新闻与传播研究所）、马克思列宁主义毛泽东思想研究所（现组建为马克思主义研究院）、社会学研究所、人口研究所（现为人口与劳动经济研究所）、少数民族文学研究所、世界政治研究所（后与世界经济研究所合并成立世界经济与政治研究所）、美国研究所、日本研究所、西欧研究所（现为欧洲研究所）、中国社会科学杂志社、中国社会科学出版社、研究生院和郭沫若著作编辑出版委员会办公室等 16 个研究和出版单位。其中，1978 年中国社会科学院研究生院成立，被称为改革开放之初文化教育领域的"春风第一枝"。苏联东欧研究所（现为俄罗斯东欧中亚研究所）、西亚非洲研究所和拉丁美洲研究所也在这个时期由中联部划归中国社会科学院。

以江泽民同志为核心的党的第三代中央领导集体，高度重视哲学社会科学，重视中国社会科学院的发展，明确提出要办好中国社会科学院。1994 年 2 月，江泽民同志为中国社会科学院题词"把中国社会科学院建设成马克思主义的坚强阵地"。2001 年 8 月，江泽民同志提出哲学社会科学与自然科学"四个同样重要"的重要论断，他指出："在认

---

① 《邓小平文选》第 2 卷，人民出版社 1994 年版，第 181 页。

识和改造世界的过程中，哲学社会科学与自然科学同样重要；培养高水平的哲学社会科学家，与培养高水平的自然科学家同样重要；提高全民族的哲学社会科学素质，与提高全民族的自然科学素质同样重要；任用好哲学社会科学人才并充分发挥他们的作用，与任用好自然科学人才并发挥他们的作用同样重要。"①

2002 年 7 月，江泽民同志考察中国社会科学院并发表重要讲话，强调"一定要办好中国社会科学院"，"哲学社会科学具有不可替代的重要作用，哲学社会科学工作者是一支不可替代的重要力量"②，明确提出新世纪我国哲学社会科学发展"五个坚持"的基本要求，即坚持以马克思主义为指导，坚持解放思想、实事求是，坚持"二为"方向和"双百"方针，坚持优良的学风，坚持和改善党对哲学社会科学事业的领导。③

党的十六大以后，以胡锦涛同志为总书记的党中央，从中国特色社会主义事业全局的战略高度，强调要进一步办好中国社会科学院，明确提出"三个定位"的要求。2004 年 1 月，中共中央发出了《关于进一步繁荣发展哲学社会科学的意见》，这是党的历史上第一次以中共中央名义专门对哲学社会科学工作制定文件。文件指出："在全面建设小康社会、开创中国特色社会主义事业新局面、实现中华民族伟大复兴的历史进程中，哲学社会科学具有不可替代的作用。"④ 要做好哲学社会科学工作，最根本的一是要毫不动摇地坚持马克思主义基本原理，坚持正确的政治方向；二是要坚持解放思想、实事求是、与时俱进，积极推进理论创新。

2007 年，党的十七大报告明确提出，要"鼓励哲学社会科学界为党和人民事业发挥思想库作用"⑤，这是我们党第一次将哲学社会科学

---

① 《江泽民论有中国特色社会主义（专题摘编）》，中央文献出版社 2002 年版，第 275 页。
② 《江泽民文选》第 3 卷，人民出版社 2006 年版，第 490、491 页。
③ 参见《江泽民文选》第 3 卷，人民出版社 2006 年版，第 492—494 页。
④ 《十六大以来重要文献选编》（上），中央文献出版社 2005 年版，第 684 页。
⑤ 《十七大以来重要文献选编》（上），中央文献出版社 2009 年版，第 27 页。

的思想库作用写进党的代表大会报告。在中国社会科学院成立 30 周年之际，李长春同志代表党中央对中国社会科学院提出"三个定位"目标要求，即努力把中国社会科学院建设成为马克思主义的坚强阵地、我国哲学社会科学研究的最高殿堂、党中央国务院重要的思想库和智囊团。这是党中央对中国社会科学院职责定位和发展方向的集中概括。党中央的一系列指示精神，是办好中国社会科学院、繁荣发展哲学社会科学的指导方针和总体要求。

党的十八大以来，以习近平同志为核心的党中央，高举中国特色社会主义伟大旗帜，就加快构建中国特色哲学社会科学这一重大命题，作出了一系列重要判断和部署，对更好发挥中国社会科学院作用多次作出重要批示和指示。2012 年，党的十八大报告明确提出了推进马克思主义中国化、时代化、大众化，建设哲学社会科学创新体系的战略任务。2014 年 10 月 27 日，习近平总书记主持召开中央全面深化改革领导小组第六次会议，审议《关于加强中国特色新型智库建设的意见》。他强调，要建设定位明晰、特色鲜明、规模适度、布局合理的中国特色新型智库体系，重点建设一批具有较大影响力和国际知名度的高端智库。2015 年 1 月，中共中央办公厅、国务院办公厅印发《关于加强中国特色新型智库建设的意见》，明确提出："发挥中国社会科学院作为国家级综合性高端智库的优势，使其成为具有国际影响力的世界知名智库。"为中国社会科学院的智库建设进一步指明了方向。

2016 年 5 月 17 日，习近平总书记在哲学社会科学工作座谈会上发表的重要讲话，深刻回答了事关我国哲学社会科学长远发展的一系列根本性问题，提出了加快构建中国特色哲学社会科学的战略任务，是指导我国哲学社会科学创新发展的纲领性文献。习近平总书记强调："要按照立足中国、借鉴国外，挖掘历史、把握当代，关怀人类、面向未来的思路，着力构建中国特色哲学社会科学，在指导思想、学科体系、学术体系、话语体系等方面充分体现中国特色、中国风格、中国气派。"[1]

---

[1] 习近平：《在哲学社会科学工作座谈会上的讲话》，人民出版社 2016 年版，第 15 页。

2017 年，《关于加快构建中国特色哲学社会科学的意见》（以下简称《意见》）对加快构建中国特色哲学社会科学作出战略部署，这是新世纪以来党中央制定的关于哲学社会科学的第二个指导性文件。《意见》强调，要创新发展哲学社会科学，为实现"两个一百年"奋斗目标、实现中华民族伟大复兴中国梦提供强大的思想理论支撑。习近平总书记"5·17"重要讲话和中央印发的《意见》，对全国哲学社会科学界、中国社会科学院的发展具有重大的指导意义。中国社会科学院建院 40 周年之际，习近平总书记专门发来贺信，这是对中国社会科学院广大科研人员和工作人员的巨大关怀、鼓励和鞭策，"5·17"贺信精神是办好中国社会科学院的根本遵循。

中国社会科学院建院以来的 40 年，正是我国改革开放的新时期。在党中央的正确领导和关心支持下，这一时期成为新中国成立以来我国哲学社会科学发展最快、学术气氛最活跃、队伍增长壮大最迅速、研究成果最丰硕和社会效益最显著的时期。中国社会科学院伴随改革开放和中国特色社会主义现代化建设伟大实践，以马克思列宁主义、毛泽东思想、邓小平理论、"三个代表"重要思想、科学发展观为指导，全面贯彻落实习近平总书记系列重要讲话精神和治国理政新理念新思想新战略，按照中央"三个定位"要求，与中国特色社会主义事业发展要求相适应，与学科门类齐全、科研实力雄厚的国家哲学社会科学最高研究机构的地位相一致，加大建设力度，发挥了马克思主义的坚强阵地、党的意识形态重镇、中国哲学社会科学研究的最高殿堂、国家级综合性高端智库的功能。

二 建院 40 年发展成就

40 年来特别是党的十八大以来，在党中央的正确领导和亲切关怀下，在历任院长胡乔木、马洪、胡绳、李铁映、陈奎元和党的十八大以来党组带领下，几代社科人不畏艰辛，接续奋进，取得了突出成绩，概括起来，主要有以下方面。

（一） 研究机构和学科建设快速成长

40 年来，中国社会科学院哲学社会科学研究机构和队伍从少到多、从弱到强，迅速壮大。新中国成立伊始，哲学社会科学基础薄弱。1950 年设立了近代史所等 4 个研究所，1977 年中国社会科学院成立后，哲学社会科学的研究机构迅速发展。中国社会科学院由建院初期的 14 个研究所，目前发展到文哲、历史、经济、社会政法、国际研究、马克思主义研究 6 大学部 39 个研究所。现有各类非实体研究中心 172 家，主管全国性研究学会 111 个，有专业化智库 19 个；公开出版期刊 108 种，其中学术期刊 82 种，拥有全国规模最大的哲学社会科学学术期刊群。

哲学社会科学学科由新中国成立初期设置以历史、语言、考古等为主的少数学科，发展到目前的 22 个一级学科、274 个二级学科、260 个三级学科，研究范围覆盖马克思主义、哲学、经济学、法学、社会学、政治学、新闻学、民族学、人类学、宗教学、历史学、考古学、文学、语言学和国际问题研究等哲学社会科学主要学科领域，形成了较为完整的哲学社会科学学科体系。各学科都推出了一批优秀著作，许多空白领域得到填补，研究方法取得重大突破和创新，学科理论体系得到完善。据不完全统计，建院以来，共完成专著 12938 部，学术论文 147003 篇，研究报告 27140 篇，译著 3724 部，译文 23473 篇，学术资料 33266 种，古籍整理 514 种，教材 1108 部，普及读物 1819 种，工具书 1886 部。其中，获国家或部委级奖励 1000 余项，为我国各项事业发展提供了丰富的理论和知识储备，为改革开放和现代化建设作出了重大贡献。目前中国社会科学院学术影响力、决策影响力、社会影响力、国际影响力不断提升，是我国学科门类最全、整体研究实力最强的哲学社会科学最高研究机构。

（二） 马克思主义理论阵地建设成绩卓著

中国社会科学院高度重视思想理论建设，始终将推进马克思主义中国化、时代化、大众化作为战略任务，推动了以马克思主义为指导的中国特色哲学社会科学创新体系的构建和发展，深入研究阐释马克思主义中国化的理论成果，为坚持和发展马克思主义作出了贡献。

积极开展真理标准大讨论，为我们党重新确立马克思主义思想路线发挥了积极作用。1978 年，在全国范围的真理标准问题大讨论中，中国社会科学院哲学研究所等发起并多次召开全国性理论和实践问题讨论会，组织发表系列文章，出版了印数上千万册的《实践是检验真理的唯一标准》论文集，并组织学者们到企业、机关演讲和辅导，对推动全国范围的思想解放、我们党重新确立马克思主义思想路线发挥了重要作用。

马克思主义基本原理研究取得了丰硕成果。结合新的实践，围绕重大时代课题，把坚持马克思主义与发展马克思主义相统一，组织精干力量开展深入研究，围绕"四个分清"，即分清哪些是必须长期坚持的马克思主义基本原理，哪些是需要结合新的实际加以丰富发展的理论判断，哪些是必须破除的对马克思主义的教条式的理解，哪些是必须澄清的附加在马克思主义名下的错误观点，深化马克思主义基本理论研究，先后推出了一系列重要成果。出版了《中国社会科学院马克思主义研究文集》4 辑、《马克思主义理论学科前沿研究报告》4 本、马克思主义专题摘编系列 23 本、马克思主义文丛系列（论文集）33 本、马克思主义基础理论研究系列（专著）7 本、马克思主义专题研究项目成果（专著）32 本；学术论坛论文集等研究成果在学术界引起较大反响。

马克思主义中国化理论成果学习研究宣传取得重要成绩。深入学习研究宣传毛泽东思想、邓小平理论、"三个代表"重要思想、科学发展观、习近平总书记系列重要讲话精神和治国理政新理念新思想新战略，推出一大批重要研究成果。建院以来，刊发马克思主义中国化理论成果研究专著 1100 多部，专题报告 2100 余篇，研究论文 1.4 万余篇。推出了《马克思主义与现时代》《马克思主义哲学在中国》《论毛泽东党的宗旨思想》《邓小平理论的范畴体系》《"三个代表"：全党全国人民团结奋斗的共同思想基础》《论科学发展观的哲学基础》等一大批重要理论成果。党的十八大以来，紧紧围绕习近平总书记在党的十八届六中全会上提出的"八个如何"、在全国党校工作会议上提出的"十三个如何"、在"5·17"重要讲话中提出的"五个如何"，特别是聚焦习近平总书记系列重要讲话精神和治国理政新理念新思想新战略，组织专家学者进行集中研究，推出了《马克思主义中国化的当代理论成果——学习习近平总书记系列重要讲话精神》、《关于治国理政新理念新思想新战略的时代背景、实践基础、科学体系和哲学依据》、《马克思主义中国化的最新理论成果》、《马克思主义中国化的最新成果——习近平治国理政思想研究》、《习近平新时代中国特色社会主义思想学习丛书》（12 册）等一批重要研究成果，为推动党的理论创新，丰富发展 21 世纪马克思主义、当代中国马克思主义作出了突出成绩。

马克思主义理论学科和理论阵地建设得到加强。一是建设马克思主义宣传研究七大平台。加强马克思主义研究学部、马克思主义研究院、当代中国研究所、信息情报研究院、中国特色社会主义理论体系研究中心、马克思主义学院和世界社会主义研究中心等七大马克思主义宣传研究平台建设。二是实施马克思主义理论研究和建设工程。先后有 300 多人次参与中央"马克思主义理论研究和建设工程"，有 1300 多人参加院马克思主义理论学科建设与理论研究工程、马克思主义文艺理论与文艺批评建设工程。三是推进马克思主义理论类别研究室建设，构建起马克思主义理论一级学科、二级学科和三级学科的立体网络，形成覆盖全院的马克思主义理论学科群。四是成立马克思主义创新理论研究智库，形成马克思主义理论智库群，构建起马克思主义理论研究一、二、三级智库网络。逐步形成了马克思主义理论研究和主流意识形态宣传研究阵地集群。

加强马克思主义理论队伍培养。大力培养在思想理论领域勇于发声、善于发声的马克思主义理论骨干队伍。突出抓好思想理论写作组和马克思主义学术网军建设，积极打造能够有效引导网络舆论的人才。按照人才建设要求和学术网军建设统一部署，依托我院学术优势，培养了一批立场鲜明、学术功底深厚、语言风格活泼的红色大 V、学术理论骨干、网络评论员和马克思主义学术网军队伍，造就了一批对党忠诚、功底扎实、梯队衔接的马克思主义理论人才队伍。

（三）意识形态工作鲜明有力

中国社会科学院作为党中央直接领导的国家哲学社会科学研究机构，是党的意识形态重镇，是党在思想理论领域的重要战线。院党组高度重视意识形态工作。坚持党管意识形态，牢牢掌握意识形态工作领导权管理权话语权。全院党员领导干部做好意识形态工作的责任感和使命感进一步增强，马克思主义在意识形态工作中的指导地位日益巩固。认真落实《中共中国社会科学院党组关于加强党的意识形态工作，建设马克思主义坚强阵地的意见》《中国社会科学院〈党委（党组）意识形态工作责任制实施办法〉实施细则》等文件，不断强化意识形态工作领导责任制，建立意识形态工作协调会议制度，实行意识形态工作问题"一票否决制"。广大干部学者积极开展意识形态领域的舆论斗争，敢于亮剑，及时发声，旗帜鲜明地批判西方宪政民主、"普世价值"、公民社会、历史虚无主义、新自由主义等错误思潮，在讲坛论坛网坛上发表了一大批有分量的理论批驳文章。目前，学术网军和思想理论写作组已汇聚 350 余位专家学者，产生了较好的宣传效果。发表了一批批判错误思潮的文章，结集出版了《中国社会科学院历史虚无主义批判文选》《中国社会科学院"普世价值"论批判文选》《中国社会科学院西方宪政民主观批判文选》《中国社会科学院新自由主义批判文选》《居安思危——苏共亡党二十年的思考》等批判错误思潮的论文集和专著，巩固和壮大了主流意识形态阵地。

（四）服务党和国家工作大局的能力不断增强

中国社会科学院围绕中心，服务大局，以研究前瞻性、战略性、综合性的重大理论和实践问题为主攻方向，形成了一批高质量的研究成果，为中国特色社会主义事业提供了重要理论和对策支撑。

围绕国家的经济建设，对商品经济、价值规律等重大现实问题进行深入研讨，推出一批重要研究成果。1978 年，胡乔木发表了《按照经济规律办事，加快实现四个现代化》，对人们冲破"左"的思想束缚有重要的启迪意义。改革开放后，哲学社会科学界积极探索中国特色社会主义发展道路，1979 年，我院学者率先提出发展社会主义市场经济的理论命题；1982 年，刘国光在《坚持经济体制改革的基本方向》中提出，社会主义商品具有商品经济条件下商品的属性。20 世纪 80 年代中后期，我院学者开始对社会主义市场经济基本理论问题进行系统研究，提交了《关于社会主义市场经济的大思路、大原则和大框架》《建立社会主义市场经济体制的理论思考和政策选择》等研究报告。1978～1979 年，提出"政社合一"体制和农业包产到户、实行联产承包责任制的建议。1979 年，我院学者深入安徽、江苏、浙江等地农村，开展了历时数月的调查研究，撰写了《"包干到户"问题应该重新研究》，从生产力与生产关系辩证关系的高度阐述了"包干到户"的历史合理性，产生了较大的社会反响。

我院学者在全国法学界率先提出建设社会主义"法治国家"的命题，提出并阐发了"以法治国"等重要观点，为"依法治国"方略的提出和实施提供了理论准备。1991 年，我院出版我国第一部《中国社会发展报告》，为国家提出了较为具体的"社会改革整体配套方案"，对改革开放和经济社会发展产生了重大的思想和政策影响。在总结改革开放实践经验，探索中国特色社会主义发展规律的同时，我院学者还积极参与了我国跨世纪重大工程如京沪高速铁路、南水北调工程等的技术经济论证的研究与实践。

党的十八大以来，中国社会科学院以深入研究、回答我国发展和我们党执政面临的重大理论和实践问题为主攻方向，发挥国家高端智库研究优势，组织精干力量，对推进国家治理体系和治理能力现代化、发展社会主义市场经济、发展社会主义民主政治、建设中国特色社会主义法治体系、发展社会主义先进文化、培育和践行社会主义核心价值观、建设生态文明、构建开放型经济新体制、实施总体国家安全观、构建人类命运共同体、推进"一带一路"建设、加强党的执政能力建设等一系列重大问题进行研究，推出了《全面深化改革二十论》《中国社会科学院经济体制改革系列研究报告》《经济下行压力较大情况下我国新的经济增长点》《当前经济运行中需要注意的几个问题》《关于加强和改善定向调控的几点建议》《关于京津冀协同发展战略的思考及建议》《"一带一路"泛化问题的主要表现、原因分析及对策建议》《关于调整生育政策的建议》《关于启动改善我国"大国形象"系统工程的建议》《渐进式延迟退休年龄的改革方案建议》《中国海外投资国家风险评级报告》《美国思想库与冷战后美国对华政策》《中国经济形势分析与预测》《中国反腐倡廉建设报告》《中国新媒体发展报告》《应对气候变化报告》等一批重大研究成果。

近年来，围绕"钓鱼岛问题研究"，我院专家撰写多篇有针对性、学理性的对策文章，陆续在《人民日报》等媒体发表，为维护国家领土安全作出了贡献。围绕"新疆维稳反恐应急研究"，撰写文章，报送中央有关部门，取得很好的效果。组织 11 个研究所落实 23 项研究课题，撰写关于边疆安全研究报告，有力维护了国家安全。

中国社会科学院专家学者还参与国家多项中长期发展战略和规划的研究工作，参与为中央政治局集体学习讲解等服务工作，参与许多重要法律的起草、修改和论证工作，参与多项重大外交战略、策略和实际问题的研究工作。完成一批中央和有关部委交办或委托的研究课题。例如，承担了中央有关部门委托的多项研究任务，推出一批质量高、影响大的智库成果，在党和国家重大决策中发挥了重要作用。2011～2016年，年度报送信息量从 680 篇增加到 2400 余篇（3600 多期），每年采用批示量从 240 篇增加到近 600 篇，报送信息量增长了 2.5 倍，采用批示量增长了 1.5 倍。2016 年度国家全球战略智库共形成各类学术成果500 余篇部，其中，上报中共中央办公厅、国务院办公厅等 384 份对策研究报告，51 份获中央领导批示，发挥了为党和国家决策服务的思想库作用。

（五）哲学社会科学重大研究成果不断涌现

中国社会科学院积极发挥学科门类齐全、研究力量雄厚的优势，组织实施了一批全国性大型研究项目，推出了一批集大成式的奠基之作。《中国通史》和《中国史稿》是以马克思主义为指导编撰中国通史的典范，被学界誉为中国历史研究的"鸿篇巨制"；《甲骨文合集》对甲骨学、商史乃至早期中国文明史的研究具有重要意义；《中国历史大辞典》代表了中国历史学工具书编撰的最高水平；《中国历史地图集》是目前我国最为系统地描绘中国历史时期疆域政区沿革与变迁的地图册；《现代汉语词典》是我国第一部规范性的语文词典，目前已经发行4000多万册；《中国思想通史》《中国古代服饰研究》均是新时期中国思想文化史研究的代表作；《中国民族关系史纲要》是我国民族史学科的奠基之作；《美学原理》、《中国文学通史》、《现代汉语方言大词典》（综合本）、《西方哲学史》（多卷本）、《摩诃婆罗多》、《中国珍稀法律典籍集成》、《西夏社会》（上、下卷）等都是学科领域的高水平研究成果。

2011年以来，中国社会科学院率先实施创新工程，在阵地建设、学科建设、人才培养、成果产出、科研组织方式创新和管理体制机制改革等方面都取得新的成绩，形成了创新工程"报偿、准入、退出、评价、配置、资助"六大制度体系和有益于出成果、出人才，有益于繁荣发展哲学社会科学的体制机制，极大地调动了广大科研人员的积极性、主动性和创造性；激发了创新动力，释放了科研活力，解放了科研生产力。实施创新工程以来，科研成果数量和质量大幅提高，以2014年为例，全年共完成专著469部，学术论文4822篇，研究报告、论文集596篇（部），译著（文）280部（篇），学术资料、古籍整理80种（部），理论文章205篇。2014年科研成果总数比2013年增长60.8%，其中，学术论文增长67.4%，理论文章增长51.9%，研究报告、论文集增长167.3%。共发布重大标志性科研成果400余项，创新工程产生的大批成果在全国哲学社会科学界发挥了重要的示范和引领作用。如《简明世界历史读本》、《中华人民共和国史稿》、1949～1963年卷《中华人民共和国史编年》、《中国考古学大辞典》、《梵语佛经读本》、《世界佛教通史》、《新大众哲学》（七卷本）等，都是我国基础学科领域具有重大学术价值的研究成果。

近年来，中国社会科学院还立项了"中华思想通史""海外近代中国珍稀文献搜集、整理与研究工程""玛雅文明中心——科潘遗址考古及中美洲文明研究""印度考古发掘研究""埃及考古发掘与文物保护"等具有填补空白和传承意义的研究项目，有利于巩固和提高我院在各相关学科领域的领先地位。

（六）理论学术传播名优工程建设进展突出

中国社会科学院属报纸、期刊、出版社、图书馆、互联网、数据库、地方志、评价中心，是在国内外具有重要影响的理论学术传播平台。自 2008 年启动理论学术传播名优工程建设以来，形成了报、刊、出版、馆、网、库、志和学术评价"八位一体"的总体格局，名优品牌声名远播，理论学术传播力、影响力显著提升。

《中国社会科学报》2009 年创刊，宣传党的创新理论，引领哲学社会科学学科体系、话语体系、学术观点和科研方法的创新，在国内外的传播力和影响力逐年扩大。中国社会科学网是全球最大学术门户网站，目前总点击量超 4 亿次，PC 端日阅读量超 13 万次，被中央网信办列为全国 7 家重点建设理论网站之一。院属期刊构成我国规模最大的哲学社会科学学术期刊群，坚持正确的政治方向和学术导向，办刊质量不断提高，优势地位进一步巩固。院属出版社实现纸电同步出版，数字出版业界领先。中国社会科学出版社成立智利分社，社会科学文献出版社成立俄罗斯分社，学术出版"走出去"取得新进展。中国社会科学出版社、社会科学文献出版社、经济管理出版社荣列"中国图书海外馆藏影响力出版 100 强"，在全国 500 余家出版社中分别排第 2 位、第 3 位和第54 位。图书馆大力加强数字化建设，由中宣部部署，中国社会科学院牵头，教育部和国家新闻出版广电总局配合建设的"国家哲学社会科学文献中心"正式上线，为中国社会科学院和全国哲学社会科学工作者从事研究提供丰富的文献信息资源支撑。海量数据库建设加快推进。地方志建设取得新成果。哲学社会科学评价体系加快构建，全国最大的"中国人文社会科学引文数据库"加快建设，开展国际交流，参与国际学术评价标准制定，努力掌握国际学术评价话语权。

（七）对外学术合作交流不断扩大

中国社会科学院积极开展对外学术交流，努力推动中国哲学社会科学走向世界。建院之初，对外学术交流国家屈指可数。目前，院对外学术交流已遍及世界 100 多个国家和地区，与海外 200 多个研究机构、学术团体、高等院校建立了学术交流关系，对外签订学术交流协议 160 多个。院年度派出交流量 2000 余人次，接待来访 2200 余人次。近十年全院对外学术交流量为 11123 批 24665 人次，其中出访 8810 批 15036 人次，来访 2313 批 9629 人次，在国家对外软实力建设中发挥着日益重要的作用。2009 年以来，中国社会科学院接待了德国总理默克尔、巴西总统卢拉、约旦国王阿卜杜拉二世、厄瓜多尔总统科雷亚、阿根廷总统马克里、联合国秘书长潘基文、第 65 届联合国大会主席约瑟夫·戴斯、欧洲议会议长舒尔茨、红十字国际委员会主席彼得·莫雷尔等国外领导人及要员数百人。

形成了以高端论坛、对外培训、合作研究、智库交流、传播平台五大类项为支撑的、比较完整的对外交流合作格局。一是举办高端论坛。每年举办国际性学术会议 200 余场。中国社会科学院设立了"中国社会科学论坛"，其中由马克思主义研究院连续 3 年在欧洲成功举办的"中国道路"欧洲论坛国际研讨会，得到中央领导同志高度肯定。2016 年，中国社会科学院担当二十国集团（G20）智库会议（T20）牵头单位，在北京、上海、深圳、美国华盛顿、秘鲁利马、德国柏林、瑞士日内瓦、印度孟买等城市共举办 10 场 G20 高端智库国际研讨会。担当中国—中东欧"16＋1"智库交流平台牵头单位，加大与中东欧国家的人文智库合作，与中央部委密切配合，组织召开"中韩人文交流政策论坛"、"一带一路——共同的记忆和共赢的发展"国际研讨会等。二是组织对外培训。20 余个国家的百余位青年学者参加培训，对培养新一代知华、友华学者产生显著效果。三是推进合作研究。同英国学术院、荷兰皇家科学院等 10 余个国家的科研机构共同组织开展合作研究项目。四是深化智库交流。积极在海外境外建立或筹建中国—中东欧研究院、香港中国学术研究院、中国研究中心等研究组织，引导国际学术界展开研究和讨论，增强我国哲学社会科学研究的国际影响力。五是建设传播平台。每年翻译出版数十部学术专著。六是配合国家对外工作大局完成重大任务。配合习近平主席、李克强总理外交计划，院领导 8 次出访中东、东欧、拉美等地区，组织实施高端对外学术交流。在习近平主席出访捷克、塞尔维亚和波兰时期，中国社会科学院"16 + 1"智库网络分别在三个国家主办了高层学术研讨会和智库论坛，引发广泛反响。

（八）哲学社会科学人才队伍建设成效显著

中国社会科学院历史上曾集聚郭沫若、胡乔木、范文澜、陈垣、潘梓年、金岳霖、陈翰笙、郑振铎、吕振羽、侯外庐、吕叔湘、冯至、尹达、于光远、孙冶方、许涤新、钱俊瑞、丁声树、夏鼐、何其芳、刘大年、顾颉刚、俞平伯、罗尔纲、贺麟、钱锺书、宦乡、张友渔等一大批享誉海内外的学术大师。这些学术大家对我院的学科建设、人才培养、优良学风发挥了极为重要的作用。经过 40 年的努力，涌现出一批具有深厚马克思主义理论素养、博学卓识的学术名家，造就了一批理论功底扎实、勇于开拓创新的学科带头人，培养了一大批年富力强、锐意进取的中青年学术骨干。2006 年学部成立以来，选举产生学部委员 61 人，荣誉学部委员 129 人。到 2017 年，中国社会科学院享受国务院政府特殊津贴专家 1500 余人，80 多名学者入选全国杰出专业技术人才、文化名家暨"四个一批"人才、新闻出版行业领军人才。

人才队伍结构不断优化。截至 2016 年底，全院在职人员中，专业技术人员占 74%，管理人员占 24.5%，工勤人员占 1.5%。在专业技术人员中，45 岁及以下人员保持在 57.6% 左右，具有博士学位人员占 66.7%，具有高级职称人员占全体专业技术人员比例近 60%。专业人才的后续力量比较充足，整体素质持续提升，可持续发展能力有所提高。通过引进人才，我院加快人才队伍的新老更替，建立了一支具有领军水平和超前意识的科研生力军。

中国社会科学院研究生院近 40 年来为国家培养了 1 万余名博士、硕士研究生，现有博士生导师 597 名，硕士生导师 907 名，在校研究生 3000 余人。依托研究生院创办中国社会科学院大学，是中央交给我院的重大任务，要坚持有特色、高水平、高起点的办学方针，努力创建中国特色的社会主义"双一流"文科大学。

（九）党的建设和党风廉政建设扎实推进

院党组（党委）高度重视党的建设。坚决维护以习近平同志为核心的党中央权威和党的集中统一领导，牢固树立"四个意识"，更加紧密地团结在以习近平同志为核心的党中央周围，更加自觉地在思想上、政治上、行动上同以习近平同志为核心的党中央保持高度一致，更加扎实地把党中央的各项决策部署落到实处。加强理论武装工作。抓好党组和党委中心组学习，组织全院干部职工深入学习马克思列宁主义、毛泽东思想、邓小平理论、"三个代表"重要思想、科学发展观、习近平总书记系列重要讲话精神和治国理政新理念新思想新战略，坚持每年举办所局主要领导干部马克思主义著作和习近平总书记系列重要讲话精神读书班、全院处室以上干部"千人理论大培训"等系列理论教育培训，不断提高领导干部用马克思主义指导科研工作的能力。加强各级领导班子建设，贯彻落实党委集体领导下的所长负责制，确保党对哲学社会科学的领导。深入贯彻落实全面从严治党要求，落实全面从严治党主体责任和监督责任。以贯彻落实中央八项规定为切入点，着力抓好党的作风建设。深入开展党的群众路线教育实践活动，扎实推进"三严三实"专题教育，认真开展"两学一做"学习教育。抓好巡视审计整改落实，贯彻落实《中共中国社会科学院党组关于落实全面从严治党切实加强党的建设的意见》《中共中国社会科学院党组关于加强党的意识形态工作，建设马克思主义坚强阵地的意见》《中共中国社会科学院党组关于改进和完善选人用人制度加强领导班子和人才队伍建设的意见》及实施细则，进一步巩固深化巡视整改成果。深入推进以政治纪律、组织纪律、财经（廉洁）纪律"三项纪律"建设为重点的党的纪律建设。

（十）服务科研能力和保障水平明显提升

行政后勤部门及其工作人员坚持树立全心全意为科研服务、为科研人员服务的意识，推动全院科学规范高效有序运转，全院行政管理和后勤服务规范化、制度化、科研化水平不断提升。

后勤服务保障水平不断提升，后勤服务保障体系基本确立。在党中央国务院和有关部委的大力支持下，财政拨款大幅增加，2010 年财政拨款收入 129600 余万元，2017 年财政拨款收入增加到 230000 余万元，且国有资产的使用效益和经济效益不断增强。基本建设成效显著。2008 年至今，国家批复中国社会科学院新建立项 8 项，新建成面积 96000 平方米，在建 21188 平方米。2012 年研究生院良乡新校区建成。办公用房改造及基础设施改造 14 项，面积 95872 平方米。完成科研大楼、社科会堂维修改造和中心档案及科研附属办公用房翻改建工作，并对院部大院、历史学部院、经济学部院、法学所院、郭沫若纪念馆院、杂志社院、太阳宫院、国际研究学部院、民族所院、方志馆院和北戴河党校校区、密云党校校区等 15 个院落进行翻改建和综合整治。

努力改善全院干部职工的生活条件。做好全院职工住房保障工作。2008 年至今，中国社会科学院向国管局申请职工住宅 104 套，共 13030 平方米；解决北京市两限房 300 套，约 24000 平方米；在燕郊燕京航城组织 800 套低价商品住房提供给全院职工购买。清理院房产宿舍分配给职工 43 套；新建单身公寓 495 套，共 16800 平方米；2017 年 3 月，东坝职工住宅建设项目正式开工，可解决职工住房 1098 套，总建筑规模 218817 平方米。国管局已批准老旧住宅小区综合整治项目立项 11 个，建筑面积 191216 平方米。完善子女入学长效机制，积极解决全院职工子女入学问题，从 2010 年到 2017 年共解决 700 多名职工子女的入学问题。全院人员工作和生活条件有了较大改善，科研设施设备配置明显改进，全院科研、办公、生活设施设备面貌一新。

三　加快构建中国特色哲学社会科学

构建中国特色哲学社会科学，努力建设马克思主义理论阵地，发挥为党和国家决策服务的思想库作用，是以习近平同志为核心的党中央交给中国社会科学院的战略任务。

（一）基本经验和办院总体思路

经过 40 年发展历程，我院积累了一系列办院宝贵经验。认真总结这些宝贵经验，概括办院的总体思路，科学把握哲学社会科学发展的规律和办院规律，对于深入学习贯彻习近平总书记"5·17"重要讲话精神，加快构建中国特色哲学社会科学具有重要意义。

概而言之，形成了办好中国社会科学院的总体思路："一个战略目标"、"三条基本经验"、"五个三"工作总思路、"八个坚定不移"重要遵循。"一个战略目标"：加快构建中国特色哲学社会科学，努力建设马克思主义理论阵地，发挥为党和国家决策服务的思想库作用。"三条基本经验"：始终坚持正确的政治方向和学术导向，解决好哲学社会科学研究为什么人这个根本问题；始终坚持科学的工作思路和举措，紧紧抓牢创新工程这一实践载体；始终坚持把科研人员和全院群众的工作和生活需要放在重要位置，办实事，办好事，办让大家满意的事。"五个三"工作总思路：一是"三大定位"，即努力把中国社会科学院建设成为马克思主义的理论阵地、我国哲学社会科学的最高研究机构、为党和国家决策服务的思想库；二是"三大功能"，即发挥好阵地功能、殿堂功能、智库功能；三是"三大战略"，即实施科研强院战略、人才强院战略、管理强院战略；四是"三大风气"，即加强学风、作风、文风建设；五是"三项纪律"，即加强以政治纪律、组织纪律、财经（廉洁）纪律为重点的纪律建设。"八个坚定不移"重要遵循：一是坚定不移地抓好马克思主义理论武装和理论指导，大力加强马克思主义理论阵地建设；二是坚定不移地抓好学风建设，始终坚持为人民做学问理念；

三是坚定不移地抓好创新工程，加快构建中国特色哲学社会科学学科体系、学术体系、话语体系；四是坚定不移地抓好科研这一中心任务，多出经得起实践和历史检验的优秀成果；五是坚定不移地以研究我国改革发展稳定重大理论和实践问题为主攻方向，扎实推进国家高端智库建设；六是坚定不移地抓好人才强院，选好人才、育好人才、用好人才；七是坚定不移地抓好全面从严治党和领导干部这个"关键少数"，不断加强党委、党的基层组织、党员队伍和党风廉政建设；八是坚定不移地抓好行政后勤保障体系建设，不断提高服务科研水平和保障能力。"一个战略目标"、"三条基本经验"、"五个三"工作总思路、"八个坚定不移"重要遵循的办院总体思路，体现了党和国家事业发展的新要求，符合哲学社会科学发展规律、中国社会科学院办院规律、哲学社会科学人才成长规律，是加快构建中国特色哲学社会科学的生动实践，是办院40年经验的系统总结，是全院同志集体智慧的结晶，是我院宝贵的精神财富，值得倍加珍惜。

今后，我们要在以习近平同志为核心的党中央坚强领导下，以马克思列宁主义、毛泽东思想、邓小平理论、"三个代表"重要思想、科学发展观为指导，全面贯彻落实习近平总书记系列重要讲话精神和治国理政新理念新思想新战略，深入贯彻落实习近平总书记"5·17"重要讲话和贺信精神，坚持办院总体思路，切实把中国社会科学院办好，为加快构建中国特色哲学社会科学作出应有的贡献。

（二）加快构建中国特色哲学社会科学的基本原则与主要任务

加快构建中国特色哲学社会科学的基本原则包括以下内容。

必须坚持以马克思主义为指导。马克思主义科学揭示了自然界、人类社会和思维发展的一般规律，为哲学社会科学各学科提供了具有指导意义的世界观、历史观、价值观和方法论。我国哲学社会科学坚持以马克思主义为指导，是近代以来我国发展历程赋予的规定性和必然性。在我国，不坚持以马克思主义为指导，哲学社会科学就会失去灵魂、迷失方向，最终也不能发挥应有作用。坚持以马克思主义为指导，就要把马克思主义立场观点方法贯穿哲学社会科学各学科各领域，加强理论武装，切实解决好真学真懂真信真用、为什么人的问题，确保正确的政治方向、价值取向和学术导向。哲学社会科学只有善于把马克思主义基本原理同中国实际和时代特征相结合，用中国化和不断发展的马克思主义来指引理论和学术研究，才能真正发挥马克思主义的指导作用。

必须坚持以人民为中心的研究导向。我们的党是全心全意为人民服务的党，我们的国家是人民当家作主的国家，党和国家一切工作的出发点和落脚点是实现好、维护好、发展好最广大人民根本利益。坚持以人民为中心的研究导向，是坚持全心全意为人民服务的根本宗旨和以人民为中心的发展思想在哲学社会科学领域的重要体现。我国哲学社会科学要有所作为，就必须坚持以人民为中心的研究导向。脱离了人民，哲学社会科学就不会有吸引力、感染力、影响力、生命力。哲学社会科学工作者只有坚持人民是历史创造者的观点，树立为人民做学问的理想，尊重人民主体地位，聚焦人民实践创造，自觉把个人学术追求同国家和民族发展紧紧联系在一起，才能创造出经得起实践、人民、历史检验的研究成果。

必须坚持服务于党和国家的工作大局。哲学社会科学的各种思想理论都来源于实践，并服务于实践。中国特色社会主义的伟大实践，既是当代我国哲学社会科学发展的重要源泉，又是检验理论学说是否具有真理性的根本标准。哲学社会科学的理论研究只有坚持服务全党全国工作大局，立足现实、关注时代、深入基层、联系实际，才能使哲学社会科学研究在有亿万人民群众参加的实践活动中，获得勃勃生机、前进动力和力量源泉，才能提出真知灼见，拿出高质量的研究成果。哲学社会科学工作者要牢固树立理论联系实际的马克思主义学风，围绕中心、服务大局，深入研究和回答全局性、战略性、前瞻性重大课题，积极为党和人民述学立论、建言献策，为坚持和发展中国特色社会主义作贡献。

必须坚持解放思想、实事求是、与时俱进、开拓创新。理论的生命力在于创新，创新是哲学社会科学发展的永恒主题，也是时代发展对哲学社会科学的必然要求。只有坚持解放思想、实事求是、与时俱进、开拓创新，我国哲学社会科学才能蓬勃发展，充满活力。中国特色社会主义伟大事业是一项前无古人的事业，要回答和解决实践当中遇到的各种新问题，必须坚持解放思想、实事求是、与时俱进、开拓创新，深刻认识和把握共产党执政规律、社会主义建设规律、人类社会发展规律，正确认识我们党和国家事业发展面临的新任务新课题新挑战，在研究和解决重大理论和实践问题中推动哲学社会科学创新发展。

必须坚持"二为"方向和"双百"方针的统一。为人民服务、为中国特色社会主义服务，是我国哲学社会科学的根本宗旨；百花齐放、百家争鸣，是我国哲学社会科学的基本方针。加快构建中国特色哲学社会科学创新体系，要处理好"二为"宗旨与"双百"方针的关系，坚持"二为"方向和"双百"方针的有机统一。要在坚持"二为"方向的前提下，坚持和发扬学术民主，提倡不同学术观点、不同风格学派相互切磋、平等讨论。正确区分政治问题和学术问题，不要把一般的学术问题当成政治问题，也不要把政治问题当成一般的学术问题。真正把做人、做事、做学问统一起来，立志为人民做大学问、做中国特色社会主义真学问。

必须坚持党对哲学社会科学事业的领导。加强和改善党对哲学社会科学工作的领导，是繁荣发展我国哲学社会科学事业的根本保证。从讲政治的高度重视哲学社会科学工作，加强党对哲学社会科学工作的政治领导和工作指导，一手抓繁荣发展、一手抓引导管理。哲学社会科学工作者要主动自觉地接受党的领导，以热爱祖国、忠于人民、服务社会为价值追求，更加紧密地将学术研究工作与党和人民的事业联系在一起，将个人理想追求与时代的主题、国家民族的命运结合在一起，努力成为先进思想的倡导者、学术研究的开拓者、社会风尚的引领者、党执政的坚定支持者。

加快构建中国特色哲学社会科学的主要任务包括以下内容。

中国社会科学院作为党中央直接领导的国家哲学社会科学研究机构，一定要深入贯彻落实习近平总书记"5·17"重要讲话、贺信和党中央《关于加快构建中国特色哲学社会科学的意见》精神，大力推进院党组《贯彻落实习近平总书记在哲学社会科学工作座谈会上的重要讲话精神总体方案》及其实施方案的落实，为加快构建中国特色哲学社会科学，坚持和发展中国特色社会主义作出新的更大贡献。

坚持马克思主义指导地位，建设马克思主义理论阵地。推进马克思主义理论创新智库、马克思主义政治经济学创新智库建设；扎实落实中央马克思主义理论研究和建设工程，我院马克思主义理论学科建设与理论研究工程、马克思主义文艺理论与文艺批评建设工程各项任务，发展21世纪马克思主义、当代中国马克思主义。加强学风、文风、工作作风建设，弘扬社会主义核心价值观，继续办好道德建设论坛。强化意识形态工作责任制，推进意识形态研究智库建设，充分发挥院理论写作组和马克思主义网军队伍作用，积极开展舆情分析和舆论斗争。

坚持以研究我国改革发展稳定重大理论和实践问题为主攻方向，不断提高为党和国家决策服务水平。构建以院综合性智库为统领、所级智库为主体、专业化智库为样板的院级、所级、专业化智库"三位一体"的智库建设格局。建立并落实智库工作责任制。以首批进入国家级高端智库建设试点的中国社会科学院以及院国家金融与发展实验室、国家全球战略智库为重点，着力打造在国内外有广泛影响的国家级高端智库群。开展智库调研评估，建立智库优秀研究成果转化机制。

坚持构建中国特色哲学社会科学学科体系、学术体系、话语体系，努力建设符合时代要求、适应实践发展的中国特色哲学社会科学创新体系。实施学科建设"登峰战略"计划。启动"优势学科增强计划""重点学科扶持计划""特殊学科建设计划"。树立科研质量至上意识，构建严格的科研成果质量标准，强化科研成果质量评价和检查。改进学术评奖、出版资助等办法，逐步完善多出成果、多出精品的激励机制。完善重大科研成果和学术信息转化机制，定期举办重大成果发布会。制订重大国情调研领域指南，实施国情调研项目。

坚持实施创新工程，推动哲学社会科学管理体制机制和制度创新发展。要总结好实施创新工程的经验，大力推进科研管理体制机制改革，加大制度建设力度，让创新工程的制度固定化、配套化、体系化，发挥更大作用，以更好地激发全院人员积极性、主动性、创造性，最大限度解放科研生产力，积极打造哲学社会科学创新工程"升级版"，发挥好引领和带动作用。

坚持中国学术"走出去"战略，增强我国哲学社会科学国际影响力。与世界展开全方位、深层次、多渠道的思想学术对话，创新学术和话语体系，将我院建设成为以高端学术和智库交流为特色的国家新型对外人文交流窗口。以国家对外人文交流机制为依托，突出交流重点，搭建高端平台；着力推进与周边国家、主要大国和广大发展中国家以及重要国际组织的合作，传播中国思想，展示中国理念、中国主张、中国方案；围绕重大理论和现实问题加大开展中外合作研究力度，积极探索建立海外中国研究中心，推动海外中国学研究；加快推进中国学术对外传播能力建设，建立国际型的学术研究机构，多种渠道推出优秀学术成果；主动设置议题，立足改革发展实践，提炼标识性概念，打造具有中国特色和国际视野的学术话语体系；提升我院作为全球知名智库的国际影响力、话语权。

坚持人才强院战略，建设种类齐全、梯队衔接的哲学社会科学人才队伍。实施以育人育才为中心的哲学社会科学整体发展战略，构筑学生、学术、学科一体的综合发展体系。加大人才队伍建设，实施哲学社会科学人才工程。运用"四个一批"人才工程等平台，加大留住人才、引进人才、培养人才的力度；推进马克思主义理论人才造就工程、领军人才引进工程、青年英才培养工程、支撑与管理人才保障工程等系列人才计划；实施资深学科带头人资助计划，启动高端人才延揽计划。深入推进领导班子建设制度改革，落实《中共中国社会科学院党组关于改进和完善选人用人制度加强领导班子和人才队伍建设的意见》及其实施细则，明确干部选拔工作程序，严肃干部工作纪律，将五条好干部标准认真贯彻到领导班子和干部队伍建设的各个方面，强化党管干部原则，着力优化干部队伍结构，激发干部队伍活力，努力把那些对党忠诚、个人干净、敢于担当、有事业需要的干部选出来、用起来。坚持中国特色社会主义办学方向，创办有特色、高水平的中国社会科学院大学；坚持以质量为核心的内涵发展，继续办好研究生院。

　　坚持推进名优工程建设，抢占哲学社会科学理论学术传播制高点。深入实施报刊出版馆网库志和学术评价名优建设工程，打造哲学社会科学理论学术传播的"名优平台"。坚持名优工程"九统一"原则，即统一领导、统一管理、统一经费、统一网站、统一机房、统一数据库、统一数字化图书馆、统一综合集成实验室平台、统一综合管理平台。打造以《中国社会科学报》、《中国社会科学》杂志、"中国社会科学网"、中国社会科学出版社、社会科学文献出版社为主打品牌，在国内外学术界享有知名度和公认度的报刊网和出版社集群。抓好选题策划和热点报道，推进报刊网融合发展，加强报刊网论坛联动。加快推进国家哲学社会科学文献中心和海量数据库建设，大力推动我院文献数据信息化和数字化进程，建设数字化社会科学院。执行严格、公开的编审流程，建立全院学术期刊相对统一的编校体制。抓好中国地方志建设。组建中国社会科学评价研究院，完善哲学社会科学各学科学术评价标准和评价体系，抢占学术评价制高点。

　　坚持全面从严治党，加强和改善党对哲学社会科学的领导。牢固树立"四种意识"，在政治上思想上行动上与以习近平同志为核心的党中央保持高度一致。深刻认识和牢牢把握党领导哲学社会科学的规律，加强党对哲学社会科学的政治领导和工作指导。要认真贯彻落实全面从严治党的要求，抓好《中国共产党章程》、《关于新形势下党内政治生活的若干准则》和《中国共产党党内监督条例》的学习贯彻和落实。把讲政治的要求落实到党的领导、党的建设、党和国家各项工作中去，注重提高政治能力，保持政治定力。坚决贯彻党委领导下的所长负责制，抓好党委和党的基层组织建设，抓好党风廉政建设，确保哲学社会科学始终沿着正确的政治方向前进。

　　四秩春秋辉煌路，继往开来谱新章。在推进中国特色社会主义伟大事业和实现中华民族伟大复兴中国梦的历史进程中，中国社会科学院任重道远、使命光荣。让我们紧密团结在以习近平同志为核心的党中央周围，以建院40周年为契机，锐意进取、开拓创新，加快构建中国特色哲学社会科学，以优异成绩迎接党的十九大胜利召开！

繁荣中国学术、发展中国理论、
传播中国思想[*]

　　2016 年 5 月 17 日，在中国社会科学院建院 40 周年之际，习近平同志专门发来贺信。这是对中国社会科学院全体同志的巨大关怀、鼓舞和鞭策，充分体现了以习近平同志为核心的党中央对中国社会科学院、对全国哲学社会科学界的高度重视。我们要认真学习领会、坚决贯彻落实贺信精神，紧紧围绕坚持和发展中国特色社会主义，坚持马克思主义指导地位，贯彻"百花齐放、百家争鸣"方针，坚持为人民做学问理念，立时代潮头，通古今变化，发思想先声，繁荣中国学术，发展中国理论，传播中国思想，努力为发展 21 世纪马克思主义、当代中国马克思主义，构建中国特色哲学社会科学学科体系、学术体系、话语体系，增强我国哲学社会科学国际影响力作出新的更大的贡献。

不断加强马克思主义理论阵地建设

　　坚持以马克思主义为指导，建设马克思主义理论阵地，是以习近平同志为核心的党中央对中国社会科学院第一位的要求。中国社会科学院作为我国哲学社会科学研究的"国家队"，必须自觉坚持以马克思主义为指导，解决好"真懂真信、为什么人、怎么用"的问题，把马克思主义立场观点方法贯穿到研究工作和各项建设的全过程，努力建设马克思主义理论阵地。要从世界观和方法论的高度系统把握马克思主义的思

---

*　原载《人民日报》2017 年 5 月 19 日，收入本书时有改动。

想精髓和精神实质，不断提高运用马克思主义指导学术发展、分析解决学科领域重大问题的能力和水平。坚持为人民做学问理念，勇于创新创造，多出经得起实践和历史检验的优秀学术成果，努力培养忠诚服务党和人民事业、值得党和人民信赖、对党和人民有贡献的学问家。

深入学习、研究和阐释党的理论创新成果，努力推进马克思主义中国化、时代化、大众化。党的十八大以来，习近平同志围绕坚持和发展中国特色社会主义发表了一系列重要讲话，提出了治国理政新理念新思想新战略，丰富和发展了党的科学理论，是马克思主义中国化的最新成果，是21世纪马克思主义、当代中国马克思主义的现实体现。中国社会科学院的同志们一定要深入学习、研究、阐释习近平同志系列重要讲话精神和治国理政新理念新思想新战略，下功夫读原著、学原文、悟原理，不断增强思想认同、政治认同、情感认同，增强用以指导哲学社会科学研究的自觉性坚定性。围绕党的理论创新成果，在各学科领域确立一批研究选题，组织精干力量进行深入研究阐释，推出更多有分量的研究成果。

为推动党的理论创新成果入脑入心、书写当代中国马克思主义新篇章提供有力的学理支撑。深入实施报刊出版馆网库志和学术评价名优建设工程，把宣传阐释党的理论创新成果作为传播平台的重要内容；积极参与中央马克思主义理论研究和建设工程，扎实推进中国社会科学院马克思主义理论学科建设与理论研究工程、马克思主义文艺理论与文艺批评建设工程，全力打造并用好马克思主义研究学部、马克思主义研究院、当代中国研究所、信息情报研究院、中国特色社会主义理论体系研究中心、马克思主义学院和世界社会主义研究中心等七大马克思主义研究平台；加强马克思主义理论队伍建设，加强马克思主义理论骨干人才培养基地建设，实施好"马克思主义理论骨干人才计划"；加强马克思主义创新理论研究智库建设，推进马克思主义理论创新。

充分发挥为党和国家决策服务的思想库作用

习近平同志在贺信中要求中国社会科学院更加自觉地以研究我国改

革发展稳定重大理论和实践问题为主攻方向。坚持和发展中国特色社会主义是理论和实践的双重探索。我国哲学社会科学的一项重大任务，就是深入研究回答中国特色社会主义重大理论和实践问题，并在研究回答中体现自身价值、实现自身发展。

中国社会科学院一定要把围绕中心、服务大局作为基本职责，紧紧围绕坚持和发展中国特色社会主义，按照党中央、国务院决策部署，聚焦经济社会发展的重大战略、重大规划、重大问题开展深入研究和集中攻关，推出对党和国家决策具有重要参考价值、对国家和民族长远发展具有重要战略意义的优秀成果，不断提高服务党和国家决策的能力和水平。高质量、高起点推进国家高端智库试点工作，加快形成院级、所级、专业化智库"三位一体"的智库建设格局，着力打造在国内外有广泛影响的国家级高端智库群。充分发挥学科齐全、人才集中、资源丰富、综合研究能力强的优势，将基础研究和应用对策研究更好地结合起来，聚焦党和国家重大决策部署，开展前瞻性、针对性、储备性研究，切实提高研究质量，多提出有特色、有深度、有真知灼见、切实管用的对策建议，充分发挥为党和国家决策服务的思想库作用。

努力构建中国特色哲学社会科学学科体系、学术体系、话语体系

习近平同志在贺信中要求中国社会科学院努力构建中国特色哲学社会科学学科体系、学术体系、话语体系。我们一定要切实肩负起这一光荣使命，在构建中国特色哲学社会科学学科体系、学术体系、话语体系方面发挥引领带动作用。

深入实施学科建设"登峰战略"。着力发展对哲学社会科学具有支撑作用的基础学科、具有重要现实意义的新兴学科和交叉学科，发展具有龙头作用的优势重点学科，发展具有重要文化价值和传承意义的"绝学"、冷门学科，形成基础学科健全扎实、重点学科优势突出、新兴学科和交叉学科创新发展、冷门学科代有传承、基础研究和应用研究

相辅相成、学术研究和成果应用相互促进的学科体系。

深入实施哲学社会科学创新工程。坚持不忘本来、吸收外来、面向未来，贯彻"百花齐放、百家争鸣"方针，瞄准学术前沿，着力提高学术品质，搭建哲学社会科学创新平台，不断推进知识创新、理论创新、方法创新，逐步提升学术命题、学术思想、学术观点、学术标准、学术话语的产出能力和水平，打造具有中国特色、中国风格、中国气派的新概念、新理论和创新学术体系。

加强学术话语体系建设。善于提炼标识性概念，展示中国学术的特色和优势，打造国际社会易于理解和接受的新概念、新范畴、新表述，着力体现中国思想、中国理论、中国道路、中国立场、中国智慧、中国价值，不断增强国际学术影响力和话语权。推进评价体系创新，建设好中国社会科学评价研究院，建立科学权威、公开透明的哲学社会科学成果质量标准和评价体系，抢占学术评价制高点。

为增强我国哲学社会科学国际影响力作出新的更大的贡献

习近平同志在贺信中要求中国社会科学院为增强我国哲学社会科学国际影响力作出新的更大的贡献。我们一定要深入实施中国学术"走出去"战略，积极搭建国际学术交流平台，打造高端国际论坛，加强哲学社会科学领域的国际交流，更加积极主动地阐述中国理论、传播中国思想，让世界知道"学术中的中国""理论中的中国""哲学社会科学中的中国"。

我们要充分发挥在功能定位、交流资源、学科建设、人才队伍等方面的独特优势，与世界各国展开全方位、深层次、多渠道的思想学术对话，增强我国哲学社会科学国际影响力，努力将中国社会科学院建设成为国家学术对外交流与合作窗口。增强议题设置能力，积极参与和设立国际性学术组织，在国际舞台上积极发声、善于发声，开辟一条以学术交流为特色、以中国研究为载体的学术"走出去"新路。组织实施好国家级对外智库和人文交流项目，包括中国—中东欧国家智库交流与合作网络、中国印度智库论坛、中国韩国人文学论坛等，建立海外中国学术研究组织和中国研究中心，逐步形成中外合作建设、合作运行的海外中国研究中心网络，成为对外阐释传播中国思想理念与核心价值、中国发展道路与发展经验的重要平台，为增强我国哲学社会科学国际影响力作出新的更大的贡献。

建设中国特色、中国风格、中国气派的哲学社会科学[*]

今年是中国社会科学院建院 40 周年。40 年来，作为中国哲学社会科学的综合研究中心，中国社会科学院与时代同发展、与人民齐奋进，为推进马克思主义中国化、繁荣发展我国哲学社会科学作出了重要贡献。在新的历史起点上，如何建设中国特色、中国风格、中国气派的哲学社会科学？中国社会科学院院长、党组书记王伟光就有关问题接受了新华社记者专访。

学习习近平总书记贺信精神，加快构建中国特色哲学社会科学

问：5 月 17 日，习近平总书记致信祝贺中国社会科学院建院 40 周年，并对加快构建中国特色哲学社会科学提出期望。中国社会科学院将如何贯彻落实习近平总书记的贺信精神？

答：在中国社会科学院建院 40 周年之际，习近平总书记专门致信祝贺，并向全国广大哲学社会科学工作者致以诚挚问候，这是对中国社会科学院全体同志的巨大关怀、鼓舞和鞭策，充分体现了以习近平同志为核心的党中央对中国社会科学院、对全国哲学社会科学界的高度重视

---

* 该文系新华社记者朱基钗 2017 年 5 月 19 日专访中国社会科学院院长王伟光的访谈稿，原载 2017 年 5 月 19 日的《新华社通稿》，《深圳特区报》2017 年 5 月 19 日，新华网 2017 年 6 月 29 日，收入本书时有改动。

和亲切关怀。我们要认真学习领会贺信精神，坚决贯彻落实，决不辜负习近平总书记和党中央的重托和厚望。

当前我们要把深入学习宣传研究习近平总书记系列重要讲话精神和治国理政新理念新思想新战略、深入学习贯彻习近平总书记"5·17"重要讲话和贺信精神作为首要任务，大力推进党的理论创新，发展21世纪马克思主义、当代中国马克思主义。

我们要贯彻习近平总书记贺信精神，以马克思主义为指导，加快构建中国特色哲学社会科学，努力建设马克思主义理论阵地，发挥为党和国家决策服务的思想库作用。按照习近平总书记贺信要求，繁荣中国学术，发展中国理论，传播中国思想，努力构建中国特色哲学社会科学学科体系、学术体系、话语体系。我们要大力实施哲学社会科学创新工程和学科建设"登峰战略"，打造一批国内一流、国际知名的学科集群，积极打造哲学社会科学创新工程"升级版"。

我们要更加自觉地以研究我国改革发展稳定重大理论和实践问题为主攻方向，高质量、高起点地推进国家高端智库试点工作，推出高质量研究成果，提高为党和国家决策服务的能力。实施中国学术"走出去"战略，深入传播中国思想、中国理论、中国智慧、中国道路、中国价值。

坚持正确政治方向和"百花齐放、百家争鸣"相统一

问：在学术研究上，如何保证坚持正确政治方向和"百花齐放、百家争鸣"相统一？

答：坚持正确政治方向和"百花齐放、百家争鸣"，一个是学术研究必须坚持的原则，一个是必须坚持的方针，是繁荣发展哲学社会科学、开展中国哲学社会科学学术研究的必然要求。

我们的哲学社会科学研究，一定要坚持正确的政治立场和学术方向。在这一点上，我们的态度和立场必须鲜明。中国社会科学院是党中央直接领导的研究机构，我院学者要坚持马克思主义的指导地位，坚持

与以习近平同志为核心的党中央保持一致，为党和人民做学问，为国家发展和民族振兴服务。

坚持"双百"方针，是由哲学社会科学的特点决定的。由各种学术流派自由争论和相互批评而形成的学术争鸣，是促进学术繁荣、推进学术创新的强大动力和重要方式。

在坚持正确的政治方向和学术导向的前提下，我院始终坚持"双百"方针，大力倡导并积极开展学术争鸣，将坚持正确的政治方向和"百花齐放、百家争鸣"统一起来，大力推进理论学术自主创新。

当前，党的理论创新步伐不断加快，学术创新成果日益丰富，哲学社会科学事业正处于呼唤创新也能实现创新的大好时期。为此，我们要鼓励哲学社会科学研究者坚持解放思想，坚持理论联系实际，坚持"双百"方针，提倡学术研究上的自主探讨与论争，提倡不同观点和学派的自由讨论。通过正确、健康的学术争鸣，来促进人文社会科学的发展与繁荣。

实施学科建设"登峰战略"

问：中国社会科学院将如何加快构建中国特色哲学社会科学的学科体系、学术体系、话语体系？

答：加快构建中国特色哲学社会科学，基础是学科，关键是人才。根据习近平总书记"5·17"重要讲话精神，按照突出优势、拓展领域、补齐短板、完善体系的要求，我院实施学科建设"登峰战略"，加快完善对哲学社会科学具有支撑作用的哲学、历史学、经济学、政治学、法学、社会学、民族学、新闻学、人口学、宗教学等学科，统筹抓好马克思主义学科、基础学科、优势重点学科、新兴学科、交叉学科、冷门学科建设，保护并发展绝学等学科。

启动"优势学科增强计划""重点学科扶持计划""特殊学科建设计划"，用5～10年加快建设100个左右在国内具有重要影响的重点学科，其中部分优势学科具有国际影响，打造一批国内一流、国际知名的学科集群。重点建设一批国内一流、国际知名的实验室和研究基地。坚持基础研究和应用研究并举，努力构建我院以马克思主义为指导、展现国际学术前沿、符合学术规律、适应国家经济社会发展需求的学科体系，厚植国家哲学社会科学研究水平的殿堂根基。

"三位一体"智库建设格局　挂牌成立19家专业化智库

问：作为首批国家高端智库建设试点，中国社会科学院在加快推进哲学社会科学智库建设方面，有哪些做法和成效？

答：按照中央要求和部署，中国社会科学院以3家首批国家级高端试点智库为重点，初步构建起以综合性智库为统领、所级智库为主体、专业化智库为样板的院级、所级、专业化智库"三位一体"的智库建设格局，已挂牌成立马克思主义与意识形态研究类智库、经济金融研究类智库、社会文化发展研究类智库、国际问题研究类智库、边疆研究类智库五大类19家专业化智库，在相应的智库研究领域发挥着积极作用。同时，我院在人才队伍、经费管理、成果评价、应用转化等体制机制方面也构建起智库建设的"四梁八柱"。

我院积极阐释习近平总书记系列重要讲话精神和治国理政新理念新思想新战略。由院党组成员牵头，开展"开辟当代马克思主义哲学新境界""推进党的建设新的伟大工程""坚持以人民为中心的新发展理念"等12项课题研究，回答新的历史条件下党和国家发展的重大理论和实践问题。大力加强马克思主义研究智库建设，全院基本形成了马克思主义理论智库群，构建起了马克思主义理论研究的一、二、三级智库网络。同时，我们还围绕经济体制与财税体制改革、经济新常态问题、国家治理问题、依法治国问题、廉政问题、民族宗教问题、边疆问题、南海问题、钓鱼岛问题、"一带一路"倡议、长江经济带战略、京津冀一体化战略等开展对策研究，取得了一些重要成果，为服务党和国家重大决策作出了贡献。

力争建设近万名学生规模的中国社会科学院大学

问：目前中国社会科学院大学建设进展如何？将来中国社会科学院大学的定位和发展有何规划？

答：在党中央的亲切关怀和大力支持下，中国社会科学院党组高度重视大学建设工作，中国社会科学院大学的建设稳步推进。

未来，中国社会科学院大学将建设成为拥有 8000～10000 名学生（含研究生）规模的完整的高等国民教育体系。将中国社会科学院的学术优势和学术资源转化为教学优势和教学资源，形成特色鲜明、结构合理、门类齐全的哲学社会科学教学和人才培养体系。

高度重视学习贯彻习近平总书记"5·17"重要讲话和贺信精神[*]

今天，召开全院主要领导干部会议，这是一次十分重要的工作部署会议。这次会议的主要任务是，学习贯彻习近平总书记"5·17"重要讲话和贺信精神，传达学习中央领导同志讲话精神，部署我院贯彻落实《关于加快构建中国特色哲学社会科学的意见》工作方案，部署中央关于推进"两学一做"学习教育常态化制度化工作，部署院党组关于开展全面从严治党全院大调查工作，以及近期主要工作安排。这些精神和工作部署都是党组根据党中央的要求，推进全面从严治党，加强思想政治建设，构建中国特色哲学社会科学，办好中国社会科学院的重要举措。这次会议的有关文件都发给大家了。大家要认真学习领会，坚决贯彻落实。

刚才，张江同志传达了刘云山同志在构建中国特色哲学社会科学工作座谈会上的讲话；直属机关党委和科研局负责同志分别就有关文件作了说明。一会儿，京清同志还要提出要求。这里，我主要就七个方面的工作讲点意见。一是关于学习贯彻习近平总书记"5·17"重要讲话和贺信精神；二是关于深入贯彻落实党中央《关于加快构建中国特色哲学社会科学的意见》的工作部署；三是关于推进"两学一做"学习教育常态化制度化；四是关于开展全面从严治党调研检查；五是关于院庆40周年活动总结；六是关于创办中国社会科学院大学的情况；七是关

　＊　该文系作者 2017 年 5 月 31 日在院属各单位主要领导干部会议上的讲话，原载《院内通报》2017 年 6 月 6 日，收入本书时有改动。

于暑期专题研讨班的安排。

第一个问题：关于学习贯彻习近平总书记"5·17"重要讲话和贺信精神。

去年 5 月 17 日，习近平总书记在哲学社会科学工作座谈会上发表了重要讲话，为我国哲学社会科学的发展指明了方向，提出了战略任务和要求。讲话是关于繁荣发展哲学社会科学的马克思主义纲领性文献，也是指导我院工作的根本性指南。我院当前工作的首要任务就是深入学习好、领会好、贯彻好、落实好习近平总书记"5·17"重要讲话精神。"5·17"重要讲话精神集中到一点，就是加快构建中国特色哲学社会科学，这是以习近平同志为核心的党中央交给我们的战略任务。去年院党组制定了关于贯彻落实习近平总书记"5·17"重要讲话精神的实施方案和细则。今年，院党组又制定了贯彻落实中央《关于加快构建中国特色哲学社会科学的意见》的工作方案。这两个实施方案有重叠的地方，同志们要统筹考虑，抓好贯彻落实工作。院党组对贯彻落实情况严格督办。

今年 5 月 17 日，习近平总书记专门致信祝贺我院建院 40 周年。贺信是继去年"5·17"重要讲话之后又一篇指导我国哲学社会科学繁荣发展，办好中国社会科学院的重要文献。贺信发表以来，在学术界乃至全社会引起了强烈反响。这在我院发展史上具有里程碑意义。我们要在学习"5·17"重要讲话精神的同时，认真学习领会习近平总书记贺信精神，充分认识贺信对我院建设和发展的重大指导意义，进一步提高责任感和使命感。

学习贯彻习近平总书记"5·17"重要讲话和贺信精神，是我院当前工作的首要任务。关于"5·17"重要讲话的主要精神，我在去年的读书班上作了阐释，请同志们深入学习领会。习近平总书记的贺信虽然不长，但言简意赅、含义深刻。关于贺信精神，我初步体会主要掌握四点。一要深刻领会习近平总书记对我院建院 40 年来成就的充分肯定，以更加坚定的政治自觉同以习近平同志为核心的党中央保持高度一致。二要深刻领会习近平总书记对哲学社会科学地位和作用的高度评价，要在新的起点上，作出更大成绩，实现更大作为。三要深刻领会习近平总书记对我院和全国哲学社会科学工作者寄予的殷切希望，牢记使命，不负重托。四要深刻领会贺信提出的繁荣中国学术、发展中国理论、传播中国思想等习近平总书记的政治要求，在理论和实践的双重探索中，为建设马克思主义理论阵地、发挥为党和国家决策服务的思想库作用、加快构建中国特色哲学社会科学作出新的更大的贡献。

开展"5·17"重要讲话和贺信精神的学习落实活动，各单位党委中心组和领导干部要认真学习、深入学习、带头学习。一是要深入研读学。要结合院党组贯彻落实"5·17"重要讲话精神的总体方案和贯彻落实党中央《关于加快构建中国特色哲学社会科学的意见》的工作方案，深入研读领会，把握精神实质。二是要深入思考学。到底怎样办好中国社会科学院，怎样落实习近平总书记"5·17"重要讲话和贺信精神，学科体系、学术体系、话语体系、教材体系怎样建，具体到本单位怎样落实，大家要对照着学，带着问题深入思考。三是要融会贯通学。要把"5·17"重要讲话和贺信精神与习近平总书记关于加快构建中国特色哲学社会科学、关于意识形态工作、关于思想宣传工作等党的十八大以来的一系列重要讲话精神都融会贯通起来学习，把握核心要义。四是要联系实际学。各单位要紧密结合我院和本单位的实际，把"5·17"重要讲话和贺信精神同本单位各项工作任务结合起来，贯彻落实到以科研为中心的各项工作中去。

现在看来，我院绝大多数同志，特别是在座的"关键少数"，对学习贯彻习近平总书记"5·17"重要讲话和贺信精神高度重视。但也有个别同志重视不够，全力推进学习贯彻落实工作不够，甚至有极个别的同志把个人的去留和个人的学术活动放在第一位，而把学习贯彻习近平总书记重要讲话和贺信精神抛在脑后，我希望这样的同志赶紧振奋起来，行动起来。

习近平总书记"5·17"重要讲话和贺信的发表，为我们中国社会科学院的发展提供了一个重大的发展机遇。我们一定要抓住这个机遇：一定要紧紧抓住构建中国特色哲学社会科学这个战略目标和根本任务；

一定要紧紧抓住打造创新工程"升级版"这项重要的实践抓手。这次
新出台的《关于创新工程创新报偿发放的再补充规定》已印发给大家
了。规定很简单，就是科研人员连续两年写不出核心期刊文章，第三年
创新报偿减半，还是没有完成任务，第四年退出创新工程。这是抓创新
工程制度建设的一个重要措施，这对于推进创新工程能发挥很大的作
用。同志们要把这个制度规定传达下去，把工作部署下去，严格贯彻执
行。今年年初，我在院工作会议上讲过，如果在创新工程制度执行上不
严格要求、严格办事，犯"制度退化症"，大搞"放水"，那就是"犯
罪"；一定要抓住人才强院这个重大战略，切实选好人才、进好人才、
育好人才、聚好人才、用好人才。

第二个问题：关于深入贯彻落实党中央《关于加快构建中国特色
哲学社会科学的意见》的工作部署。

近期党中央印发了《关于加快构建中国特色哲学社会科学的意见》
（以下简称《意见》），对加快构建中国特色哲学社会科学作了全面部
署，这是一个纲领性文件。我院有责任在哲学社会科学界发挥构建中国
特色哲学社会科学的引领作用和示范作用。希望大家把贯彻落实《意见》
作为一项重大政治任务，坚决贯彻落实好，抓紧抓细抓实抓出成效。

关于《意见》，党组经过深入调研、精心谋划、反复研究，在广泛
征求意见的基础上，制定了《中国社会科学院贯彻落实〈中共中央关
于加快构建中国特色哲学社会科学的意见〉的工作方案》。工作方案就
我院加快构建中国特色哲学社会科学的指导思想、总体框架、主攻方向
和重点内容，提出了一系列重要举措，明确了路线图、责任状和时间
表。哪个单位负责，都明确提出来了，排在最前面的是责任牵头单位。
抓好落实，重点抓好两项工作：一是毫不动摇地坚持马克思主义的指导
地位；二是加快中国特色哲学社会科学的学科体系、学术体系、话语体
系和教材体系的建设。各单位要结合本单位实际，提出本单位的具体贯
彻方案，切实抓好落实。

第三个问题：关于推进"两学一做"学习教育常态化制度化。

以习近平同志为核心的党中央高度重视"两学一做"学习教育活

动。4月13日，习近平总书记对推进"两学一做"学习教育常态化制度化作出重要指示，从党和国家全局高度充分肯定"两学一做"学习教育取得的成效，深刻阐明了推进"两学一做"学习教育常态化制度化的重大意义、目标任务和基本要求，为我们做好这项工作提供了根本遵循。4月16日，中央又召开推进"两学一做"学习教育常态化制度化工作座谈会，刘云山、赵乐际同志发表重要讲话，对深入学习习近平总书记重要批示精神、推进"两学一做"学习教育常态化制度化作出部署。院党组也印发了实施方案。希望同志们认真组织学习习近平总书记的重要指示精神，学习刘云山、赵乐际同志的重要讲话精神，把"两学一做"学习教育活动真正落实到以科研为中心的各项工作中。院党组决定把"两学一做"学习教育活动纳入院暑期专题研讨班汇报内容，纳入创新工程考核"一票否决"制度中。党组决定，对于"两学一做"不重视、不落实的单位，实行创新工程"一票否决"。这里我把丑话说在前面，如果被"一票否决"了，哭天抹泪地来求情，再想进入，那可就难了。

关于推进"两学一做"学习教育常态化制度化，我再强调以下几点。

第一，要充分认识推进"两学一做"学习教育常态化制度化的重大意义。推进"两学一做"学习教育常态化制度化，是全面从严治党的基础性工程，对于更好地用习近平总书记系列重要讲话武装全党，加强和规范党内政治生活，保持党的先进性和纯洁性，增强党的生机活力，开创中国特色社会主义事业新局面，具有极为重要的意义。推进"两学一做"学习教育常态化制度化，是坚定维护以习近平同志为核心的党中央权威和集中统一领导的必然要求，是深化全面从严治党、加强和规范党内政治生活、迎接党的十九大召开的必然要求，是加快构建中国特色哲学社会科学、办好中国社会科学院的必然要求。推进"两学一做"学习教育常态化制度化，要深入学习习近平总书记"5·17"重要讲话和贺信精神，针对我院党的建设存在的突出问题，坚持思想建党、组织建党、制度治党同向发力、同时发力，在管党治党问题上不断取得新成效，为我院改革发展事业提供坚强保证。

第二，深入把握推进"两学一做"学习教育常态化制度化的基本要求和重点内容。一是把握"一个定位"。就是要把思想政治建设放在首位，把党内经常性教育的重要形式固定下来，推动全面从严治党向纵深发展。二是抓住"两个关键"。第一个关键是抓住"关键少数"，即我院的主要领导干部；第二个关键是各级党组织，特别是基层党支部。三是明确"三个内容"。首先是学什么、怎么学。把学党章党规、学系列讲话作为经常性教育的基本内容，抓好学习和领会，在我院要重点深入学习习近平总书记"5·17"重要讲话和贺信精神，用以指导我院各项工作。其次是做什么、怎么做。要引导党员做到"四个合格"：政治合格、执行纪律合格、品德合格、发挥作用合格。在我院，就是要坚持正确的政治方向和学术导向，增强"四个自信"，牢固树立"四个意识"，在政治上思想上行动上同以习近平同志为核心的党中央保持高度一致。最后是查什么、怎么查。学习教育是为了解决问题。以问题为导向，要通过民主生活会、专题组织生活会、民主评议党员等严格的组织生活查找问题，切实解决问题。四是落实"四项要求"。要落实"三会一课"制度，压实主体责任，强化分类指导，切实搞好融合。

简言之，就是要重点抓好四件事。第一件事是抓学习制度。党委学习中心组每季度要集体学习一次，党委成员每年要发表一篇学习体会文章。要通过党组中心组的学习带动本单位的学习。第二件事是抓"三会一课"制度。支部大会每季度一次，支委会每月一次，党小组会每月一到两次，党内生活每月一到两次，党课每月一次。第三件事是抓主题党日活动。制定好活动方案，开展好活动，强化党员党性观念和宗旨意识、党的意识、党员意识。第四件事是抓两头。一头抓党委，一头抓党支部。这两头落实了，"两学一做"学习教育常态化制度化就落实了。在学习教育活动中坚持不搞形式主义，避免走过场，要重质量、重实效。但我强调不搞形式主义，不是不要任何形式。要把形式和内容很好地结合起来，形式和内容是一致的。

第三，推进我院"两学一做"学习教育常态化制度化，要做到以下几个方面。一是落实实施方案。我院实施方案已印发给大家，请各单位认真按照党组文件要求抓好贯彻落实。二是纳入创新工程考核。党组决定，将开展"两学一做"学习教育情况纳入创新工程考核内容，严格考核。今年院暑期专题研讨班上，各单位要汇报交流"两学一做"学习教育落实情况。三是加强督查指导。院党组成立了6个督导组。党组要在全院开展"两学一做"的督办。四是追责问责。对工作落实不力、搞形式走过场的，甚至存在党支部不开会、党委不学习等现象的，责任在谁那里，就要严肃批评、追责问责，严格处理。

第四个问题：关于开展全面从严治党调研检查。

党组决定从今天开始在院属各单位展开党建工作大调研大检查。目的是总结经验，发现问题，积极整改，努力推进全面从严治党工作。一要总结和发现好的经验和做法，二要分析和查找存在的问题，三要督办落实应该解决的问题。党组派出了六个工作组，就是为了加大全面从严治党的力度，进一步落实院党组《关于落实全面从严治党切实加强党的建设实施意见》及其细则，同时也为办好暑期专题研讨班做好准备。各单位要高度重视，做好各项准备工作。

第五个问题：关于院庆40周年活动总结。

今年是我院建院40周年。在党中央的亲切关怀下，经过全院同志的共同努力，院庆活动取得圆满成功，既隆重热烈，又节俭务实。概括起来，有以下几个特点。

一是规格高。习近平总书记专门致信祝贺我院建院40周年，这是对我院全体同志的巨大关怀，充分体现了以习近平同志为核心的党中央对我院、对哲学社会科学事业的高度重视，为进一步办好中国社会科学院指明了前进方向，提供了根本遵循。中共中央政治局委员、国务院副总理刘延东同志，中共中央政治局委员、书记处书记、中宣部部长刘奇葆同志，代表党中央、国务院出席庆祝大会。刘延东同志宣读了习近平总书记的贺信，刘奇葆同志发表了重要讲话。在历次院庆中，这次活动规格比较高、反响比较好。

二是影响大。院庆期间，《人民日报》、新华通讯社、《求是》杂志社、《光明日报》、中央人民广播电台、中央电视台、中国国际广播电台、新华网、人民网、光明网等中央媒体，对学习习近平总书记的贺信以及我院院庆活动等进行了宣传报道。截至目前，据初步统计，中央主要媒体刊发院庆专题理论文章、长篇通讯和访谈 11 篇，国内主要门户网站转载 120 余次；《中国社会科学报》、中国社会科学网刊发院庆专题文章、新闻稿等 285 篇，仅 5 月 17 日院庆大会召开当天，中国社会科学网点击率就超过了 17 万次。这次院庆宣传声势之大、影响之广，可以说创下了历史纪录，提升了我院在哲学社会科学界乃至全社会的知名度与美誉度，在全国乃至海外都产生了积极影响。

三是效果好。院庆展示了我院建院 40 年来取得的巨大成就，展现了我院哲学社会科学工作者为党为祖国为人民辛勤耕耘、严谨治学、无私奉献的良好形象和时代风貌，彰显了我院在全国哲学社会科学界乃至在全社会的地位，彰显了哲学社会科学在党和国家事业发展全局中不可替代的重要作用。

院庆活动的成功是全院同志共同努力的结果。在这里，我代表党组，特别对在这次院庆活动中付出辛勤努力、作出突出成绩的办公厅、科研局、国际合作局、基建办、图书馆、中国社会科学杂志社、服务中心、直属机关党委、离退休干部局、中国社会科学出版社、社会科学文献出版社、财计局、人事教育局、信管办、世经政所、宗教所，还有中央纪委驻院纪检组提出表扬。院庆期间，我院六个学部和一些研究所（院）也分别举办了主题学术研讨活动，为庆祝建院 40 周年营造了良好的学术氛围。希望受表彰的单位和同志们再接再厉，作出新的更大的成绩。

我们一定要把这次院庆活动转化为内在动力，加快构建中国特色哲学社会科学，努力办好中国社会科学院。经过 40 年的建设，我院已经进入一个新的发展时期。很多同志讲，现在是我院的黄金发展期。为什么说我院正处在黄金发展期？原因有三。一是党中央高度重视。习近平总书记在哲学社会科学工作座谈会上发表了重要讲话，这次又为我院院庆发来了贺信，充分体现了以习近平同志为核心的党中央高度重视哲学社会科学，重视中国社会科学院。二是繁荣发展哲学社会科学的条件越来越好。党中央和国务院为哲学社会科学和我院发展提供了广阔的空间和优良的条件，政策条件从来没有像现在这么好，住房、办公、科研环境和人员待遇也从来没有像现在这么好，物质条件也从来没有像现在这么好。国家对我院经费支持比 40 年前增加了 630 多倍；我来我院时，财政拨款是 7 亿元，现在是 26 亿元，增加了 19 亿元；实施创新工程每年中央财政就给予 7 亿元的经费支持。有这么好的条件，我们有什么理由不把哲学社会科学搞上去！我们要增强责任感使命感，决不辜负党和国家的厚望，全力把各项工作做好。三是当代中国伟大实践为繁荣发展哲学社会科学提供了不竭源泉和实践基础。实现中华民族伟大复兴，推进中国特色社会主义伟大事业、进行具有许多新的历史特点的伟大斗争、全面推进党的建设新的伟大工程，为哲学社会科学研究提供了丰富的素材和不竭的源泉。总之，我院具备了再创辉煌的条件，希望同志们在这样一个大好形势下，心往一处想、劲往一处使，思想要统一、认识要一致、行动要落实，切实把思想统一到习近平总书记和中央对我院的希望和要求上来，统一到党组对我院面临形势的判断和部署上来，一心一意搞发展、心无旁骛抓科研、聚精会神谋创新。我们在座的"关键少数"是想干事的、是能干成事的，希望同志们团结一致，抓住机遇，不负重托，扎实工作，完成好各项任务。

第六个问题：关于创办中国社会科学院大学的情况。

创办中国社会科学院大学，是我们社科院社科人 40 年来的梦想，今天终于实现了。创办中国社会科学院大学是中央交给我们的政治任务，没有中央的关心和支持，我们不可能这么快就把大学申请下来，创办起来。我们要完成好中央交给的任务，举全院之力办好中国社会科学院大学，为加快构建中国特色哲学社会科学培养又红又专的哲学社会科学后备人才。

今年年初以来，为完成创办中国社会科学院大学这一党中央交给我院的重要政治任务，多次召开党组会和院务会，反复研究，确立了努力创建具有中国特色的社会主义"双一流"文科大学的指导思想和办学方针：高举中国特色社会主义伟大旗帜，以马列主义、毛泽东思想、中国特色社会主义理论体系为指导，贯彻落实习近平总书记系列重要讲话精神和治国理政新理念新思想新战略，贯彻落实党的教育方针，贯彻落实《国家中长期教育改革和发展规划纲要（2010—2020年）》，坚持正确的政治方向和教学导向，坚持党的领导，落实全面从严治党要求，加强党的建设；加强学生思想政治工作，加强对学生的马克思主义和中国特色社会主义理论体系、共产主义远大理想、中国特色社会主义共同理想、社会主义核心价值观教育，引导学生为实现中华民族伟大复兴的中国梦而努力奋斗，真正把学生培养成为共产主义接班人和中国特色社会主义的建设者，将中国社会科学院大学办成哲学社会科学后备人才培养的重要基地。

遵照习近平总书记"办好中国的世界一流大学，必须有中国特色"[①]和"扎根中国大地办大学"[②]的指示精神，按照中国特色、世界一流的要求办好中国社会科学院大学，要突出中国特色社会主义文科大学的特色。第一，坚持马克思主义的指导地位。把马克思主义理论教育放在第一位，特别是学习好、理解好、把握好习近平总书记系列重要讲话精神和治国理政新理念新思想新战略。聘用真正坚持马克思主义的领导骨干和教学骨干担任学校各级领导、辅导员和授课教师。加强马克思主义理论教学部和马克思主义学院的建设。第二，坚持党的领导，强化党委领导下的校长（院长）负责制。全面从严治党，加强党委、党的基层组织建设，建设一支坚强的党员领导干部和党员队伍，加强学生中党组织建设、共青团建设，注重发展培养学生党员。第三，坚持正确的办学方向和教学导向。高举中国特色社会主义伟大旗帜，坚持社会主义的办学方向，引导教职员工和学生树立"四个意识"，增强"四个自信"，自觉地在思想上政治上行动上同以习近平同志为核心的党中央保持高度一致。第四，坚持以培养共产主义接班人和中国特色社会主义建设者为根本任务。加强学生思想政治工作，坚定不移地用马克思列宁主

---

① 《习近平谈治国理政》，外文出版社2014年版，第174页。
② 《习近平谈治国理政》，外文出版社2014年版，第174页。

义和中国特色社会主义理论体系、共产主义远大理想、中国特色社会主义共同理想、社会主义核心价值观教育学生，把学生培养成为又红又专、德才兼备、知识全面、信仰坚定、理论扎实的社会主义文科大学的合格毕业生。建设一支过硬的学生思想政治工作队伍。第五，建设一支具有马克思主义理论素养、坚持社会主义方向、学术造诣深厚、注重教书育人、年龄结构合理的一流师资队伍，构建以马克思主义为指导，具有中国特色、中国风格、中国气派的社会主义的学科专业体系和文科教材体系。

以上是党组初步的办学思路，希望同志们进一步思考研究，齐心协力办好大学。

第七个问题：关于暑期专题研讨班的安排。

院党组准备在 7 月 25 日到 7 月底举办暑期专题研讨班，这期暑期专题研讨班的主题是学习贯彻习近平总书记重要讲话精神暨全面从严治党，希望同志们认真做好准备。第一个议题是深入学习贯彻习近平总书记"5·17"重要讲话和贺信精神，研究如何进一步加快构建中国特色哲学社会科学。各单位就如何学习贯彻习近平重要讲话和贺信精神，如何贯彻院党组关于学习贯彻落实习近平"5·17"重要讲话的工作方案和落实中央关于构建中国特色哲学社会科学意见的工作方案，作一个全面总结。会议先听取各单位汇报，交流经验，再统一布置下一步工作。第二个议题是在全面从严治党调研检查基础上，对我院全面从严治党形势作一个深入全面的总结。表彰先进，批评落后，总结经验，查找问题，对于进一步抓好全面从严治党做全面部署。各单位党委要对本单位全面从严治党进行全面总结检查，做了哪些事情，有哪些成功的经验和做法，存在哪些问题，下一步怎么整改，做到心中有数，会上也要汇报。各单位都要准备好上述两个议题的汇报材料。

同志们，以上几个方面的工作很重要，任务十分繁重。希望大家高度重视，科学安排，扎实推进，力求实效，以优异的工作成绩向党的十九大献礼！

加快构建中国特色哲学社会科学评价体系*

今天，我们在这里举行中国社会科学评价研究院的揭牌仪式。成立中国社会科学评价研究院，是院党组为了全面贯彻落实习近平总书记"5·17"重要讲话和贺信精神，基于中国社会科学院的功能定位和发展战略作出的一项重大战略性决策。利用这个机会，我代表院党组热烈祝贺中国社会科学评价研究院的成立！下面，我就中国社会科学评价研究院下一步发展提几点要求。

第一，坚持正确的政治方向和评价导向。

哲学社会科学研究具有鲜明的政治和意识形态属性，开展哲学社会科学评价，必须将坚持正确的政治方向和评价导向放在首要位置，这是院党组对办好中国社会科学评价研究院第一位的政治要求。办好中国社会科学评价研究院，一定要牢固树立"四个意识"，坚持以马克思主义为指导，全面贯彻落实习近平总书记系列重要讲话精神和治国理政新理念新思想新战略，全面贯彻落实"5·17"重要讲话和贺信精神，努力把中国社会科学评价研究院打造成马克思主义和党的意识形态的坚强阵地，建设成中国特色哲学社会科学最权威的评价机构，加快构建并完善中国特色哲学社会科学评价体系。

当前特别需要注意的一个倾向性问题是，在我国哲学社会科学评价领域存在着严重的"去政治化""去意识形态性"问题，以所谓的纯指标、数字和排名的定量评价，来取消学术评价正确的政治方向和意识形

* 该文系作者 2017 年 7 月 21 日在中国社会科学评价研究院揭牌仪式上的讲话，原载《院内通报》2017 年 7 月 25 日，收入本书时有改动。

态导向，偷梁换柱，用所谓"西方标准"对我国哲学社会科学评价进行错误引导，以排斥和取代党在学术评价领域的领导地位和马克思主义的指导地位。中国社会科学评价研究院一定要头脑清醒、是非清楚、旗帜鲜明。我们的学术评价工作一定要讲政治、讲方向、讲原则、讲党性，把握好正确的政治方向和评价导向，将政治导向寓于学术评价工作之中，发挥好学术评价的政治指挥棒作用。

第二，确立远大的奋斗目标和扎实的具体举措。

作为哲学社会科学的有机组成部分，哲学社会科学评价体系的发展水平是一个国家软实力的重要体现，是衡量和评价一个国家软实力的重要尺度。习近平总书记在哲学社会科学工作座谈会上指出，我国是哲学社会科学大国，研究队伍、论文数量、政府投入等在世界上都是排在前面的，但目前在学术命题、学术思想、学术观点、学术标准、学术话语上的能力和水平同我国综合国力和国际地位还不太相称。加快构建全方位、全领域、全要素的中国特色哲学社会科学体系，不仅需要推进学科体系、学术体系、话语体系的建设和创新，也需要推进评价体系的建设和创新。正是在这次座谈会上，习近平总书记明确提出了建立科学权威、公开透明的哲学社会科学成果评价体系的战略要求。

"志不强者智不达。"树立目标至关重要，它不仅可以激发前行的动力，而且可以砥砺奋斗的意志。我们的目标是，以"制定和完善中国哲学社会科学评价标准，承担和协调中国哲学社会科学学术评价，构建和确立中国特色哲学社会科学评价体系"为责任，着力构建中国特色哲学社会科学权威评价体系，努力把中国社会科学评价研究院建成"国内领先、国际知名"的社会科学评价研究机构。联系当前中国哲学社会科学评价现状，为实现这一目标，中国社会科学评价研究院任重道远：不仅要制定科学、透明的评价规则，制定、申报并确立国家评价标准，努力打造对科研成果、科研项目、科研机构、学者以及相关机构委托的评估业务等进行科学评价的平台，同时还要积极参与国际学术评价标准制定，在国际学术舞台上发出哲学社会科学评价的中国声音，努力掌握国际学术评价话语权，占领国际学术评价制高点。

中国社会科学评价研究院要以扎实具体的举措确保评价研究院奋斗目标的实现。一是要以学习促发展。加强马克思主义理论学习，学习好习近平总书记系列重要讲话精神和治国理政新理念新思想新战略、习近平总书记"5·17"重要讲话和贺信精神，领会好习近平总书记关于加强学术评价、构建哲学社会科学评价体系的论述。二是要以党建带队伍。评价研究院要认真贯彻《中国社会科学院研究所党委工作条例》和《中国社会科学院研究所所长工作条例》，强化主体责任与监督责任，推进意识形态责任制，保证中国社会科学评价研究院在正确的道路上健康发展。三是要以创新谋发展。把创新发展作为引领评价研究院各项工作的重要抓手，构建中国特色哲学社会科学评价体系。四是要以外联扩影响。勇于承担党中央国务院有关部门涉及学术和公共政策等领域的第三方评估工作，积极开展各类合作研究，逐步确立评价研究院在哲学社会科学评价领域的权威地位。

第三，培养又红又专的人才和过硬的队伍。

工欲善其事，必先利其器。要做好哲学社会科学评价工作，迫切需要培养和造就一支政治可靠、专业过硬的评价队伍，这既是开展哲学社会科学评价的基础性工作，也是开展哲学社会科学评价的关键性任务。打铁还需自身硬。从事评价研究的同志要具备政治上过硬、学术上过硬、业务上过硬和品德上过硬这四个方面相统一的优良素质。

中国社会科学评价研究院要进一步加强队伍建设，下大力气抓好人才引进、培养和使用工作，以更好地适应越来越繁重和艰巨的评价工作。

中国社会科学评价研究院的全体人员要树立高度的政治使命感和学术责任感，精诚团结，同舟共济，始终坚持忠诚、敬业、奉献的评价价值观，始终坚持团结、创新、开放的评价文化理念，始终坚持公平、公正、公开的评价行为准则。

同志们，对我们来说，哲学社会科学评价是一个新兴的学术领域，是一块尚待深入开发的学术处女地。在开展哲学社会科学学术评价方面，我们都还是新手，需要认真学习和积极探索。中国社会科学评价研究院要有责无旁贷、舍我其谁的学术勇气，不仅要在哲学社会科学评价理论探索上大胆创新，而且要在哲学社会科学评价应用的实践上有所作为。要努力构建和完善中国特色哲学社会科学评价标准和评价体系，探索和创新我国哲学社会科学评价原理和方法论，以指导我国哲学社会科学的评价实践。

最后，我预祝中国社会科学评价研究院越办越好，取得更大成绩！

以习近平新时代中国特色社会主义思想为指导，开启中国特色哲学社会科学传播新征程*

在全党全国深入学习宣传贯彻落实党的十九大精神的形势下，我院召开第八届学术传播阵地名优建设工程工作会议，这是在关键时刻召开的一次十分重要的会议。会议的主题是：高举中国特色社会主义伟大旗帜，以马克思列宁主义、毛泽东思想、邓小平理论、"三个代表"重要思想、科学发展观、习近平新时代中国特色社会主义思想为指导，聚焦党的十九大报告提出的推进马克思主义中国化时代化大众化、加快构建中国特色哲学社会科学、加强中国特色新型智库建设三大任务，总结我院名优建设工作，明确新时代推进名优建设工程的思路、标准、目标和举措，加快构建中国特色哲学社会科学高端权威传播平台，开启中国特色哲学社会科学传播新征程。

下面，我讲三个问题。

一 名优建设工程的成绩、经验和问题

我院名优建设工程自 2008 年启动以来，以名优建设工作年度会议和名优建设工作督办例会为抓手，已走过了 9 年的历程，涵盖了报刊出版馆网库志和学术评价，名优建设工程的内涵和外延不断丰富，名优成果的质量和效益不断提升，名优品牌的知名度和影响力不断扩大。我代

＊ 该文系作者 2018 年 1 月 12 日在 2017 年度学术传播阵地名优建设工程工作会议上的讲话，原载《院内通报》2018 年 1 月 16 日，收入本书时有改动。

表院党组对在名优建设工作中付出辛劳的同志们致以崇高的敬意和衷心的感谢！

（一）名优建设工程成绩显著

实施名优建设工程是院党组坚持马克思主义，加强中国特色哲学社会科学传播阵地建设的一项全局性、战略性举措。2017 年，在院党组的统一领导部署下，各名优建设单位认真学习贯彻党的十九大精神、习近平总书记"5·17"重要讲话精神和贺信精神，推动名优建设工作实现了新突破。

《中国社会科学报》引领中国特色哲学社会科学学术体系、学科体系和话语体系的创新。2017 年，坚持正确的政治导向和学术方向，深入学习习近平新时代中国特色社会主义思想和贯彻党的十九大精神，开设"学界喜迎十九大""喜迎建院 40 周年"等专栏，组织刊发《习近平新时代中国特色社会主义思想指引中国新征程》《"5·17"讲话与中国特色哲学社会科学建构》等 20 余期特别策划。继续巩固一批名栏、名版的特色和优势，学术影响力和社会影响力不断扩大，2017 年荣获中国新闻奖，实现了重要突破。

院属期刊国内国际影响力不断增强。2017 年，全院 37 家期刊设立了马克思主义专栏，刊发马克思主义理论文章 720 余篇，刊发批判错误思潮文章 240 余篇。《中国社会科学》获得第四届中国出版政府奖，《世界经济与政治》获得第四届中国出版政府奖提名奖。全院 54 种期刊入选南京大学新版 CSSCI 来源期刊，比上版增加 1 种。全院 12 种期刊入选中国知网"最具国际影响力学术期刊"，7 种期刊入选"国际影响力优秀学术期刊"，占全部上榜社科期刊的近 1/6。

院属出版社实现社会效益和经济效益持续双丰收。院属出版社唱响主旋律，传递正能量。推出"中社智库""理解中国""皮书""列国志"等系列品牌图书，图书"走出去"工作取得优异成绩。加快数字化转型升级，推动数字出版融合发展。中国社会科学出版社和社会科学文献出版社分别获得第四届中国出版政府奖图书奖和优秀出版人物奖。

2017 中国图书海外馆藏影响力排名中，中国社会科学出版社和社会科学文献出版社分别名列第一和第二。

院图书馆服务科研能力不断增强。文献信息资源建设持续优化，纸本收藏量达到 160 多万册，数据库近 150 个，形成较为完善的文献保障体系。信息服务实现多样化、精准化和免费化，服务水平不断提高。信息化基础设施建设大力推进，网络出口带宽从 300 兆提升至 1 千兆，全院机房管理实现五年"零事故"。技术保障和安全保障能力持续提高，支撑了中国社会科学网及各单位 80 余个站点的稳定运行，妥善应对和处置了各类安全问题。国家哲学社会科学文献中心上线，公益性学术信息服务迈上新台阶。

中国社会科学网成为知名学术理论网站。在开展网络宣传报道、理论阐释、社会思潮引导等方面进行了积极探索，创新品牌栏目，点击量大幅上升，社会影响力不断增强。截至 2017 年 11 月底，网站总阅读量突破 6 亿次。媒体融合取得较大进展，学术传播移动端建设不断推进，"全院一网"布局和跨平台、多形式、差异化的新媒体传播矩阵正在形成。

海量数据库建设实现新突破。国家哲学社会科学学术期刊数据库成为国内最大的开放获取期刊数据库，目前收录期刊近 2000 种，上线论文 700 余万篇，总点击量近 3 亿次。国家哲学社会科学文献中心门户网站检索次数近 1000 万，文献下载量超过 1000 万篇，影响力迅速扩大。院海量数据库建设工程（一期）项目建设完成，科研成果数据库、馆藏文献数据库、社会调查数据库、古籍善本数据库上线服务，整合各类数据超过 1 亿条。

名志建设成效显著。依法治志，推动国务院办公厅制定《全国地方志事业发展规划纲要（2015—2020 年）》，把全国地方志工作纳入法治化轨道。出台首部全国方志馆建设的指导性文件，在全国建成 586 家方志馆，"方志中国"主题展览对外开放。中国国情网、中国地情网、中国方志网、《中国方志》报等方志文化传播阵地相继建成并产生重大影响。以国家利益为导向，实施《中国抗日战争志》国家社科基金专项工程、举办"南海主权，有志为证"论坛，编纂《中国南海志》《三沙市志》。举办首届中国地情论坛、名镇论坛、名村论坛，实施中国名镇志文化工程等全国地方志"十大工程"和中国方志文化走向世界工程，在国内外产生积极影响。

评价研究院着力构建中国特色哲学社会科学权威评价体系。评价研究院以转型谋规划，以学习促提升，以党建带队伍，以国标树权威，以创新助发展，以外联扩影响。首创我国人文社会科学期刊评价指标 AMI 体系并不断丰富完善，全面建设全国人文社科期刊评价专家委员会与智库成果评价专家委员会。申请"人文社会科学期刊评价导则"和"智库评价导则"。首创全球与国内智库综合评价指标体系，发布《全球智库评价报告》。中国特色哲学社会科学权威评价体系正在加快构建。

（二）名优建设工程经验弥足珍贵

名优建设工作取得的成绩来之不易，积累的经验可以归纳为以下几点。一是以加强阵地建设为根本，始终坚持正确的政治方向和学术导向。我院学术传播平台始终坚持以马克思主义为指导，牢牢把握意识形态主导权，确保了我院马克思主义坚强阵地和意识形态重镇的地位不断巩固。二是以人民为中心，始终坚持学术传播的党性和人民性的统一。我院学术传播平台始终坚持为人民做学问的传播宗旨，始终服务于广大人民群众的根本利益，服务于党和政府的决策，服务于中国特色社会主义，服务于实现中华民族伟大复兴的中国梦。三是以质量建设为抓手，推进学术传播工作科学化、制度化和规范化。加强纪律约束，完善规章制度，严守学术规范。以一流的采编质量和学术质量引领学术发展，巩固我院报刊出版馆网库志和学术评价的权威学术地位。四是以改革创新为动力，改革体制机制，促进各类学术传播平台取长补短、融合发展。适应院信息化建设的新变化和名优建设工程的新要求，不断改革我院信息化管理体制，充分发挥信息化管理办公室统筹规划协调职能。强化互联网思维和创新思维，推动媒体融合发展。提高各类资源配置效率和共享水平，形成"一网一库一平台"的信息化建设总方针，推动名优建设工作不断迈上新台阶。五是以增强理论学术引领力为目标，占领哲学社会科学研究和传播制高点。打造高端权威学术传播平台，引领哲学社会科学发展方向，推动中国特色哲学社会科学学术体系、学科体系、话语体系创新。我院在名优建设工作方面的基本经验，体现了对新时代哲学社会科学理论研究和学术传播的规律性认识，要作为加强和推进名优建设工程的基本思路长期坚持。

（三）名优建设工程存在问题不容忽视

在充分肯定成绩的同时，我们也要清醒地认识到，名优建设工作离中央对我院"三个定位"的要求还有较大差距，还存在不少需要改进的地方，主要表现在以下几个方面。一是"不讲政治"的现象还没有完全消除。极个别从业人员追求"纯学术""去政治化""淡化意识形态"的问题依然存在，意识形态领域的主导权还不够强，社会主义意识形态的凝聚力和引领力发挥还不够充分。二是"轻传播"的现象不同程度地存在。有的单位"只会生孩子，不会取名字"，只重视学术产品的生产，不重视学术产品的传播推广，名优建设的品牌效应发挥不足；有的单位懂人文社会科学的信息化专业人才、会策划懂市场的经营人才还比较缺乏；有的单位负责人不重视传播阵地的信息化项目建设，当甩手掌柜，结果是"立项时不清不楚，结项时拖来拖去"，影响我院信息化建设总体进程。三是名优建设标准不够明确和健全的问题比较突出。传播阵地的建设随意性较强，建设标准需要进一步统一和明晰，管理科学化规范化制度化水平有待进一步提高。利用出版权和评价权进行寻租的风险隐患依然存在，"人情稿""关系稿"的现象时有发生。四是"各自为战，缺少协同"的情况较为普遍。学术传播阵地建设统筹规划不够，信息化管理体制机制还需进一步理顺。各名优建设单位各自为战，协同传播意识不强，学术传播尚未形成合力。信息基础设施重复建设，数据资源共享程度和使用效率偏低。五是名优建设利用现代技术手段创新不足的问题亟待改变。我院信息网络基础设施还比较落后，管理信息化、科研信息化和名优建设数字化水平有待提高，传统媒体和新兴媒体融合发展还需摸索。对于上述问题，我们必须高度重视，认真加以解决。

二　名优建设工程的新任务

中国特色社会主义进入新时代，哲学社会科学的研究和传播也迎来了新机遇。名优建设工程是我院的生命工程，我们一定要站在时代潮头，深刻把握新时代出现的新变化和新要求，增强做好名优建设工作的自觉性和主动性，明确新任务，形成新思路，不断巩固我院学术传播阵地和传播平台的高端权威地位。

（一）　新时代迫切需要把研究传播贯彻习近平新时代中国特色社会主义思想作为首要政治任务

全面贯彻落实党的十九大精神是当前和今后一个时期的首要政治任务。党的十九大承前启后、继往开来，对决胜全面建成小康社会作出战略部署，描绘了全面建设社会主义现代化强国的宏伟蓝图，必将成为党史、国史、科学社会主义发展史、人类文明发展史上的重要里程碑。党的十九大明确回答了在新的历史起点上举什么旗、走什么路、以什么样的精神状态、担负什么样的历史使命、实现什么样的奋斗目标的重大问题，充分体现了我们党坚持走中国特色社会主义道路的坚定信念和强大定力，为全党全国各族人民指明了在新的历史起点上团结奋斗的前进方向。

党的十九大最重大的理论成就和历史贡献，就是把习近平新时代中国特色社会主义思想确立为党必须长期坚持的指导思想。习近平新时代中国特色社会主义思想系统回答了新时代坚持和发展中国特色社会主义的一系列重大基本问题，提出了一系列重要思想、重要观点、重大战略、重大举措，为中国特色社会主义注入了新的科学内涵，实现了马克思主义基本原理与中国具体实际相结合的新飞跃，是 21 世纪中国的马克思主义，是马克思主义中国化最新成果，是全党全国人民在新时代坚持和发展中国特色社会主义、为实现中华民族伟大复兴的中国梦而奋斗的思想武器和行动指南。

深入研究传播习近平新时代中国特色社会主义思想，是新时代加快构建中国特色哲学社会科学的头等大事，也是抓好重要学术传播阵地名优建设工程的首要政治任务。名优建设单位要在学懂、弄通、做实上下功夫，不但要学习好、研究好、落实好，更要传播好。聚焦传播习近平新时代中国特色社会主义思想作为党的指导思想的重大历史意义、理论意义和现实意义，聚焦传播习近平新时代中国特色社会主义思想形成的理论体系，聚焦传播习近平新时代中国特色社会主义思想的继承性、创新性和时代性，聚焦传播习近平新时代中国特色社会主义思想的人民立场，聚焦传播习近平新时代中国特色社会主义思想的丰富内涵和基本方略。

（二）新时代迫切需要创新学术传播的内容和形式，增强社会主义意识形态凝聚力和引领力

党的十九大报告强调要牢牢掌握意识形态工作领导权，建设具有强大凝聚力和引领力的社会主义意识形态，落实意识形态工作责任制，加强阵地建设。同时还强调要高度重视传播手段建设和创新。我院作为马克思主义坚强阵地和意识形态重镇，必须创新学术传播的内容和形式，努力做好新时代意识形态工作。

创新学术传播内容和形式，抓好学术传播阵地名优建设工程，是牢牢把握社会主义意识形态主导权和意识形态工作领导权的重要环节。一方面，我们要把马克思主义旗帜高高地插在中国社会科学院学术传播的阵地上。我们的学术传播阵地要有"主心骨"和"火眼金睛"，发表什么、不发表什么，赞成什么、不赞成什么，传播什么、批判什么，都要做到胸有成竹，心有定见，"任凭风吹浪打"，"我自岿然不动"。另一方面，我们必须清醒地看到，随着时代的变化和社会的进步，传统型的传播方式和单一化的传播手段已经变得不再适应时代的要求。这就要求

我们深入研究新时代学术传播规律，形成互动式传播，打造现代化的传播方式，运用多样化的传播手段，不断提升学术传播效果，不断提升社会主义意识形态的吸引力、凝聚力和引领力。具体来说，一是我院各名优建设单位要创新传播体裁、内容、手段、形式、业态，推动信息内容、技术应用、平台终端、人才队伍共享融通，构建多平台、立体化的学术传播矩阵，建设具有强大公信力、传播力、影响力的学术传播阵地。二是我院各名优建设单位要适应新时代学术传播日益分众化、差异化、精准化的深刻变化，树立面向受众的传播理念。结合本单位业务实际，认真调研受众的年龄结构、职业差异、阅读习惯等特征，打造针对不同目标群体的传播内容、传播形式、传播平台，不断增强把握学术传播时度效的能力。

（三）新时代迫切需要锻造名优建设工程新优势，为加快构建中国特色哲学社会科学、加强新型智库建设提供新支撑

实现建设社会主义现代化强国的宏伟蓝图，迫切需要名优建设工程利用新的技术手段，为发展哲学社会科学和加强智库研究提供更加有力的技术支撑。哲学社会科学的发展不应该滞后于国家战略的制定和政策举措的实施，不能满足于事后的政策解读或效果验证，更不能一味地基于西方理论和方法寻找"学术"依据，而是需要通过锻造名优建设工程新优势，实现理论升级和技术创新，在构建中国理论、进行战略规划、预测发展结果等方面作出新贡献。新型智库建设不应停留在经验判断的层面上进行主观预测，也不应采取零敲散打的方式进行政策评估，而是需要通过锻造名优建设工程新优势，提供新工具和新方法，解决制度设计、政策实施的有效评估问题，促进政府决策科学化、社会治理精准化和公共服务高效化。

我院打造名优建设工程以来，从"四名"到"八名"，从期刊到数据库，从数据到评价，从网下到网上，形成了学术研究和传播的整体优势。但我们必须清醒地看到，目前各大高校和科研单位在哲学社会科学

平台搭建、学科建设、技术创新、人才引进等方面加快了步伐，竞争越来越激烈，我院名优建设工程的传统优势不再突出，迫切需要按照"人无我有，人有我优，人优我特"的原则，建设新名优，锻造新优势。

我院名优建设工程的新优势如何锻造呢？以习近平同志为核心的党中央早已作出了实施网络强国战略等重大部署，党的十九大报告反复提及互联网、大数据、人工智能等概念，党的十九大后中央政治局第二次集体学习更是提出了"加快建设数字中国"的号召，党中央的这些战略部署为我们锻造新优势指明了方向。我院名优建设工程必须紧跟时代步伐，围绕新时代中国特色社会主义建设过程中面临的重大问题，把大数据、人工智能等最新技术与哲学社会科学和智库研究相融合，对名优建设工程汇聚的海量数据通过综合集成实验的方式进行更加科学和有深度的研究加工，提出更多体现中国智慧的思想主张和实践方案，锻造名优建设工程的新优势，培育我院在学术研究方面新的核心竞争力。

从 2008 年起，我们就启动了社会科学综合集成研究，尝试在钱学森先生的"综合集成研究方法论"的框架下把专家体系、信息与知识体系以及计算机体系相结合，把定性判断和数据计算相结合，构建一个高度智能化的人机结合体系，运用互联网海量数据和模拟计算技术解决社会科学复杂适应性难题，提出了"一网一库一平台"的信息化建设总思路。多年来，先后成立了 27 个哲学社会科学实验室，取得了大量研究成果，保持了在相关研究领域的先发优势。然而，由于实验室之间缺少集成，大数据、云计算和人工智能等技术运用不足，体制机制不顺等原因，综合集成实验室的优势还没有得到充分发挥。

未来，我们要用两到三年，甚至更长时间，着力打造综合集成实验室平台，加快推进中国特色哲学社会科学的综合集成研究。信管办要牵头各相关部门，尽快制定综合集成实验室平台的建设规划和实施方案，理顺工作机制。要组织院内外各方面专家，着力建立社会科学系统工程化研究机制和体系，构建数据驱动的社会科学研究模式，研制社会科学仿真模型，建立我国公共政策施政效应评价模型，围绕国家社会经济发展和国家治理进程中的重大问题，主动挖掘多元数据，搭建社会主体间的联系网络，开发智能化的社会科学研究平台，提供社会系统的仿真模型，实现对社会科学研究对象的精准量化。

（四）新时代迫切需要制定科学严格的名优建设标准，为打造哲学社会科学高端权威传播阵地提供建设依据

新时代要有新气象，新时代要有新作为。打造哲学社会科学高端权威传播阵地，必须坚持政治标准、学术标准、创新标准、影响力标准、科学管理标准的统一，以科学严格的建设标准，夯实高端权威传播阵地的建设基础。

坚持政治标准，就是要坚持以马克思主义为指导，坚持以人民为中心的研究和传播导向，高高举起中国特色社会主义伟大旗帜，增强政治意识、大局意识、核心意识、看齐意识，推动习近平新时代中国特色社会主义思想深入人心，旗帜鲜明反对和抵制各种错误思潮和错误观点。

坚持学术标准，就是要站在历史与时代的制高点，以我们正在做的事情为中心，以重大理论与现实问题为主攻方向，体现继承性民族性、原创性时代性、系统性专业性，在学术命题、学术思想、学术观点、学术标准、学术话语上狠下功夫，提炼标识性概念，设置前沿性议题，打造富有中国特色、体现思想原创的新概念、新范畴、新表述，推出一批具有世界一流水准的精品力作，培养一批享誉海内外的学术名家。

坚持创新标准，就是要牢牢抓住学术创新这个"牛鼻子"，推动内容创新、平台创新、管理创新、体制创新，向改革要动力，以创新求发展，深入研究学术传播规律、新闻舆论传播规律、网络传播规律，积极探索顺应新技术变革的学术传播新理念、新路径、新方法，努力构建全方位、多层次、立体化的学术传播体系。

坚持影响力标准，就是要以提高哲学社会科学研究成果的传播力、引导力、影响力、公信力为目标，加强学术传播能力建设，讲好中国故事，传播好中国声音，阐释好中国特色，推进马克思主义中国化时代化大众化，增强中国特色社会主义的凝聚力和吸引力，大力实施"中国

学术走出去"战略，开创对外学术交流新局面。

坚持科学管理标准，就是要适应互联网、云计算、大数据时代的管理理念，加强顶层设计，加强统一领导、统一指挥、统一管理，打破所局业务壁垒和信息资源壁垒，实现人、财、物集中、统一、高效的使用和管理，避免重复性建设、低水平建设。要加强对项目建设的调研、跟踪、监督、评估，以严格、严密、严谨的管理确保项目实施的质量。

三　名优建设工程的新目标

（一）对照标准，名优建设工程要有新目标

2018 年是贯彻党的十九大精神的开局之年，是改革开放 40 周年，是决胜全面建成小康社会、实施"十三五"规划承上启下的关键一年。我院名优建设各单位，要以高度的政治责任感和强烈的历史使命感，按照本次会议将要讨论形成的政治标准、学术标准、创新标准、影响力标准、科学管理标准，扎扎实实推进各项工作，努力开创我院哲学社会科学传播工作的新局面。

《中国社会科学报》要大力宣传和积极阐释习近平新时代中国特色社会主义思想，坚持正确的政治方向，坚持正面阐释为主，敢于批判错误观点和错误思潮。要主动设置前沿性议题，积极引导学术界提炼标识性概念，加快构建中国特色哲学社会科学学科体系、学术体系和话语体系。要努力打造一批具有重大学术影响、社会影响和国际影响的重磅文章、品牌栏目、特色版面。要创新传播手段和管理体制，推动报刊网库深度融合，实现报、刊、网、论坛、微博、微信、视频等传播手段的联动。

院属学术期刊要旗帜鲜明地坚持马克思主义的指导地位，聚焦新时代中国特色社会主义面临的重大理论和现实问题，立足中国实践，面向学术前沿，开展选题策划。要坚持开门办刊，坚守学术诚信，严格审稿流程，确保编校质量，提高学术期刊公信力、影响力。要推动刊网库融

合，培养编辑人员利用新技术新平台新应用的本领，不断扩大学术期刊的社会影响力。要加强对外学术传播能力建设，提高学术期刊国际化程度，积极扶持一批具有重要国际影响的英文学术刊物。要调动编辑人员的工作热情，完善编研结合办刊机制，建设一支政治坚定、业务精湛、眼光犀利、思维活跃的编辑队伍。

院属出版社要坚持正确的政治方向和出版导向，坚持走哲学社会科学专业出版道路，打造优秀学术出版品牌，构筑中国学术话语出版传播平台，努力建设国内一流、国际知名的哲学社会科学学术出版强社。加快构建把社会效益放在首位，社会效益和经济效益相统一的现代出版机制。要加强重大选题策划，推出一批反映新时代特征、具有鲜明中国特色的精品图书，加大学术外译出版力度，推进数字出版转型，开辟学术图书出版的广阔空间。

院图书馆要按照院党组确定的"一网一库一平台"信息化建设总方针，不断加强哲学社会科学图书文献、网络、数据库等基础设施和信息化建设，全面建设国家哲学社会科学文献中心，努力成为馆藏特色突出、资源全面合理、设施先进完善、服务精准有效的哲学社会科学专业名馆。要提升文献信息资源的覆盖率和保障率，加强特色资源馆藏建设、学科专业馆藏建设和重点领域馆藏建设，加强网络、机房、应用系统等信息化基础设施建设，为全国和我院哲学社会科学研究及智库建设提供个性化、精细化、专业化服务。

中国社会科学网要致力于打造全球最大的学术门户网站，努力建成全球学术资讯的权威集散地、哲学社会科学优秀成果的高端发布平台、中国学术走向世界的重要桥梁以及主流意识形态的传播阵地。要增强主动设置议题、做好主题宣传、引导社会舆论的能力，建设学术特色鲜明、学科覆盖面广、学术资源丰富、服务功能齐全的学术名网，巩固全国重点理论网站的地位。要加强学术资讯报道的及时性、原创性、学理性，重点打造名家、名刊、名院所、名学会、名智库等品牌栏目，利用文字、图片、视频、音频、动画等多种形式，以及微信、微博、客户端等多种平台，拓宽学术传播新渠道。

哲学社会科学综合集成海量数据库要运用互联网、大数据等先进技术，建设我国哲学社会科学领域学科覆盖面广、数据量大、信息种类齐全、特色突出、便捷易用的哲学社会科学海量数据库。要做大做强国家期刊库，完善科研成果数据库，建设社会调查数据库，完善古籍善本数据库，建设国家新方志数据库等重要数据库。要按照方便快捷的原则，提供多层次、全方位、"一站式"信息服务，促进文献信息资源的开放共享、深度利用，不断提高数据库用户数和使用率，争取用三到五年的时间，建成顶级哲学社会科学数据库。

地方志工作要从单纯修志编鉴向"志、鉴、馆、网、库、用、刊、会、研、史""十业并举"转变。到 2020 年要实现省省有志鉴、市市有志鉴、县县有志鉴的目标。启动《中华人民共和国志》编纂可行性研究。推动出台《中华人民共和国地方志法》。积极推进国家方志馆黄河分馆和长江分馆建设。制定《地方史工作规定》，逐步把地方史纳入地方志工作范畴。推进全国信息方志与数字方志建设工程，建设集全国方志信息发布、中国地情资源宣传、中国国情教育展示于一体的网站集群。推动方志学一级学科建设，依托中国社会科学院大学设立方志学专业，与高校、科研院所合作培养方志学硕士、博士，加大方志学博士后科研工作站建设力度，为地方志培养人才、储备力量。

中国社会科学评价研究院要坚持政治评价标准第一，按照公平、公正、公开、科学的评价原则，加快构建中国特色哲学社会科学评价体系，占领学术评价制高点，掌握学术评价话语权，建设国内领先、国际知名的哲学社会科学评价研究机构。要进一步完善学术期刊评价标准，打造中国最权威、最公正、最科学的学术期刊评价指标体系，巩固期刊评价和智库评价的权威地位，开拓机构评估、人物评价、学科评价等领域，充分发挥学术评价的研究导向功能。要适应网络发展的需要，探索打造哲学社会科学网络学术文章评价标准和评价系统。要加强国际合作，积极参与国际学术评价标准的制定，确立我院《全球智库评价报告》的权威地位，探索若干标志性的第三方评估项目。

（二）落实标准，名优建设工程努力做到三个强化

第一，强化责任担当，形成人人担当、层层负责的工作机制。我院学术传播阵地名优建设工程必须牢固树立"四个意识"，坚定"四个自信"，落实名优建设主体责任，从党和国家工作大局出发，从我院工作全局出发，高度重视，敢于担当，做到守土有责、守土负责、守土尽责。

为官避事平生耻。列宁曾指出："徒有其名的党员，就是白给，我们也不要。"[①] 何为徒有其名？说到底，就是缺乏担当精神。名优建设单位的担当主要体现在"四个面对"上。一是面对大是大非是否敢于亮剑，有没有正确立场和鲜明态度，特别是面对否定四项基本原则的错误观点时，是否敢于亮剑并给予有理有据的正面回应。二是面对名优建设的困难和短板是否敢于迎难而上，能不能正视我院学术产品传播品牌不强、传播效果不佳、传播手段落后等问题，克服得过且过、"不出事就是成大事"的惰政懒政思想，敢于正视问题，直面矛盾，在关键时刻豁得出去，冲得上去，真正把名优建设工程打造成我院的金字招牌，真正扩大我院学术产品的社会影响力。三是面对名优建设工程中的腐败现象和腐败苗头等问题，是否敢于斗争。要高度警惕名优建设单位所拥有的出版权和评价权背后的腐败风险，高度警惕信息化项目采购中的甩手掌柜、吃回扣等问题，要制定阳光采编、阳光采购等切实有效的制度规定加以防范。四是面对名优建设工程中存在失误或错误是否敢于追责问责，对信息系统建设、文献资源采购等方面存在的重复建设、良莠不齐等问题是否敢于追责问责。在这个问题上院党组的态度是十分明确的，一旦名优建设的质量出现严重问题，必须追究责任。

名优建设工程是"班子工程"和"一把手工程"，各责任单位的主要负责同志不但是"关键少数"，也是"关键担当"，要作出表率，不但要冲锋在前，勇于担当，而且要旗帜鲜明为那些敢于担当、踏实做事、不谋私利的干部撑腰鼓劲，在单位自上而下树立担当精神。这次会

---

① 《列宁全集》第 37 卷，人民出版社 2017 年版，第 217 页。

议通过讨论，把名优建设标准确定以后，各单位要对照标准细化责任，明确责任目标，形成路线图和时间表，要切实明责知责，全面履责尽责，严格考责问责，确保任务到岗、责任到人、担当到位，形成人人担当、层层负责的工作机制。

第二，强化顶层设计，形成学术传播阵地规划管理的一盘棋格局。我们在名优建设特别是在信息化建设方面投的钱不少，但效果还不是很明显。我看，主要问题是缺少具体可操作的顶层设计和总体规划，好钢没有用在刀刃上。在学术传播上，统一规划、强强联合比零敲碎打、单打独斗效果要好，要在这方面拿出些办法来，彻底摆脱部门利益的束缚。抱着宁为鸡头、不为凤尾的想法，抱着自己拥有一亩三分地的想法，形不成合力，是难以成事的。要在强化顶层设计的基础上，推动强强联合、协同建设，不仅要把冲锋号吹起来，而且要把集合号吹起来，形成协同效应，培育对外学术传播合力。

要按照信息化建设"一网一库一平台"的总方针，本着名优建设工作"九统一"（统一领导、统一管理、统一经费、统一网站、统一机房、统一数据库、统一数字化图书馆、统一综合集成实验室平台、统一综合管理平台）、学术期刊"五统一"（统一管理、统一经费、统一印制、统一发行、统一入库）的原则，系统研究名优建设工程协同发展的框架和路径，处理好各名优建设单位、各项目之间的关系，统筹规划好信息化项目和信息数据资源，制定名优建设工程协同发展战略规划。要制定明确的路线图、时间表、任务书，明确近期、中期、远期目标，建立健全各项制度规定和协作机制，遵循建设规律和传播规律，分梯次、分门类、分阶段推进，咬定青山不放松。

需要强调的是，名优建设工程的专业人才也需要高度重视，统一谋划。人才是第一资源。人才是富国之本、兴院大计。"得人者兴，失人者崩。"推进名优建设工程，没有一支优秀的政治方向和学术导向坚定，具备学术研究背景、熟悉现代传播规律、掌握专业传播能力的学术编辑、网络技术人员等专业的人才队伍，是难以为继的。念好了人才经，才能事半功倍。我院开展名优建设工程以来，经费已经不那么稀缺了，但人才特别是高端专业人才依然稀缺。我们引进人才的力度要进一步加大，人才体制机制改革步子要进一步迈开，要探索制定吸引人才、培养人才、留住人才的办法。要针对名优建设工程需要的专业人才建立灵活的人才引进、培养和激励机制，让作出贡献的人才有成就感、获得感和归属感。

第三，强化监督考核，对照名优建设标准抓落实。"一分部署，九分落实。"抓而不紧，等于不抓；抓而不实，等于白抓。从这个意义上讲，能否做到狠抓落实，是否善于狠抓落实，是衡量领导干部能力和水平的重要标志。各名优建设单位抓落实要有一抓到底的狠劲、常抓不懈的韧劲、敢于较真的严劲、一丝不苟的细劲，认认真真、持之以恒地抓好本次会议通过的名优建设标准的落实，切实开启我院学术传播阵地名优建设新征程。

科研局和信管办要抓好监督考核，确保各名优建设单位将标准落实到位。科研局要加强对院属期刊和出版社的政治方向和业务指导，承担起名刊和名社建设工作的协调、监督和管理职责。杂志社在名报和名网建设中要积极发挥引领作用，引领正确的学术导向，掌握学术传播的指挥棒。社科网对院属网站每年都要进行质量评估，不达标者，下年度不予资助。图书馆要加强对院属各单位各馆、各库建设工作的统一管理和指导、检查，并为科研工作提供优质、高效的文献信息、网络基础设施和技术服务保障。管理和服务不力的，都要追究责任。信管办是院党组领导下的负责名优建设工程的协调部门，要加大统筹协调、督办检查的力度，用好创新工程这一利剑，完善名优建设督办例会制度，狠抓工作落实。在预算编制、项目评审、经费拨付、考核验收、绩效评估、全程监管等方面加强职能作用，推进名优建设工程的制度化、规范化和程序化。同时，加大督办、考核和奖惩力度，严明赏罚，建立综合测评和责任追究制度。凡是出现重大失误，造成不良影响的单位领导及有关人员，都要受到相应处理，严重的退出创新工程。各名优建设单位务必树立纪律观念和制度意识，严格按照规章制度办事。按照名优建设督办例会和《名优建设工程督办表》的要求，落实各项建设任务。

　　同志们！伟大的时代，铸就伟大的理论。伟大的理论需要更有效的传播。面对新时代、新形势、新任务、新机遇，让我们紧密团结在以习近平同志为核心的党中央周围，高度重视哲学社会科学高端权威传播阵地建设，为开创名优建设工程新局面，加快构建中国特色哲学社会科学，实现"两个一百年"奋斗目标和中华民族伟大复兴的中国梦作出新的更大贡献。

以习近平新时代中国特色社会主义思想为指导，加快构建中国特色哲学社会科学 *

党的十九大郑重提出了习近平新时代中国特色社会主义思想，并把这一重要思想确定为中国共产党必须长期坚持的指导思想。它深刻反映了中国特色社会主义新时代的理论诉求，体现了马克思主义与时俱进的理论品格，开辟了中国特色社会主义实践新局面和马克思主义中国化理论新境界。深入学习研究宣传习近平新时代中国特色社会主义思想是当前最重要的政治和理论任务，我们要坚持以习近平新时代中国特色社会主义思想为指导，统领哲学社会科学各项工作，聚焦党和国家关注的重大问题，加强中国特色新型智库建设，全力办好习近平新时代中国特色社会主义思想研究中心，为建设和发展中国特色社会主义作出新贡献。

一 深入学习研究宣传习近平新时代中国特色社会主义思想是当前最重要的政治和理论任务

习近平新时代中国特色社会主义思想，是党的十九大报告的灵魂，是新时代中国共产党人的思想旗帜。党的十九大郑重提出习近平新时代中国特色社会主义思想，并把这一重要思想确定为我们党必须长期坚持的指导思想。这是党的十九大的历史性决策和历史性贡献，实现了党的指导思想又一次与时俱进，体现了我们党在理论上的高度成熟、思想上

---

* 原载《社科党建》2018 年第 1 期，《世界社会主义研究》2018 年第 1 期，收入本书时有改动。

的高度自觉、政治上的高度自信。学习贯彻党的十九大精神，首先要聚焦到习近平新时代中国特色社会主义思想是党必须长期坚持的指导思想上，把深入学习研究宣传习近平新时代中国特色社会主义思想作为当前最重要的政治和理论任务。

第一，习近平新时代中国特色社会主义思想，深刻反映了中国特色社会主义新时代的理论诉求。

时代是思想之母，实践是理论之源。恩格斯指出，我们的理论"是一种历史的产物，它在不同的时代具有完全不同的形式，同时具有完全不同的内容"①。任何理论都属于它那个时代。中国特色社会主义进入新时代，是习近平新时代中国特色社会主义思想产生的时代依据。

党的十八大以来，面对党和国家事业发展的历史性变革，面对我国社会主要矛盾发生的历史性变化，面对决胜全面建成小康社会和全面建设社会主义现代化强国"两个一百年"奋斗目标的历史性重任，以习近平同志为核心的党中央，紧紧围绕新时代中国特色社会主义提出的重大时代课题，紧密结合新的时代条件和实践要求，以全新的视野深化对共产党执政规律、社会主义建设规律、人类社会发展规律的认识，进行了艰辛的理论探索，集中回答了在新时代坚持和发展什么样的中国特色社会主义、怎样坚持和发展中国特色社会主义这一重大时代课题，取得了重大理论成果，形成了习近平新时代中国特色社会主义思想。

习近平新时代中国特色社会主义思想深刻回答了新时代坚持和发展中国特色社会主义的总目标、总任务、总体布局、战略布局和发展方向、发展方式、发展动力、战略步骤、外部条件、政治保证等基本问题，为中国特色社会主义注入了新的科学内涵，极大地丰富和发展了中国特色社会主义理论体系。习近平新时代中国特色社会主义思想，是新时代中国特色社会主义伟大实践的思想反映，是新时代中国特色社会主义伟大事业的理论概括，是新时代坚持和发展中国特色社会主义的行动指南。

① 《马克思恩格斯全集》第 26 卷，人民出版社 2014 年版，第 499 页。

第二，习近平新时代中国特色社会主义思想，深刻体现了马克思主义与时俱进的理论品格。

坚持以马克思主义为指导，是中国特色社会主义鲜明的理论特质。与时俱进，也是马克思主义鲜明的理论品格。在长期的革命斗争和社会主义现代化建设中，一代又一代的中国共产党人将马克思主义基本原理与中国实际相结合，实现了马克思主义中国化的两次飞跃，形成了毛泽东思想和中国特色社会主义理论体系，解决了中国人民"站起来""富起来"的重大问题。在实现"站起来""富起来"的基础上，继续实现"强起来"，建设社会主义现代化强国，是新时代中国特色社会主义面临的重大实践问题。继续推进马克思主义中国化，发展21世纪马克思主义、当代中国马克思主义，是新时代中国特色社会主义面临的重大理论问题。

党的十八大以来，以习近平同志为核心的党中央，在实践创新和理论创新的双向互动过程中，深刻认识中国特色社会主义的本质和特点，深刻揭示中国发生根本性变革所蕴含的历史经验和发展规律，深刻把握世界历史的脉络和走向，以高度的理论自觉和理论自信，为发展马克思主义作出了原创性贡献，创立了习近平新时代中国特色社会主义思想，实现了马克思主义中国化的与时俱进，丰富发展了马列主义、毛泽东思想和中国特色社会主义理论体系，实现了马克思主义中国化的又一次飞跃。

第三，习近平新时代中国特色社会主义思想，开辟了中国特色社会主义实践新局面和马克思主义中国化理论新境界。

习近平新时代中国特色社会主义思想以全新的历史站位、宽阔的历史视野、深厚的理论底蕴、高远的战略眼光，反映了时代发展变化的丰富内涵；以逻辑严密、系统完整、相互贯通的思想体系，回应了坚持和发展新时代中国特色社会主义的实践要求，开辟了治国理政新境界、管党治党新境界，深刻体现了共产党人敢于创新、敢于担当的高度理论自觉。习近平新时代中国特色社会主义思想贯穿改革发展稳定、内政外交国防、治党治国治军各个领域，实现了马克思主义基本原理与中国实际相结合的创新发展，开辟了马克思主义中国化理论新境界。习近平新时代中国特色社会主义思想从理论和实践上回答了坚持和发展什么样的中国特色社会主义、怎样坚持和发展中国特色社会主义，深刻揭示了新时代中国特色社会主义的本质特征、发展规律和建设路径，进一步彰显了中国特色社会主义的时代特色、实践特色、理论特色、民族特色，开辟了中国特色社会主义实践新局面，为新的时代条件下坚持和发展中国特色社会主义提供了科学的理论指引。

第四，坚持不懈地用习近平新时代中国特色社会主义思想武装全党和教育人民。

思想建设是党的基础性建设。毛泽东同志曾经指出："掌握思想教育，是团结全党进行伟大政治斗争的中心环节。如果这个任务不解决，党的一切政治任务是不能完成的。"① 纵观我们党的历史，党的理论创新每前进一步，党的理论武装就跟进一步，这是加强党的建设的一条重要经验。我们要认真贯彻落实党的十九大精神，按照中央要求，以领导班子和领导干部这个"关键少数"为重点，加强学习和理论武装，深刻领会习近平新时代中国特色社会主义思想的时代背景、精神实质、丰富内涵、历史地位和重大贡献，深刻领会其中蕴含的马克思主义立场观点方法，提高马克思主义理论水平和认识世界、改造世界的能力，努力做到认识上有新提高、思想上有新收获，更好地用习近平新时代中国特色社会主义思想统一思想，引领党的事业发展，推动全党全社会更加自觉地为实现新时代党的历史使命不懈奋斗。

当前，全党特别是思想理论战线面临的首要任务，就是系统地、深入地、全面地学习研究宣传习近平新时代中国特色社会主义思想。这不仅是重大的政治任务，也是重大的理论任务，不仅是党的事业发展的必然要求，也是广大党员和人民群众的迫切期盼。成立习近平新时代中国特色社会主义思想研究中心，是用习近平新时代中国特色社会主义思想武装全党和教育人民的重大举措，有助于组织专门力量对这一科学理论

---

① 《毛泽东选集》第 3 卷，人民出版社 1991 年版，第 1094 页。

进行全面深入研究，推动习近平新时代中国特色社会主义思想更加深入人心，不断提高全党全社会的思想理论水平。

二　用习近平新时代中国特色社会主义思想统领哲学社会科学各项工作

党的十九大报告提出要构建中国特色哲学社会科学。我们要自觉以习近平新时代中国特色社会主义思想为指导，把十九大精神贯彻到哲学社会科学研究的各项工作中，结合贯彻落实习近平总书记在哲学社会科学工作座谈会上的重要讲话精神，加快构建中国特色哲学社会科学。

第一，坚持以习近平新时代中国特色社会主义思想为指导，建设党的意识形态和马克思主义坚强阵地。

坚持以马克思主义为指导，是当代中国哲学社会科学区别于其他哲学社会科学的根本标志，是构建中国特色哲学社会科学必须要解决好的首要问题。当前，坚持习近平新时代中国特色社会主义思想对哲学社会科学的指导，就是坚持马克思主义对哲学社会科学的指导。习近平新时代中国特色社会主义思想没有丢掉老祖宗，始终坚持马克思主义的立场观点方法，处处闪耀着马克思主义的真理光辉。特别是在许多重大原则问题上旗帜鲜明地坚持和捍卫马克思主义，理直气壮地驳斥各种奇谈怪论。我国广大哲学社会科学工作者要自觉坚持以习近平新时代中国特色社会主义思想为指导，真学真懂真信真用，学习贯彻习近平新时代中国特色社会主义思想的坚定信仰力量、鲜明人民立场、强烈历史担当、求真务实作风、勇于创新精神和科学方法论，自觉把习近平新时代中国特色社会主义思想贯穿在哲学社会科学研究和教学的全过程，转化为清醒的理论自觉、坚定的政治信念、科学的思维方法。

第二，推进哲学社会科学创新工程纵深发展，奋力打造哲学社会科学创新工程"升级版"。

理论的生命力在于创新。创新是哲学社会科学发展的永恒主题，也是社会发展、实践深化、历史前进对哲学社会科学的必然要求。习近平总书记指出："构建中国特色哲学社会科学是一个系统工程，是一项极其繁重的任务，要加强顶层设计，统筹各方面力量协同推进。要实施哲学社会科学创新工程，搭建哲学社会科学创新平台，全面推进哲学社会科学各领域创新。"① 在中央加快构建中国特色哲学社会科学的顶层设计中，实施创新工程是重点推出的举措。在加快构建中国特色哲学社会科学的"四梁八柱"改革任务中，创新工程发挥着顶梁柱的作用。创新工程是一场思想观念的革命，是一场体制机制制度的革命。要适应中国特色社会主义进入新时代和加快构建中国特色哲学社会科学的要求，以习近平新时代中国特色社会主义思想为指导，在总结经验的基础上，完善制度机制，大力推进理论创新、学术创新、研究方法和手段创新，多出重大成果和优秀人才，全面从严管理，打造新时代创新工程"升级版"。

第三，立足中国特色社会主义新时代，聚焦党和国家关注的重大问题，加强中国特色新型智库建设。

中国特色社会主义进入新时代，具有深远的历史意义。坚持问题导向是中国特色哲学社会科学的鲜明特点。问题是创新的起点，也是创新的动力源。只有聆听时代的声音，回应时代的呼唤，认真研究解决重大而紧迫的问题，才能真正把握住历史脉络、找到发展规律，揭示我国社会发展、人类社会发展的大逻辑大趋势。

党的十九大提出，加强中国特色新型智库建设。和创新工程一样，国家高端智库建设也是加快构建中国特色哲学社会科学的标志性举措。中国社会科学院基础学科雄厚、应用学科齐全，这是智库发展的有利条件和独特优势。要坚持以党的十九大提出的重大理论和实践问题为研究重点，着力打造国家急需、特色鲜明、制度创新、引领发展的高端智库，开展全局性、战略性、前瞻性、针对性、储备性对策研究。与决胜全面建成小康社会同步，力争在建党 100 年时，把中国社会科学院建设成为国家级智库研究综合集成中心、马克思主义理论创新中心、党和国

---

① 习近平：《在哲学社会科学工作座谈会上的讲话》，人民出版社 2016 年版，第 24～25 页。

家重大决策咨询服务中心、哲学社会科学学科学术观点创新中心、高素质智库人才孵化中心、国家哲学社会科学文献中心和国际知名智库交流合作中心，更好地为党中央和国务院决策服务，为党和国家事业发展服务，努力将我院打造成为在国内外有广泛影响、世界知名的国家级综合性新型高端智库。

三　全力办好习近平新时代中国特色社会主义思想研究中心，为坚持和发展中国特色社会主义作出新贡献

为进一步发挥中国社会科学院作为马克思主义坚强阵地和理论创新基地的作用，2017 年 10 月 26 日，经中国社会科学院党组讨论研究决定，依托中国特色社会主义理论体系研究中心，成立中国社会科学院习近平新时代中国特色社会主义思想研究中心。经过中央批准，中国社会科学院习近平新时代中国特色社会主义思想研究中心于 2017 年 12 月 29 日正式成立，成为全国首批十家习近平新时代中国特色社会主义思想研究中心（院）之一。这是中国社会科学院深入贯彻党的十九大精神的重大战略举措，旨在整合院内外资源，集全院之力，全力办好习近平新时代中国特色社会主义思想研究中心，为坚持和发展中国特色社会主义作出新贡献。

第一，进一步深入学习宣传阐释习近平新时代中国特色社会主义思想。

用习近平新时代中国特色社会主义思想武装全院特别是领导干部，是当前中国社会科学院首要的政治任务，是保证我院实现中央"三个定位"要求的根本性战略举措，也是办好习近平新时代中国特色社会主义思想研究中心的根本前提。全面准确领会、学懂弄通做实，增强学习贯彻习近平新时代中国特色社会主义思想的自觉性和坚定性，将学习成果转化为干部职工干事业的巨大力量。要抓好全员学习培训，集中开展宣讲活动，精心组织理论宣传，认真组织研究阐释，发挥全院报纸、期刊、出版社、网站、信息报送、大学等平台优势，形成全方位、多角

度、立体化宣传格局。要紧密联系党的十九大精神和我院实际，以问题为导向，与学习马克思主义经典著作结合起来，与学习党史、国史、党章结合起来，与学习党的文献结合起来，与研究解决当代中国重大理论和实践问题结合起来。增强学习研究宣传的理论深度、实践力度、情感温度，增进政治认同、思想认同、情感认同。

第二，进一步深入推进习近平新时代中国特色社会主义思想研究和建设工程。

完成好中央马克思主义理论研究和建设工程任务，深化中国社会科学院马克思主义理论研究和建设，加强马克思主义理论研究阵地集群建设。依托习近平新时代中国特色社会主义思想研究中心，紧密结合新时代中国特色社会主义伟大实践，发挥院学科齐全优势，集中全院力量，整合院内外学术资源，组织专家学者深入学习研究习近平新时代中国特色社会主义思想的时代背景、理论渊源、重大意义、丰富内涵、科学体系、核心要义、精神实质和贯穿其中的科学世界观和方法论，深入解读内涵，准确把握外延，防止片面性、简单化，及时推出有分量有深度的学术研究成果。通过广泛的资料积累、深入的学理研究、扎扎实实的学科建设，把习近平新时代中国特色社会主义思想研究中心建设成为21世纪马克思主义理论创新智库，打造成为习近平新时代中国特色社会主义思想研究的国家级高端平台，习近平新时代中国特色社会主义思想研究的重要思想库、资料库，引领全国习近平新时代中国特色社会主义思想研究。

恩格斯曾经说过："即使只是在一个单独的历史事例上发展唯物主义的观点，也是一项要求多年冷静钻研的科学工作，因为很明显，在这里只说空话是无济于事的，只有靠大量的、批判地审查过的、充分地掌握了的历史资料，才能解决这样的任务。"① 对习近平新时代中国特色社会主义思想的学习研究，不能采取浅尝辄止、蜻蜓点水的态度，要当作一项严肃的科学，在充分占有资料基础上进行全面系统研究。

---

① 《马克思恩格斯选集》第2卷，人民出版社2012年版，第9页。

第三，进一步深入推动习近平新时代中国特色社会主义思想学科体系建设。

组织精干研究力量，加强习近平新时代中国特色社会主义思想学科体系、学术体系、话语体系、教材体系建设，将习近平新时代中国特色社会主义思想的核心思想、关键话语体现到各学科领域，深化习近平新时代中国特色社会主义思想的学理阐释，形成符合学术特点的表述方式、表达风格，将其转化体现到哲学社会科学各学科领域的话语表达之中，实现习近平新时代中国特色社会主义思想进学科、进教材、进课堂、进头脑。

创新对外话语表达方式，开展理论外交和学术外宣，打造易于为国际社会所理解和接受的概念、范畴、表达，做好习近平新时代中国特色社会主义思想国际传播。统筹布局对外理论传播研究力量，建设一批习近平新时代中国特色社会主义思想国际传播研究基地，举办和参与国际学术会议，办好对外系列国际学术论坛，向世界广泛传播习近平新时代中国特色社会主义思想。

三　关于中国特色新型高端智库建设

成功探索中国特色解决人口问题的道路[*]

首先，我谨代表中国社会科学院，对"中国经济社会发展智库"的成立及首届论坛的召开，表示热烈的祝贺！同时，对各位专家学者出席本次会议表示热烈的欢迎！

大家知道，中共中央对于哲学社会科学历来高度重视，寄予殷切期望。江泽民同志曾经指出，"哲学社会科学界要努力担负起认识世界、传承文明、创新理论、咨政育人、服务社会的职责"，要立足中国实际、放眼世界大势，"加强对全局性、战略性、前瞻性重大理论和实践问题的研究"①，"发挥社会科学的能动性和实效性，对改革实践起到超前指导的作用"②。以胡锦涛同志为总书记的党中央，从中国特色社会主义事业的全局出发，高度重视哲学社会科学，颁布了《关于进一步繁荣发展哲学社会科学的意见》，作出了实施马克思主义理论研究和建设工程等一系列重大决策，明确了新时期繁荣发展哲学社会科学的指导方针、总体目标和主要任务。党的十七大适应新形势，立足新实践，对哲学社会科学工作提出了新任务，作出了新部署，特别强调"鼓励哲学社会科学界为党和人民事业发挥思想库作用"③。广大哲学社会科学工作者，要以马克思主义基本原理和中国特色社会主义理论为指导，全面落实科学发展观，为繁荣发展当代中国的马克思主义哲学社会科学，

---

* 该文系作者 2009 年 7 月 21 日在"中国经济社会发展智库首届论坛"上的致辞，原载《马克思主义研究》2009 年第 7 期，收入本书时有改动。

① 《江泽民文选》第 3 卷，人民出版社 2006 年版，第 492、493 页。

② 《江泽民文选》第 1 卷，人民出版社 2006 年版，第 23 页。

③ 《改革开放三十年重要文献选编》（下），中央文献出版社 2008 年版，第 1730 页。

继续推进中国特色社会主义伟大事业，作出应有贡献。

去年以来，国际局势发生了重大的变化。一年来，我国接连经历了一些难以预料、历史罕见的重大挑战和严峻考验。目前，国际政治经济形势复杂多变，不确定不稳定因素明显增多。国际金融危机尚未触底，国内经济增长形势严峻。这就要求我们哲学社会科学工作者顾大局、议大事、谋大计，使科学研究完全服从服务于党和国家工作大局，完全融入建设和发展中国特色社会主义的伟大实践，深入研究我国经济建设、政治建设、文化建设、社会建设以及生态文明建设和党的建设所面临的一系列重大问题，深入研究世界经济、政治、文化等各个领域的深刻变化，真正把握世情、国情、党情、民情，站在中国经济社会发展进步的潮头，正确回答和解决中国改革发展关键时期的重大问题，开展创造性的理论研究、战略研究和对策研究，在党和国家政策的酝酿、制定、执行等各个环节，随时提供充分的知识储备和理论支持，提供科学的决策方案和政策建议。

我相信，主要由一批马克思主义理论工作者组成的"中国经济社会发展智库"，一定会把对马克思主义的学术研究、理论宣传和政策探讨有机结合起来，高举马克思主义及其中国化理论的伟大旗帜，依托中国社会科学院和一些高等院校丰富的学术资源和我国哲学社会科学深厚的学术积累，紧紧围绕党和国家的中心工作，不断推出具有前瞻性、战略性和全局性的精品研究成果和学派性的政策建言，为党和人民的事业发挥重要而积极的作用。

首届论坛的主题是人口理论与政策。众所周知，中国的人口问题由来已久，从19世纪开始就争论不断，20世纪30年代之后，人口问题引起了更多学者的关注，讨论也日益深入。新中国成立以来，以毛泽东同志为核心的党的第一代中央领导集体为解决中国的人口问题与计划生育事业的开创和发展作出了艰辛的探索和历史性的贡献。20世纪70年代初，中国将控制人口增长指标纳入国民经济发展计划，成立了计划生育领导小组，开始全面实行计划生育政策。改革开放以来，中国人口计生工作成效显著，比较成功地探索了一条中国特色统筹解决人口问题的道路，为改革开放和全面建设小康社会创造了良好的人口环境。党的十六大以来，以胡锦涛同志为总书记的党中央，提出了科学发展观、构建社会主义和谐社会等重大战略思想，党中央、国务院发布了《关于全面加强人口和计划生育工作统筹解决人口问题的决定》。党的十七大将人口计生工作纳入以改善民生为重点的社会建设之中，进一步明确要坚定不移地走中国特色统筹解决人口问题的道路。应该看到，中国仍是当今世界人口最多的发展中国家，人口众多仍然是并将长期是我国的基本国情，中国发展面临的所有重大问题，几乎都与人口数量、人口素质、人口结构、人口分布以及人口流动迁移密切相关；坚持以人民为本，统筹解决人口数量、素质、结构、分布等问题，努力实现人口自身发展的协调以及人口与经济、社会、资源、环境发展的协调，仍然是全面建设小康社会面临的重大问题；不断丰富和完善中国特色统筹解决人口问题的理论、政策和措施，仍然是我们哲学社会科学工作者面临的重大课题。

中国社会科学院是我国哲学社会科学研究的重要机构。以胡锦涛同志为总书记的党中央高度重视中国社会科学院的建设发展，要求把中国社会科学院建设成为马克思主义的坚强阵地，建设成为我国哲学社会科学研究的最高殿堂，建设成为党中央、国务院重要的思想库和智囊团。中国社会科学院现有研究院所31个，研究中心45个，业务人员3200多人，拥有一批在国内外学术界享有盛名、学术造诣高深的专家学者和在理论研究与政策研究方面崭露头角的中青年科研骨干。目前，我院正在锐意改革，大力实施科研强院、人才强院和管理强院战略，积极构建哲学社会科学创新体系，努力实现中央"三个定位"的要求和目标。希望在座的各位领导和各位朋友关心和支持中国社会科学院的建设发展。我坚信，在中央的正确领导下，中国社会科学院与我国哲学社会科学界一定能够在实现中华民族伟大复兴的历史进程中发挥不可替代的重大作用。

最后，衷心祝愿"中国经济社会发展智库首届论坛"圆满成功！祝愿"中国经济社会发展智库"越办越好！

为中国特色新型智库建设发挥应有作用[*]

党的十八大以来，习近平总书记就加强中国特色新型智库建设多次作出重要论述。最近，中央又颁布了《关于加强中国特色新型智库建设的意见》（以下简称《意见》）。习近平总书记的重要论述和《意见》精神，为加强中国特色新型智库建设指明了根本方向，提供了基本遵循，是中国社会科学院建设世界一流的中国特色新型智库的指南。

当前，全面建成小康社会进入决定性阶段，全面深化改革进入攻坚期，我们面临破解改革发展稳定难题和应对全球性问题的复杂而艰巨的任务，迫切需要大力加强中国特色新型智库建设，健全中国特色决策支撑体系，以科学咨询支撑科学决策，以科学决策引领科学发展。全面深化改革，全面推进依法治国，推进国家治理体系和治理能力现代化，完善和发展中国特色社会主义制度，建立更加成熟更加定型的制度体系，迫切需要大力加强中国特色新型智库建设，充分发挥各类智库在我们党治国理政中的重要作用。进一步增强我国软实力，树立好中国形象、宣讲好中国故事、传播好中国声音，推动中华优秀传统文化和当代中国价值观念走向世界，为我国经济社会发展营造良好的国际环境，也迫切需要大力加强中国特色新型智库建设，在公共外交和文化互鉴中有更大的作为，发挥更大的作用，以不断提升我国的国际影响力和国际话语权。我国哲学社会科学研究机构要紧紧围绕党和国家关注的重大理论和现实问题，开展前瞻性、宏观性、战略性、长期性研究，提出具有总体思维和全局眼光的高质量对策建议。

---

* 原载《光明日报》2015 年 1 月 23 日，收入本书时有改动。

中国社会科学院作为党中央直接领导的国家哲学社会科学最高研究机构，作为全国最大的哲学社会科学研究中心，必须按照中央要求，发挥作为国家级综合性高端智库的优势，努力建设具有国际影响力的世界知名智库。要突出中国特色，即始终坚持正确的政治方向和学术导向，把努力建设成为马克思主义的坚强阵地作为加强智库建设的根本前提；坚持马克思主义在哲学社会科学研究中的指导地位，不断提高运用马克思主义立场观点方法认识问题、分析问题、回答问题、解决问题的能力，自觉与以习近平同志为总书记的党中央保持高度一致；始终坚持站在党和人民的立场上做学问，为最广大人民的根本利益服务。要突出中国社会科学院特点，即以深入扎实的学术研究为基础，以学科门类齐全、高端人才荟萃、综合研究实力强等优势为依托，围绕马克思主义基本理论和中国特色社会主义理论体系，围绕经济社会发展重大问题和国际问题，开展全局性、战略性、前瞻性、系统性、综合性研究，推出现实性强、公信度高、影响力大的创新性理论观点和决策研究成果，为中央决策提供高质量的智力服务。

中国社会科学院一定按照习近平总书记的指示和中央的要求，加快中国特色新型智库建设步伐，切实发挥好为党和政府决策服务的国家级综合性高端智库的功能。

始终坚持党的领导，把握正确的政治方向和学术导向。把马克思主义立场观点方法贯穿于具体的研究工作中，用发展着的马克思主义指导哲学社会科学，在涉及党的基本理论、基本纲领、基本路线和重大原则、重要方针政策问题上，立场坚定、观点鲜明、态度坚决。加强对马克思主义中国化最新成果的深入研究、阐释和创新，加强马克思主义学科建设，建设好研究、宣传和发展马克思主义的重要阵地，积极推进马克思主义的中国化、时代化、大众化。

始终坚持围绕中心、服务大局，以重大理论和现实问题为科研主攻方向。紧紧围绕全面深化改革、全面建成小康社会、全面推进依法治国的重大任务，组织优势科研力量，深入研究党和国家面临的一系列亟待回答和解决的重大理论和现实问题，国家经济社会发展中的全局性、前瞻性、战略性、综合性问题，国内外普遍关注的热点焦点难点问题，推出一批系统性、有影响力的研究成果和具有现实性、针对性、可操作性的对策建议。

始终坚持科学精神，鼓励大胆探索，加强基础学科建设和基础理论研究。大力加强基础理论研究、基本问题研究，提出有客观依据、经得起实践和历史检验的原创性思想理论和学术观点，推出具有时代思想高度、代表国家学术水准的精品成果，使应用对策研究建立在深入扎实的基础研究之上。

始终坚持把人才建设放在重要位置，加强中国特色新型智库型人才队伍建设。努力造就一批马克思主义基本理论功底扎实、熟悉世情国情党情、具有理论创新能力的理论家和高端学术人才，推出一批博古通今、学贯中西、善于开展跨学科研究的复合型人才，培养一批能够运用马克思主义立场观点方法分析解答党和国家关注的重大理论和现实问题的对策性研究人才，培育一批具有国际视野和世界眼光、能够在国际交流中直接对话、有实力争取话语权的学术英才。选派更多专家学者到各级党政部门挂职锻炼，保证研究成果与社会实践的密切结合。重视学者型人才向智库型人才的转化，促进学术研究成果向对策建议的转换。

始终坚持弘扬正能量，用正面声音占领舆论阵地，加强有利于发挥智库功能的传播平台建设。加强报纸、期刊、出版社、图书馆、网站、数据库、评价中心等名优品牌建设，将其作为实现智库影响力最大化的重要平台。办好以《中国社会科学报》、《中国社会科学》杂志、中国社会科学网为龙头的专业报纸、学术期刊和门户网站，增强中国学术的国际传播力。办好"中国社会科学论坛"和各类学术会议，增强国际学术影响力和国际学术话语权。加快数字化建设进程，建立全院统一的、海量的哲学社会科学大型信息数据库，建立全院统一的综合集成实验室平台，建设好国家哲学社会科学学术期刊数据库，形成中国规模最大、富有专业特色的哲学社会科学信息数据中心。办好中国社会科学评价中心，完善哲学社会科学学术评价体系和评价标准，增强中国社会科学院学术评价的权威性和影响力。

始终坚持深化改革，健全制度保障体系，推进科研体制机制和科研组织形式创新。以实施哲学社会科学创新工程为契机，以强化智库功能为方向，以改革现行体制机制为抓手，建立适应现代智库发展规律、有利于产出高质量思想产品和政策建议的科研体制机制、科研组织形式和运行机制。

把我院打造成具有国际影响力的世界知名智库[*]

党的十八大以来，习近平总书记就加强中国特色新型智库建设多次作出重要论述。最近，中央又颁布了《关于加强中国特色新型智库建设的意见》（以下简称《意见》），明确了中国特色新型智库建设的重大意义、指导思想、基本原则、总体目标和基本任务。《意见》明确提出，要"发挥中国社会科学院作为国家级综合性高端智库的优势，使其成为具有国际影响力的世界知名智库"，为我院加强中国特色新型智库建设指明了目标方向，提供了基本遵循。一定要按照中央要求，努力建设最具国际影响力的世界知名智库，这是我院当前及今后相当长一个时期的重要任务。我院中国特色新型智库建设，要坚持党的领导，把握正确导向；坚持围绕大局，服务中心工作；坚持科学精神，鼓励大胆探索；坚持改革创新，规范有序发展；充分体现中国特色、中国风格、中国气派，充分体现中国社会科学院特点。

我院中国特色新型智库建设的基本思路是，以重大理论问题、战略问题、现实问题和对策问题研究为主要任务，以服务党和政府科学民主依法决策为宗旨，调整优化学科布局，加强资源统筹整合，重点围绕提高国家治理能力和经济社会发展中的重大现实问题开展国情调研和决策咨询研究，充分发挥我院咨政建言、理论创新、舆论引导、社会服务、公共外交五个重要功能。不仅要为党和政府决策出主意、出好主意、出

---

* 该文系节选作者 2015 年 1 月 28 日在中国社会科学院 2015 年度工作会议上的报告，标题是报告第二部分（五）的标题，第三部分（三）也录入本文，原载《院内通报》2015 年 1 月 28 日，收入本书时有改动。

管用的主意，提供具有重要参考价值的对策建议，而且要站在时代之巅，立足中国，放眼世界，出原创性、创新性的思想、理论、观点，不断丰富发展马克思主义和中国特色社会主义理论体系，不断丰富发展中国特色社会主义学术文化，以深厚扎实的基础研究、理论功底和学术涵养支撑经得起实践检验的理论性创新成果和战略性对策建议。要造就一支坚持正确政治方向、德才兼备、富于创新精神的战略问题研究和对策研究咨询队伍，重视学者型人才向智库型人才的转化。深化科研体制改革，以建设马克思主义坚强阵地为前提，坚持殿堂功能和智库功能并重并举、基础理论研究和应用对策研究并重并举，建立一套治理完善、充满活力、监管有力的智库管理体制和运行机制。

要把实施创新工程与推进中国特色新型智库有机结合起来，以实施创新工程为载体，以强化智库功能为方向，以改革现行体制机制为抓手，以推进研究方法、政策分析工具和技术手段创新为重点，构筑"院—所—专业"三级智库结构，建立具有中国特色和中国社会科学院特点的新型智库体系。第一个层次是全院层次。整个中国社会科学院是党中央国务院的综合性智库，既要产出基于全院的智库成果，更要把我院建成各类专业智库的"综合集成平台"，切实发挥"五大功能"。第二个层次是各研究所（院）。各研究所（院）统筹安排，根据本所（院）学科优势、研究专长、队伍构成及成果转化渠道的状况，加大研究所（院）级智库建设力度，形成具有各自特点、发挥各自特长的所级学科特色智库。第三个层次是在全面加强第一、二层次智库建设的基础上，先行重点建设 10～20 个具有代表性的专业智库。

根据我院中国特色新型智库建设的总体思路，党组已出台《中国社会科学院关于加强中国特色新型智库建设的若干意见》、《中国社会科学院中国特色新型智库建设 2015 年先行试点方案》及《关于认真学习和贯彻落实〈关于加强中国特色新型智库建设的意见〉的通知》。院属各单位要根据上述三个文件的要求，形成各自的智库建设方案，加大全院中国特色新型智库建设的整体推进力度，争取在不长的时间内取得较大成效。

突出综合性专业化，扎实推进新型智库建设。遵循中央关于中国特色新型智库建设的总体要求，体现中国特色，突出我院特点，分层次、有针对性地建设具有综合性和专业特色的新型智库。院抓好院级综合性智库建设。研究所（院）提出本单位的智库建设方案，抓好所级学科特色智库建设。在充分发挥我院国家级综合性高端智库和各研究所（院）所级学科特色智库优势的基础上，按照 2015 年先行试点方案要求，围绕马克思主义理论创新问题、党的意识形态问题、经济运行重大战略问题、重大金融问题、低碳排放和生态文明问题、重大社会政法问题、新疆问题、当代中国文化和文学批评问题、国际战略和"一带一路"建设问题、世界经济与政治问题、党风廉政建设问题，重点打造11 个专业智库组织。

加强信息报送平台、社会科学评价平台和院地合作智库建设。发挥学部作用。加大马克思主义理论学科建设与理论研究工程、马克思主义文艺理论与文艺批评建设工程、报刊出版馆网库志和学术评价名优建设工程实施力度。强化智库建设责任制。党组对智库建设负总责，党组成员分工负责，各研究单位具体落实，职能部门和直属单位全力以赴支持智库建设。建立由院领导直接负责和督办协调会议制度，研究部署布置任务，督促检查落实进度，党组定期听取工作汇报，指导智库建设。

将新疆智库建设好，
为新疆社会稳定和长治久安作出贡献*

今天，我们举行新疆智库成立大会，这是一件可喜可贺的事情。新疆地处祖国西北边陲，是多民族聚居之地，占全国总面积的1/6，战略地位十分重要。

党中央历来高度重视新疆工作，在推动新疆改革发展、民族团结、社会进步、民生改善、边防巩固等方面取得了历史性成就。实践证明，我们党的治疆方略是正确的。必须清醒地认识到，新疆反分裂和反暴恐斗争具有长期性、复杂性、尖锐性。党中央正在结合新疆新的形势充实和完善党的治疆方略，把严厉打击暴力恐怖活动作为当前斗争的重点，提出了新疆社会稳定和长治久安的战略目标。中国社会科学院认真贯彻第二次中央新疆工作座谈会精神，坚决贯彻落实习近平总书记关于新疆工作的系列指示精神，加快推进"新疆智库"建设工作。

建立"新疆智库"具有重要的现实性和必要性。新疆在党和国家工作全局中具有特殊重要的战略地位。新疆稳定事关全国改革发展稳定大局，事关祖国统一、民族团结、国家安全，事关实现"两个一百年"奋斗目标和中华民族伟大复兴。特别是在目前我国东南方向面临的战略压力越来越大的情况下，稳定西北方向尤其是新疆具有重要性和紧迫性。第二次中央新疆工作座谈会将社会稳定和长治久安作为新疆工作的总目标，并对实现这个总目标进行了战略部署。这是党中央针对新疆出

---

* 该文系作者 2015 年 2 月 9 日在"新疆智库"成立大会上的讲话，原载《院内通报》2015 年第 2 期，收入本书时有改动。

现的新情况和新问题所作出的重要战略决策，为治疆、稳疆、建疆指明了方向，也对新疆问题研究提出了新的更高的要求。建立"新疆智库"对于提高涉疆决策的科学化水平，推进新疆社会稳定和长治久安工作具有重要意义。

我国新疆研究力量主要分布在新疆、中国社会科学院和全国有关部分高校。上述三支研究力量从不同视角和方面对新疆展开研究，取得了一些成果。从实际情况看，我国新疆研究基础薄弱，对新疆研究缺乏应有的关注，科研人才匮乏，尚未形成整体优势。反观国外，近30年来，从事新疆研究的国家和人员明显增多，尤其是美国已经形成了一支研究新疆问题的团队，搞所谓的"新疆工程"。因此，建立我国新疆研究的协调机制，整合国内研究力量，发挥整合优势，显得十分重要和急迫。

中国社会科学院作为我国社科研究的最高机构、党和国家决策的重要智库，有专门的新疆研究机构、较强的学术队伍和较好的研究基础。为贯彻落实中央关于加强中国特色新型智库建设的要求，加强涉疆问题研究，为中央涉疆决策提供智力支持，促进新疆社会稳定和长治久安，根据中央领导同志指示精神，在中央新疆工作协调小组指导下，依托中国社会科学院建立"新疆智库"。"新疆智库"的建设，有利于发挥中国社会科学院的研究优势，有利于整合全国涉疆研究的专业力量，有利于在涉疆课题研究、政策咨询等方面发挥引领作用，有利于提高涉疆决策的科学性、前瞻性。中国社会科学院一直关注新疆，不仅定期向新疆派出援疆干部，而且长期对新疆的历史和现实问题进行比较系统的研究和分析，研究队伍初具规模，如中国边疆研究所成立30多年来，一直致力于新疆治理理论和对策研究，专门设立了新疆研究室，涌现出一批新疆研究的著名专家学者，出版了一批新疆研究的重要学术成果，在新疆历史和现状问题研究以及相关科研组织工作方面，具有良好的基础和较为丰富的经验，对推动我国新疆研究起到了积极作用。此外，我院民族学与人类学研究所、世界宗教研究所、社会学研究所等单位也长期关注和研究新疆问题。

"新疆智库"要坚持正确的政治方向和学术导向，要坚持以马克思列宁主义、毛泽东思想、邓小平理论、"三个代表"重要思想、科学发展观为指导，深入贯彻习近平总书记系列重要讲话精神，要坚持贯彻党的路线方针政策和中央的重大决策部署，要坚持理论联系实际的学风，贯彻"百花齐放、百家争鸣"的方针。

建立"新疆智库"的目的在于，为中央关于新疆工作决策提供建议，为实现新疆社会稳定和长治久安、扎实推进反恐维稳和"去极端化"等重大战略任务提供顶层设计和理论支持，为实现我国西北边疆长治久安提供智力支持，为实现少数民族边疆地区治理体系和治理能力现代化提供资政服务，为争夺涉疆问题国际话语权作出贡献。

"新疆智库"的功能是开展新疆问题的理论和对策研究。要紧紧围绕社会稳定和长治久安的总目标，充分发挥专家学者的作用，聚焦新疆发展稳定的战略性、全局性、前瞻性问题，坚持学术研究与政策研究相结合，坚持服务当前现实工作和着眼未来相结合，为做好新疆工作提供决策参考和政策建议，在全国涉疆研究中发挥领军作用。

"新疆智库"的组织架构是，在中央新疆工作协调小组的指导下，依托中国社会科学院成立"新疆智库"，从高等院校、科研院所、机关部门等挑选在涉疆问题上有较高水平的研究人员和管理人员组成专家委员会。"新疆智库"建设和运行，要做到创新机制、"虚实结合"。中国社会科学院要在现有研究人员的基础上，进一步充实和加强专业研究力量，以中国边疆研究所为责任单位组建一个实体研究机构，保障有一批优秀的专家学者持续地从事新疆研究；同时，要"不求所有、但求所用"，搭建全国涉疆研究的学术交流平台，整合全国研究资源，把全国高等院校（含民族院校）、科研院所、机关部门特别是新疆当地等各方面涉疆研究与管理的优秀人才集聚起来，形成涉疆研究的合力。"新疆智库"要以项目为抓手整合全国资源，构建一个方向正确、机制灵活、智力密集、保障充分的中国特色新型智库。

"新疆智库"应着力研究如何实现新疆社会稳定和长治久安这个总目标；着力研究如何引领和推进新疆治理体系和治理能力现代化；着力研究如何发展新疆经济和改善民生；着力研究如何促进民族团结，让新疆各民族像石榴籽那样紧紧抱在一起；着力研究如何加强民族交往交流，推动建立各民族相互"嵌入式"的社会结构和社区环境；着力研究处理宗教问题的基本原则，即如何保护合法、制止非法、遏制极端、抵御渗透、打击犯罪等问题，遏制宗教极端思想蔓延；着力研究如何坚持依法治疆、团结稳疆、长期建疆等重要问题；着力研究如何建设团结和谐、繁荣富裕、文明进步、安居乐业的社会主义新疆这样事关国家利益的重要问题。

"新疆智库"将在中央新疆工作协调小组指导下，在中央新疆办、新疆维吾尔自治区党委帮助下，在中国社会科学院党组具体领导下，及时向中央新疆工作协调小组、中央有关部门、新疆维吾尔自治区党委和中国社会科学院党组报送研究和调研成果，努力完成中央新疆工作协调小组、中国社会科学院党组和新疆维吾尔自治区党委交办的各项任务。"新疆智库"将根据中央关于新疆工作的决策部署，以服务新疆工作大局、推进新疆社会稳定和长治久安为战略任务，制定科研规划，确定研究方向和研究课题，围绕课题在全国范围内组织科研力量按时完成科研任务。

同志们，让我们在新的一年里，紧紧团结在以习近平同志为总书记的党中央周围，深入贯彻落实党中央提出的各项方针路线政策，将中国社会科学院创新工程进一步推向前进，将"新疆智库"建设好，为新疆社会稳定和长治久安作出贡献。

建设国内领先、国际知名的边疆研究新型高端智库[*]

1983 年成立的"中国边疆史地研究中心",经过 30 多年的发展之后,现在正式更名为"中国边疆研究所"。这既是对边疆中心几代同志努力工作的肯定,也反映了院党组对边疆研究发展的高度重视。在此,我代表院党组向中国边疆研究所的全体同志表示热烈的祝贺!

2014 年,院党组研究决定将"中国边疆史地研究中心"更名为"中国边疆研究所",并报中编办审批。2014 年 9 月,中编办正式批复准予更名。由"中国边疆史地研究中心"到"中国边疆研究所",虽然只有几个字的变化,但意义十分深远,主要体现在以下四个方面。

一是更名符合边疆研究学术发展规律,符合边疆学学科发展方向,符合党和国家对边疆研究的要求。更名为"中国边疆研究所",有助于全面推进中国边疆学学科体系的构建。

二是更名顺应边疆形势的变化和发展要求,顺应党中央国务院对边疆工作的一系列战略部署。更名为"中国边疆研究所",有助于在更宽的领域、更高的学术平台开展综合性、系统性的边疆研究探索,实现学术研究与中央决策之间的有效对接,切实肩负起上级交办的各项科研任务。

三是更名有利于体制机制的创新,推动新的组织架构的形成,从而为创新科研体系奠定体制保障。同时,有利于进一步整合国内边疆研究

---

* 该文系作者 2015 年 5 月 29 日在中国边疆研究所更名座谈会上的讲话,原载《院内通报》2015 年第 11 期,《中国边疆史地研究》2015 年第 2 期,收入本书时有改动。

资源，凝聚多方力量，更好地发挥我院边疆研究"国家队"应有的作用。

四是更名将促进中国边疆研究所不断深化创新工程中的各项工作，在丰富边疆研究学术内涵的同时，更好地搭建起"出成果出人才"的创新平台，形成创新工程长效机制，确保创新项目可持续发展。

同志们，中国边疆研究有着优良的学术传统。19 世纪以来，中国边疆研究出现过两次学术高潮：第一次是 19 世纪中叶至 19 世纪末，西北史地学的兴起是重要标志；第二次是 20 世纪 20 年代至 40 年代，与民族危机的激发紧密相关，边政学的提出与展开、以新视角和新方法对中国边疆进行全方位研究是这次高潮的突出成就。两次边疆研究高潮的实践和成果，为中国边疆研究从传统中国史地学研究到现代多学科相结合综合研究的转变准备了条件，积累了经验。

进入 20 世纪 80 年代，边疆研究迎来了又一次发展的重要时期，可视之为近代以来中国边疆研究的第三次高潮。其标志是实现了两个突破：一是突破了以往仅仅研究近代边界问题的单一方向，形成以中国古代疆域史、中国近代边界沿革史和中国边疆研究史三大研究系列为重点的研究格局；二是突破了仅仅开展史地研究的单一范畴，而是将边疆历史与现状相结合，形成了贴近现实、多学科相结合的特点。在这一次高潮中，边疆研究视角之广、参与学者之众、成果之丰硕，都是前所未有的。中国边疆史地研究中心既是这一高潮的产物，同时也是第三次研究高潮的前沿引领者。

中国边疆史地研究中心成立以来的 32 年，是我国边疆研究突飞猛进的 32 年，是边疆地区经济社会发展取得举世瞩目成就的 32 年。在院党组领导下，在边疆中心前后几代人的持续进取下，在全国边疆研究者的共同努力下，边疆研究在广度和深度上都有了显著飞跃。无论是在基础研究方面，还是在应用对策研究方面，边疆中心都发挥了引领我国边疆研究的积极作用，从而成为我国边疆研究的学术重镇。对于边疆中心及其科研人员、工作人员的努力和所取得的成绩，院党组予以充分肯定、高度评价。

近年来我国边疆地区出现一系列新情况、新问题、新变化，边疆的安全、稳定、发展面临日益多元复杂的威胁和挑战，边疆的现实给学术界不断提出亟待解决的新课题。党和国家对边疆高度重视，从维护国家安全和领土完整、促进边疆长治久安和跨越式发展的战略高度，对边疆研究提出新的要求。边疆中心始终以维护国家核心利益、维护边疆稳定、促进边疆发展为己任，出色地完成了中央、我院交办的各项研究任务，为党和政府的决策提供了优良的学术支撑。边疆中心30多年的发展表明，边疆研究大有可为。

2013年7月，院党组听取了边疆中心工作的专题汇报，我在会上把边疆中心的发展规划归纳为"123"战略。所谓"1"是指一个核心，这个核心就是构建中国边疆学；"2"是指建设两支队伍，一支是基础研究队伍，一支是应用研究队伍；"3"是指三个重点方向，即在全面研究中国边疆问题的基础上，突出新疆、西藏和海疆三个重点。这个思路是在总结边疆中心30多年发展史的基础上形成的，是符合边疆研究学术规律的，也是边疆所今后的科研取向。

发展蓝图已经绘制，前进方向已经确定，任务要求已经明确，只要大家持之以恒、坚持不懈，这个目标就一定能够达到。特别是在更名之后，边疆所的同志们更应抓住机遇，务实工作，奋力开拓，不辱使命，以中央对我院的"三个定位"要求为总目标，以服务党和政府决策为宗旨，以理论创新和政策咨询为主攻方向，以创新工程为抓手，以建设面向现代化、面向世界、面向未来的中国特色新型高端智库为核心，把战略规划抓牢抓实，努力把边疆所建设成为国内领先、国际知名、具有中国特色的边疆研究新型高端智库。

同志们，俗话说"三十而立"，边疆所刚刚过了而立之年，未来发展可谓任重道远，前进的道路不会平坦，但我相信边疆所的前景一定是光明的。最后，我再提三点希望。

第一点，希望边疆所的同志们坚持以马克思列宁主义、毛泽东思想和中国特色社会主义理论体系为指导。认真学习贯彻习近平总书记系列重要讲话精神，始终坚持正确的政治方向和学术导向，始终坚持边疆学学科建设发展的正确取向，积极投身于哲学社会科学创新工程的创新实践，确保边疆研究以良好的态势持续发展。

第二点，希望边疆所的同志们以更名为契机，以党和国家关注的重大理论和现实问题为主攻方向。坚持基础研究和应用研究并举并重，不断夯实学科基础，深化对边疆问题的全局性、前瞻性、战略性研究，加大对新疆、西藏、海疆等重点方向的研究力度，办好新型智库，拿出一批具有真知灼见、切实管用的对策建议，一批具有时代特点和创新意义的学术成果，为党和政府关于建设、保卫、巩固、发展边疆的大政方针政策的制定和实施提供智力支持。

第三点，希望边疆所的同志们继承和发扬老一代学者们求真务实、兢兢业业、敢于奉献、艰苦奋斗的优良传统。聚精会神搞科研、团结一心谋发展。注重学术体系创新，注重科研组织创新，注重人才培养创新。加强与边疆省区地方党委政府、科研机构、高校之间的学术联系和协同创新，积极拓展对外学术交流渠道，使边疆所在新的起点上取得更加优异的成绩。

加强智库合作，推进"一带一路"建设*

在中国"一带一路"倡议付诸实施之际，来自国内外的众多专家学者相聚呼和浩特，在中国第四届蒙古学国际学术研讨会上共同探讨"草原丝绸之路与世界文明"这个议题，具有十分重要的意义。

一　建设"一带一路"是造福世界各国人民的伟大事业

当今世界，经济全球化、区域一体化深入发展，各国相互依存、相互联系更加紧密。在这样大的时代背景下，2013 年 9 月和 10 月，中国国家主席习近平出访中亚和东南亚国家期间，先后提出共同建设"丝绸之路经济带"和"21 世纪海上丝绸之路"的重大倡议，为我们描绘出一幅连接欧亚、辐射 40 多个国家、覆盖 30 多亿人口，世界上最长、最具发展潜力的经济大走廊蓝图，得到国际社会高度关注和积极响应。加快"一带一路"建设，有利于促进共建各国经济繁荣与区域经济合作，加强不同文明交流互鉴，促进世界和平发展，为共建各国共谋发展、共同繁荣提供了新的重大契机，是一项造福世界各国人民的伟大事业。

共建"一带一路"顺应世界多极化、经济全球化、文化多样化、社会信息化潮流，秉持开放的区域合作精神，致力于维护全球自由贸易体系和开放型世界经济，旨在促进经济要素有序自由流动、资源高效配

---

　　* 该文系作者 2015 年 8 月 21 日在内蒙古呼和浩特召开的"中国第四届蒙古学国际学术研讨会"上的致辞，原载《内蒙古日报》2015 年 8 月 28 日，收入本书时有改动。

置和市场深度融合，推动共建各国实现经济政策协调，开展更大范围、更高水平、更深层次的区域合作，共同打造开放、包容、均衡、普惠的区域经济合作架构。共建"一带一路"致力于亚欧非大陆及附近海洋的互联互通，建立和加强共建各国互联互通伙伴关系，构建全方位、多层次、复合型的互联互通网络，实现共建各国多元、自主、平衡、可持续的发展。"一带一路"的互联互通项目将推动共建各国发展战略的对接与耦合，发掘区域内市场的潜力，促进投资和消费，创造需求和就业，增进共建各国人民的人文交流与文明互鉴，让各国人民相逢相知、互信互敬，共享和谐、安宁、富裕的生活。

"一带一路"是合作发展的理念和倡议，其依靠中国与有关国家既有的双多边机制，借助既有的、行之有效的区域合作平台，旨在借用古代"丝绸之路"的历史符号，高举和平发展的旗帜，主动地发展与共建国家的经济合作伙伴关系，共同打造政治互信、经济融合、文化包容的利益共同体、命运共同体和责任共同体。这一合作倡议既传承以团结互信、平等互利、包容互鉴、合作共赢为核心的古丝绸之路精神，又顺应和平、发展、合作、共赢的 21 世纪时代潮流，符合国际社会的共同利益，洋溢着创新进取的时代精神，彰显了人类社会共同理想和美好追求。"一带一路"是互尊互信之路、合作共赢之路、文明互鉴之路，为我们描绘出了世界和平发展的美好前景。只要共建各国和衷共济、相向而行，我们就一定会携手共创人类世界的美好未来。

二　各方面智库应为推动"一带一路"建设
提供强有力的智力支持

丝绸之路经济带建设以政策沟通、道路联通、贸易畅通、货币流通、民心相通"五通"为主要内容，以重大合作项目为抓手，以完善合作机制为载体，努力打造惠及共建各国的利益共同体、命运共同体。政策沟通是"一带一路"建设的重要保障，民心相通是"一带一路"建设的社会根本。作为咨政建言和人文交流的重要力量，智库不仅是本国政策与学术研究之间的桥梁、政府与公众之间的桥梁，也是各国之间深化交流合作、实现互利共赢的政策沟通的桥梁。充分发挥智库的专业研究能力及对政府和公众的影响力，对促进各国政策沟通、民心相通，为共建"一带一路"奠定坚实的民意基础，具有独特而重要的意义。

"一带一路"建设是惠及各个参与国经济社会发展的共建项目，既是共建各国政府和人民面临的共同任务，同时也是各国人文社会科学界应当深入研究的重大课题，是我们共同的事业。目前，"一带一路"建设正值全面启动、深入推进的关键时期。需要各国智库通过合作研究、论坛研讨、人员往来、学术交流等多种形式，促进共建国家对共建"一带一路"的内涵、目标、任务等方面的进一步理解和认同。需要凝聚各国智库力量，聚集各学科专家学者，发挥集体智慧与才能，围绕"一带一路"建设开展政策性、前瞻性研究，为共建国家政府建言献策，增进国家间政策沟通，推动各方将共商、共建、共享原则落到实处。需要加强各国智库交流，相互了解各自国家的发展意图和愿望，理解各自的利益诉求和面临的困难，准确把握各方利益的汇合点，共同寻找互利共赢的途径。需要以智库交往带动人文交流，增进彼此互信，凝聚广泛共识，增进"一带一路"共建国家的民众对倡议的准确理解，增进民间的友好感情，为"一带一路"建设营造良好的舆论氛围，打造坚实的社会民意基础。总之，各方面智库在推动"一带一路"建设中应当而且一定能够有所作为，我们应联手为这一造福人类的伟大事业积极贡献力量。

三 进一步推进智库间的广泛交流合作

从历史上看，丝绸之路是沿线各国经贸文化交流的典范，亚欧人民堪称知识交流、相互学习的先行者。随着时代的发展，智库在谋划发展蓝图、推动合作共赢、促进国家间友好交往中的作用日益突出。智库已成为国家外交关系的重要主体，智库间的合作已成为影响世界政治、经济、文化和社会进步的重要因素。国际学术界应抓住有利时机，增强使命意识，把握时代特性，积极探索智库对话新模式，全面拓展务实合作新途径，不断完善智库合作新机制，进一步推进智库间的广泛交流合作，为更好地全方位推动"一带一路"建设和国家间友好关系发展提供智力支持。

为此，我们应从以下四个方面努力。

一是努力建设智库合作网络。推动双边或多边的智库合作，促进智库群体化发展；通过创建共商、共建、共享智库合作模式，营造良好的交往氛围；建立协作创新机制，协调有关智库机构发挥协同效应，形成合作合力。

二是努力推动多元合作平台建设。推动国家间重点领域学术界高频率、多层次的智库交流与合作，为政商学界精英搭建交流研讨的高层平台，以积极姿态推动智库合作不断拓展新渠道、新领域、新空间，增进互信，促进共识。

三是努力做好服务决策工作。发挥合作优势，共同研究共建"一带一路"国家普遍关注的热点焦点难点问题，不断推出具有系统性、权威性、影响力的研究成果，从而更好地服务和影响共建"一带一路"的决策。

四是努力发挥好民心相通纽带作用。通过开展多层次、宽领域的广泛人文交流活动，努力消融共建"一带一路"国家间的文化差异和心理隔膜，营造友好和谐的国际合作氛围，为政策沟通营造民意基础，在推动民心相通上作出更大的贡献。

"与智者同行，必得智慧。"我们衷心地期望，与各国智库一起，共同开展"一带一路"等重大问题的联合研究，共同传播合作理念，相互借鉴，不断创新，为建设繁荣、包容、共赢的现代丝绸之路提供有力支撑，为促进世界文明的繁荣发展贡献我们的智慧和力量！

加强中国特色新型智库建设，
哲学社会科学研究大有可为[*]

党的十八大以来，习近平总书记从推动科学民主依法决策，推进国家治理体系和治理能力现代化与增强国家软实力的战略高度，就加强中国特色新型智库建设多次作出重要论述。今年1月，中央又颁布了《关于加强中国特色新型智库建设的意见》（以下简称《意见》），明确了新型智库建设的重大意义、指导思想、基本原则、总体目标。习近平总书记的重要论述和《意见》精神，为加强中国特色新型智库建设指明了根本方向，提供了根本遵循，给哲学社会科学工作者赋予了新的历史使命。今天围绕着会议主题，我主要讲三个问题。

第一，加强中国特色新型智库建设，凝聚着党和人民的殷切期望，赋予了全国哲学社会科学界新的时代任务，哲学社会科学工作者必须以高度的使命感、责任感、紧迫感积极投身新型智库建设。

加强中国特色新型智库建设，是当前形势发展的迫切需要。新中国成立60多年来，我们党在治国理政的过程中，始终高度重视集中各方面智慧、凝聚最广泛力量，先后设立了一大批学术研究和决策咨询机构，赋予其现代意义上的智库功能。改革开放30多年来，各类学术研究和决策咨询机构发展很快，一些专业研究机构也蓬勃兴起。但总体而言，我国智库建设还不能完全适应形势发展的需要，不能完全满足党和政府的决策需要，不能完全适应国家治理体系和治理能力现代化的需

---

*　该文系作者2015年9月12日在第九届中国社会科学前沿论坛上的讲话，原载《中国社会科学报》2015年9月16日，收入本书时有改动。

要。当前，全面建成小康社会进入决定性阶段，全面深化改革进入攻坚期，迫切需要加强中国特色新型智库建设，造就一支坚持正确政治方向、德才兼备、富于创新精神、善于提供决策咨询服务的专家队伍。

从哲学社会科学界的发展现状来看，我们推出了一系列精品力作，涌现出一批学术领军人物和中青年科研骨干，为中国特色社会主义思想理论和文化事业作出了应有的贡献。但是，与党和人民的期望相比，与加强中国特色新型智库建设的总体要求相比，还存在一些亟待解决的问题。一是坚持正确的政治方向和学术导向，运用马克思主义立场观点方法指导智库研究和智库建设尚需进一步加强。二是将党和人民关注的重大理论和现实问题作为智库研究的主攻任务不够自觉主动。三是有的研究带有明显的碎片化、随意化、重复化、文本化和教条化倾向，需要树立世界眼光、战略思维和全局意识，强化宏观的整体设计和明确的问题意识。四是单兵作战现象尚较突出，亟须统筹形成不同学科、不同领域、不同学者互相配合、共同研究、协力攻关的学术合力。五是用"中国理论""中国学术""中国思想"讲好"中国故事"的"走出去"的科研成果仍然有限，难以形成集束效应和规模优势。

当前，加强中国特色新型智库建设，离不开哲学社会科学界的积极投入，进一步繁荣发展哲学社会科学，同样离不开落实好智库建设的各项任务。这就要求哲学社会科学工作者坚守为人民做学问的立场，把个人学术活动与党和国家的需要高度统一起来，坚持求真务实，理论联系实际，强化问题意识，积极建言献策，以服务党和政府决策为宗旨，以政策研究咨询为主攻方向，以改革创新为动力，努力建设面向现代化、面向世界、面向未来的中国特色新型智库体系，为实现中华民族伟大复兴的中国梦提供智力支撑。

第二，建设中国特色新型智库，必须始终坚持中央关于智库建设的指导思想、总体目标、基本原则和总体要求，把握正确导向，加快建设步伐，深化哲学社会科学研究，更好地服务党和国家工作大局。

一要坚持党的领导，把握正确的政治方向和学术导向。马克思主义是当代中国学术的灵魂，是智库研究和智库建设的指南，马克思主义指导下的哲学社会科学研究应当成为打造中国特色新型智库的中坚力量。要将马克思主义的立场观点方法贯穿于智库研究始终，在涉及党的基本理论、基本纲领、基本路线和重大原则、重要方针政策等问题上，必须做到立场坚定、观点鲜明、态度坚决。坚持以中国特色社会主义为根本方向，以实现中华民族伟大复兴的中国梦为目标，围绕马克思主义中国化的最新成果积极开展深入研究、阐释和创新，建设好研究、宣传和发展马克思主义的重要阵地，积极推进马克思主义的中国化、时代化、大众化。

二要坚持服务大局，以重大理论和现实问题为着力点。密切结合世情和我国国情民情社情，紧紧围绕全面建成小康社会、全面深化改革、全面推进依法治国、全面从严治党的重大任务，深入研究党和国家面临的一系列亟待回答与解决的重大理论和现实问题，有针对性地就国家经济社会发展中的全局性、前瞻性、战略性、综合性问题，以及国内外普遍关注的热点焦点难点问题开展政策研究，推出一批系统性、有影响力的研究成果和具有现实性、建设性、可操作性的对策建议，为提高党和政府的科学民主依法决策能力提供强有力的智力支持。

三要坚持以人为本，坚定不移地站在人民立场上做学问。要把为人民服务、为人民谋利益作为中国特色新型智库的重要使命。真正践行为人民做学问，自觉把哲学社会科学研究事业与党和人民的事业紧密联系在一起，把哲学社会科学工作者个人的前途命运与党和国家的前途命运紧密联系在一起，始终站在党和人民的立场上，为党和国家的长治久安出谋划策，为解决人民疾苦和提高群众福祉而集思广益。做到与时代共奋进、与国家共荣辱、与人民共呼吸，努力成为忠诚服务于党和人民事业、值得党和人民信赖、对党和人民有贡献的学问家。

四要坚持创新精神，建构当代中国学术话语体系。创新哲学社会科学话语体系，是增强中国学术国际影响力的迫切要求，也是建设中国特色新型智库的强大学术支撑。这就要求我们在学习借鉴人类文明成果的基础上，坚持用中国的理论学术研究和话语体系解读中国实践、中国道路，不断提出有客观依据、经得起实践和历史检验的原创性思想理论和学术观点，推出具有时代思想高度、代表国家学术水准的精品成果，打造具有中国特色、中国风格、中国气派的哲学社会科学学术话语体系。积极践行学术"走出去"战略，探索哲学社会科学的国际化路径，推动中国学术与国际学术展开平等对话，进一步扩大中国学派在世界学术体系中的影响力。

五要坚持人才为重，壮大中国特色新型智库型人才队伍。人才是创新思想的载体，是推动学术前进的动力，更是实现智库可持续发展的基石。建设中国特色新型智库，必须造就一批马克思主义基本理论功底扎实、熟悉世情国情党情社情民情、具有理论创新能力的理论家和高端学术人才，推出一批博古通今、学贯中西、善于开展跨学科研究的复合型人才，培养一批能够运用马克思主义立场观点方法分析解答党和国家关注的重大理论和现实问题的对策性研究人才，培育一批具有国际视野和世界眼光、能够在国际交流中直接对话、有实力争取话语权的学术英才。要重视学者型人才向智库型人才的转变，促进学术研究成果向对策建议的转换，促使智库专家增强社会责任感和诚信意识，牢固树立国家安全意识、信息安全意识、保密纪律意识，积极主动为党和政府决策贡献聪明才智。

六要坚持弘扬正能量，围绕智库功能加快传播平台建设。中国特色新型智库建设需要坚守好宣传思想舆论阵地，巩固壮大主流意识形态，打好主动仗，弘扬主旋律，传播正能量。这就要求重点加快报纸、期刊、出版社、图书馆、网站、数据库、评价中心等学术媒介建设，使其成为拓展智库权威性和影响力的重要平台。办好各类学术会议、论坛等活动，打造国际学术传播品牌、增强国际学术话语权。不断提高学术传播的质量和水平，探索创新学术传播手段，充分挖掘微博、微信、新闻客户端等新媒体传播效力，把握好时、度、效，着力打造融通中外的新概念、新范畴、新表述，讲好中国故事，传播好中国声音。

七要坚持正确学风，凸显求真务实严谨厚德的治学品格。深化智库研究，培育智库人才，同样要解决好决策咨询成果的"文风"和"学风"问题。必须强化问题意识，敢于探索求新，从源头上治理各类学术不端行为，提升各项制度约束力，注重教育引导和典型引领，加快形成坚守学术诚信、完善学术人格、维护学术尊严的优良学风。增强哲学社会科学工作者在学术道德和学风修养上的自律意识，使其把科学道德和学术诚信观念内化为自身坚定信念，外化为主动学习和科学探究的自觉行动。积极参与并努力推动不同学术观点、不同政策建议的切磋争鸣、平等讨论，共同营造有利于发挥智库作用、积极健康向上的良好学术氛围。

八要坚持改革创新、统筹协调，逐步完善新型智库体系。要按照公益服务导向和非营利机构属性的要求，积极推进不同类型、不同性质智库分类改革，科学界定各类智库的功能定位。加强顶层设计、统筹协调和分类指导，充分调动党政机关、事业单位、科研院所、各大高校以及相关企业的参与积极性，形成分工负责又相互协调、良性竞争又优势互补的中国特色新型智库体系，在咨政建言、理论创新、舆论引导、社会服务、公共外交等领域发挥重要作用。始终坚持深化改革，健全制度保障体系，建立适应现代智库发展规律、有利于产出高质量思想产品和政策建议的科研体制机制和科研组织形式。

第三，加强中国特色新型智库建设，要始终坚持马克思主义的辩证思维方式，正确认识并处理好智库建设和哲学社会科学研究中的一系列辩证关系。

中国特色新型智库研究以党和国家关注的重大理论和现实问题为主，以应用对策研究为主，同时也需要雄厚的基础研究和基本理论研究作基础；而哲学社会科学理论学术研究以基本理论、基础研究为主，以学科学理学术研究为主，同时也需要现实的应用对策研究作支撑。智库研究离不开学科学理、基础研究的支持，哲学社会科学研究也离不开应用对策研究的支持。二者都需要马克思主义立场、观点和方法的正确指导，都要围绕中心，服务大局，都要坚持理论联系实际的马克思主义学风。中国特色新型智库研究与哲学社会科学理论学术研究是内在一致的，同时又有一定的区别。中国特色新型智库研究一定要以哲学社会科学理论学术研究为牢固基础，哲学社会科学理论学术研究又要以中国特色新型智库研究为重要任务。

调动和凝聚全国哲学社会科学界的有生力量，加强中国特色新型智库建设，必然会遇到一系列新的矛盾和问题，这就需要哲学社会科学工作者以唯物辩证法为指导，做到"全面论"、"两点论"和"重点论"的统一，统筹协调，协同作战，不能顾此失彼，畸轻畸重。

一是处理好基础理论研究与应用对策研究的关系。中国特色新型智库建设，必须坚持基础理论研究与应用对策研究并重，一方面要深化基础理论研究，为应用对策研究提供科学的理论指导和方法论支持；另一方面要以应用对策研究为突破口，带动基础理论研究不断走向深入。

智库作为决策咨询和政策研究机构，更多地关注应用学科和应用研究，在研究方法、传播手段、转化渠道等方面有自身突出的特点和规律，不同于一般的哲学社会科学基础研究。但智库的应用对策研究不能不要基础研究，学科建设和基础研究是智库对策建议的理论基础和科学依据。基础研究和应用研究是源和流、本和木的关系，基础研究不扎实不深入不科学，应用研究就是无源之水、无本之木。魏徵在《谏太宗十思疏》中说道，"求木之长者，必固其根本；欲流之远者，必浚其泉源"。必须坚持基础学科与应用学科并重、基础理论研究与应用对策研究并举的方针，努力瞄准世界学术发展前沿，大力加强学科建设，形成具有支撑作用的基础学科，具有较强优势的重点学科，具有重要现实意义和良好发展前景的应用学科、新兴学科、交叉学科，具有重要文化价值的"绝学"和濒危学科，努力构建既符合学术发展规律又适应国家经济社会发展需要的学科体系。

二是处理好战略性问题研究与战术性问题研究的关系。中国特色新型智库以战略问题和公共政策为主要研究对象，要以总体思维和全局眼光开展前瞻性、宏观性、战略性、长期性研究；又要针对一些突发的、具体的或微观的战术性问题，作出快速反应，提供科学有效的处理意见和解决方案。

战略性问题往往具有改变全局、决定未来的深刻影响，我们党历来高度重视战略性问题研究。清代桐城派学人陈澹然在《迁都建藩议》中指出："不谋万世者，不足谋一时；不谋全局者，不足谋一域。"智库建设必须站在时代的制高点，从全局和整体出发，善于抓住世界历史进程中的根本矛盾、主要矛盾，为党和政府决策做好顶层设计参考。从现在开始的相当长一段时间，中国智库要围绕"四个全面"战略布局，开展前瞻性、针对性、储备性政策研究，提出专业化、建设性、长远性、切实管用的政策建议，着力提高综合研判和战略谋划能力。老子曰，"天下大事，必作于细"，细节在一定意义上也影响全局，一些短期、紧急、局部、具体而微观的问题同样需要着力处理，如果处置不当甚至会发生转化，造成全局性的影响，这就要求智库同样不能忽视战术性问题研究，针对这些具体问题提供及时的决策参考。新型智库建设必须做到把战略性问题研究与战术性问题研究有机结合起来，以战略性问题研究统领、指导战术性问题研究，以战术性问题研究丰富、强化战略性问题研究。

三是处理好深化理论研究与深入实际调研的关系。中国特色新型智库的决策咨询，一方面需要进行高度系统化的理论研究，另一方面又必须深入实际开展广泛而深入的调查研究，将应用对策建议建立在正确的理论基石上，将理论创新奠定在雄厚的实践基础上。

理论联系实际，是最宝贵的学风。智库咨询的出发点和落脚点是形成科学决策，解决重大问题，推动社会发展。如果智库的理论研究和实施方案脱离实践、脱离群众，就提不出有效的解决方案，形不成深刻的理论成果，甚至会造成无法估量、难以挽回的重大损失。人民群众是历史的创造者，是社会实践的直接从事者。汉代著名唯物主义哲学家王充在《论衡》中讲道："知屋漏者在宇下，知政失者在草野。"党和政府实行的政策效果如何，最直接的感受者是人民群众。好与坏、是与非，他们有最切身的感受、最直观的评价。所以，智库的建言献策，必须如毛泽东同志所说，"从群众中集中起来又到群众中坚持下去"①，既来源

---

① 《毛泽东选集》第 3 卷，人民出版社 1991 年版，第 900 页。

于实践，又在实践中进行检验，不断丰富深化提高。这就要求智库建设必须始终坚持求真务实，在理论与实践的双重探索中，在历史与逻辑的辩证统一中，深入研究和解决好经济社会发展过程中国内外普遍关注的各种热点焦点难点问题。

四是处理好坚持中国特色与扩大国际视野的关系。一个国家的政策分析和决策咨询体系，必定在根本上取决于该国的具体国情和制度体系，一个国家的智库发展模式，也必定要在根本上适应本国的政治、经济、文化、社会发展需要。中国特色新型智库建设必须要符合中国国情，保持鲜明的中国特色；同时，中国特色新型智库建设也要以广阔的世界眼光，了解国际风云变幻，把握国际发展大局，知晓世界文明走向，同时又要深入了解其他国家智库的发展情况，借鉴国外优秀智库的有益经验，积极开展智库外交，努力扩大国际影响。

中国特色新型智库建设，一方面，必须始终坚持党的领导，把握正确的政治方向和学术导向，充分体现中国性质、中国特色、中国风格、中国气派；另一方面，又要坚持以我为主、为我所用的方针，与国外智库建立平等、高效的交流合作机制，致力于推动中华优秀传统文化和当代中国价值观念走向世界，不断提升中国的对外传播能力和话语体系建设，为开拓中国特色社会主义事业新局面营造良好的国际环境。

中国社会科学院作为中央直接领导的国家哲学社会科学最高研究机构，正在按照中央马克思主义坚强阵地、党和国家的思想库、哲学社会科学的最高殿堂的"三个定位"要求，努力发挥作为国家级综合性高端智库的优势，切实把中国社会科学院建设成为具有国际影响力的世界知名智库。中国社会科学院愿与全国哲学社会科学界一道，紧密团结在以习近平同志为总书记的党中央周围，为推进哲学社会科学研究，加强中国特色新型智库建设作出更大的贡献。

走在国家高端智库建设前列[*]

建设中国特色新型智库是推进国家治理体系和治理能力现代化、提升国家软实力的重要举措。中国社会科学院有三个智库进入首批国家高端智库建设试点，这体现了党中央对我院的充分信任和殷切关怀。我院将深入贯彻中央决策部署，精心组织试点工作，注重从整体上充分发挥作为党中央国务院综合性高端智库的功能和作用，切实把我院打造成国家急需、特色鲜明、制度创新、引领发展的高端智库，打造成国家级新型智库研究综合集成中心，马克思主义理论创新中心，党和国家重大决策咨询服务中心，哲学社会科学学术观点创新中心，高素质智库人才孵化中心，智库信息采集、储存、处理和发布的海量数据库运行中心，国际知名智库交流合作中心，推动我院智库建设实现新的发展。

近年来，我院高度重视智库建设，始终把发挥好智库功能作为一项重大而紧迫的任务抓紧抓好。在中央对我院"三个定位"要求中，努力把我院建设成为党中央国务院重要的思想库和智囊团是一项重要要求。中央《关于加强中国特色新型智库建设的意见》明确提出，要"发挥中国社会科学院作为国家级综合性高端智库的优势，使其成为具有国际影响力的世界知名智库"，这为我院加强中国特色新型智库建设指明了正确方向，提供了基本遵循。院党组多次召开党组会研究落实，颁布并实施了《关于加强中国特色新型智库建设的若干意见》《中国特色新型智库建设 2015 年先行试点方案》《关于中国特色新型智库管理

---

    * 该文系作者 2015 年 12 月 1 日在国家高端智库建设试点工作会议上的讲话，原载《光明日报》2015 年 12 月 9 日，收入本书时有改动。

办法》等文件及一系列制度规定，构筑起"院—所—专业"三级智库格局，大力推进三个层次的智库建设：一是全院作为综合集成的总体智库；二是各研究单位作为具有学科优势的学科智库；三是院集中建设马克思主义理论创新智库、意识形态研究智库、财经战略研究院、国家金融与发展实验室、生态文明研究智库、国家治理研究智库、新疆智库、中国文化研究中心、国家全球战略研究智库、世界经济与政治研究所、中国廉政研究中心等11个专业化智库。与此同时，我院还成立了与地方省市合作建设的上海研究院、陆家嘴金融研究中心等合作智库；还在筹建西藏智库、京津冀协调发展研究智库等。

我院从党和国家事业发展全局的战略高度，强调要把为人民开展智库研究作为搞好高端智库建设的根本要求。为什么人的问题，是马克思主义唯物史观的核心问题，是中国共产党的党性宗旨问题，也是关乎智库研究方向、前途命运的一个带根本性的首要问题。抓好智库建设，首先要解决好智库工作者站在什么样的立场上、选择什么样的政治方向和学术导向、运用什么样的理论武器、树立什么样的学风文风、为什么人服务的问题，也就是解决好"为了谁，依靠谁，我是谁"的问题。必须把握正确的政治方向，始终坚持党的领导、坚持中国特色社会主义道路、坚持国家利益和人民利益至上。为了把好智库研究与建设的根本方向，推动智库研究与建设健康发展，我院党组采取了一系列措施，把站在党和人民的立场上做学问，自觉运用马克思主义的立场观点方法指导智库研究，树立和弘扬理论联系实际的马克思主义学风，以党和人民关注的重大理论和现实问题为主攻方向，为党和国家重大决策服务，为中国特色社会主义事业服务作为第一位的要求，把加强马克思主义和党的意识形态坚强阵地建设，落实意识形态工作责任制、意识形态工作情况"一票否决制"贯穿到智库工作中，以更好地发挥我院中国特色新型智库的正能量。

加强高端智库建设，必须重视顶层设计，完善智库建设方案。我们将按照中央要求和部署，以我院三个首批国家级高端试点智库为重点，研究制定加强我院试点智库建设方案，坚持高起点推进、高质量研究、高水平建设，先行先试，着力打造在国内外有广泛影响的国家级高端智库。我院将履行服务决策的基本职责，推进高端智库建设，围绕党和国家发展战略，提升咨政建言能力，以科学咨询支撑科学决策。我院要在阐发中国理论、贡献中国智慧方面走在全国前列，树立高度的理论自觉和理论自信，秉持学术追求和学术担当，全面深入地总结中国实践、提炼中国经验，用中国理论回答中国问题，用中国话语解读中国道路，更好地在国际上发出中国声音，让世界真正读懂中国，为人类文明进步提供中国思想、中国价值。

建设高端智库的关键在于建立健全有利于智库研究和发展的体制机制。要创新智库内部治理机制，完善制度设计，激发智库活力，加快形成灵活高效的管理运行机制。要加强智库与决策部门的沟通联系，搭建常态化互动平台，做到供需有效对接、工作一体联动。我院要在实施创新工程五年来不断推进制度创新的基础上，遵循智库发展规律，锐意改革创新，在体制机制创新上大胆探索，建立灵活高效的智库运行体制机制和有利于出成果出人才的激励淘汰制度，创新组织形式和管理方式，建立有效的智库内部治理机制、优胜劣汰的竞争机制、互联互通的信息共享机制、持续稳定的经费投放机制、广泛的国际合作与交流机制。同时要严格经费使用管理，确保经费使用合法、合理、合规，把好钢用在刀刃上，让智库建设经费发挥最大效用。

我院要把推出高质量的智库成果和高水平的智库型人才作为出发点和落脚点。加强高端智库建设，最终要落脚到产生出一批中央决策需要的、具有战略和全局意义的、现实针对性强的高质量成果上来；落脚到培养出一批政治方向学术导向正确，又红又专、德才兼备、有广泛影响的高水平人才上来。要坚持高端定位，凝练主攻方向、突出专业特色、注重成果质量，增强理论创新和政策创新能力，努力推出原创性研究成果。我院高端智库研究要依托我院基础研究和应用研究并重并举的研究格局，充分发挥我院学科齐全、专家云集的优势和研究专长，围绕中央决策急需的重大课题，瞄准国家重大战略需求，聚焦"四个全面"战略布局，强化问题导向、应用导向，开展前瞻性、针对性、储备性政策研究，多出让党和人民满意的智库成果，多出具有建设性和可操作性的高质量的理论创新和决策咨询成果。当前特别要围绕党的十八届五中全会作出的重大战略部署确定智库研究方向和重点，为贯彻五大发展理念、决胜全面建成小康社会多献务实之策；要注重解决吸引人才、凝聚人才的问题，选好首席专家，建设好研究团队，形成开放、竞争、流动的人才机制，带出一支让党和人民放心的高水平智库人才队伍，为智库发挥作用创造良好条件。

落实智库工作责任制，是推进高端智库建设的重要保障。为了抓好智库建设，我院强调党对智库建设的领导，建立并落实了智库工作责任制。院党组承担智库建设工作的主体责任，明确了责任分工，党组主要负责人是智库建设工作第一责任人，主管副院长是智库建设工作的直接责任人，分管院领导是所分管智库的具体责任人。院属单位党委领导班子承担本单位、本部门、本智库的主体责任。主要负责人为第一责任人，主管领导为直接责任人，分管领导为具体责任人。院党组要求智库工作一级抓一级，一级压一级，层层传导压力，责任领导不抓好智库建设就是失职。院党组全面建立健全智库建设综合协调、督办督查机构及相应制度，抓领导、领导抓，抓具体、具体抓，常研究、常部署，定期检查、定期汇报。党组一季度听一次智库工作汇报，解决相关问题。主管或分管领导每两月召开一次智库工作汇报协调会。智库建设搞不好，不出成果，要追究责任。

把中国—中东欧国家智库交流与合作网络建成展示高端智库的重要国际舞台[*]

首先，我谨代表中国社会科学院和"中国—中东欧国家智库交流与合作网络"欢迎大家参加此次理事大会，并感谢各理事单位对"16＋1"智库网络建设的大力支持。

"中国—中东欧国家智库交流与合作网络"，即"16＋1"智库网络，是为了响应李克强总理在2014年12月贝尔格莱德领导人峰会上提出的"支持建立中国—中东欧国家智库交流与合作中心"的重要意见而建立的，是中国社会科学院牵头组建的中国与中东欧国家间国际性智库协调机制与高端交流平台。在前不久召开的中国—中东欧国家领导人苏州峰会上，李克强总理对参会的中东欧16国首脑正式宣布，中国政府欢迎并支持由中国社会科学院牵头组建中国—中东欧国家智库交流与合作网络。这体现了我国政府对智库交流在"16＋1合作"中的极大重视，也赋予我们更大的责任和义务去建设好"16＋1"智库网络。

"16＋1"智库网络在组建过程中，得到了外交部的大力支持。我们将秉持共建、共享、共赢的原则，吸收国内各研究机构力量，打造中国、中东欧国家"16＋1合作"框架下二轨交流的智库平台，推动国内研究机构同中东欧智库的交流沟通，夯实"16＋1合作"的智力基础，促进"16＋1合作"研究。

中国社会科学院将按照国家对"16＋1"智库网络建设的指导意

---

* 该文系作者2015年12月17日在首届中国—中东欧国家智库交流与合作网络理事大会上的致辞，原载《院内通报》2015年12月17日，收入本书时有改动。

见，倾力做好相关工作，充分发挥"16＋1"智库网络的联络、协调功能，以"二轨"形式推进我国与中东欧国家的合作。"16＋1"智库网络将以中国社会科学院为依托，密切与国内外智库和学术机构的合作，搭建一个机制化的平台，推动我院各研究机构、国内相关智库同中东欧国家智库的相互交流与彼此合作。为此，我院经过认真筹备和广泛联络，邀请了国内研究力量雄厚、对"16＋1合作"有研究兴趣的高层次智库机构、科研单位和政府部门等加入"16＋1"智库网络。与会的各位理事都是参加"16＋1"智库网络的国内机构的代表。希望各位理事能就完善国内外智库协调机制，确定"16＋1"智库网络研究重点和议题设置，以及理事大会的结构章程等，发表各自观点和意见。作为主办单位，我们将悉心听取和采纳各位理事的意见。我相信，在大家的共同努力下，"16＋1"智库网络将会越办越好，为中国与中东欧国家的合作提供强大的智力支撑，并成为国际上展现中国高端智库水平的重要舞台。

最后，预祝理事大会圆满成功！

努力把我院建成国家级综合性的
世界知名新型高端智库[*]

经过全院同志的共同努力，我院的智库建设工作正在按照中央和院党组的统一部署和安排稳步推进，目前已初步构建起以院综合性智库为统领、所级智库为主体、专业化智库为样板的院级、所级、专业化智库"三位一体"的智库建设格局。2015 年，中国社会科学院有三家智库进入首批国家高端智库建设试点，这充分体现了党中央的信任和关怀。2016 年院工作会议刚刚结束，新春佳节刚刚过去，党组立即召开全院智库建设工作会议，就是要抓紧落实中央关于加强中国特色新型智库建设的意见和国家高端智库建设试点工作会议要求，总结交流 2015 年智库建设工作经验，部署 2016 年智库建设工作。院属各单位要早起步、早谋划、早落实，力争 2016 年智库建设工作取得新成效。下面，我代表院党组就全院智库建设工作讲几点意见。

一 始终坚持正确的政治方向，牢牢把握
智库研究的主攻方向

坚持以马克思主义为指导，坚持正确的政治方向和学术导向，坚持党对哲学社会科学的领导，坚持为人民做学问，坚持理论联系实际，这五项原则是我院的立院之本，是做好全院各项工作也是抓好智库建设的

* 该文系作者 2016 年 2 月 23 日在中国社会科学院 2016 年智库建设工作会议上的讲话，原载《院内通报》2016 年 2 月 29 日，收入本书时有改动。

基本原则。抓好智库建设，首先要解决好智库工作者运用什么样的理论指导、站在什么样的立场上、选择什么样的政治方向和学术导向、接受谁的领导、为什么人服务、树立什么样的学风文风的问题，也就是解决好"为了谁，依靠谁，我是谁"的问题。各单位领导班子和主要负责同志一定要坚定政治立场，把在党的领导下为人民开展智库研究的工作方向贯穿智库建设始终，要求和引导智库工作者自觉运用马克思主义的立场观点方法指导智库研究，树立和弘扬理论联系实际的马克思主义学风，从党和国家事业发展全局的战略高度，开展重大理论和现实问题研究，为党和国家重大决策服务，为中国特色社会主义事业服务。

党的十八大以来，中央政治局高度重视学习和掌握马克思主义，已经安排学习了历史唯物主义、辩证唯物主义、马克思主义政治经济学等方面的内容，为全党同志树立了榜样。我们必须要保持浓厚的理论兴趣，自觉加强马克思主义哲学、科学社会主义理论、马克思主义政治经济学和马克思主义基本理论的学习，认真学习马克思、恩格斯、列宁、毛泽东的原著，不断有所收获、有所提高。

学习马克思主义，特别要学习当代中国的马克思主义，即学习中国特色社会主义理论体系，学习习近平总书记系列重要讲话。党的十八大以来，习近平总书记系列重要讲话使我们心中筑牢了"主心骨"，手中握有"定海神针"，是新起点新阶段马克思主义中国化的最新理论成果，是党在新起点新阶段团结全党、统一行动，开展伟大斗争，继而赢得伟大胜利的思想武器。习近平总书记系列重要讲话贯穿了一条红线，这就是贯穿于马克思列宁主义、毛泽东思想和中国特色社会主义理论体系的基本立场、观点和方法，是活生生的马克思主义哲学教材，为我们树立了灵活运用马克思主义哲学的光辉典范。智库工作者只有真学、真懂、真信、真用马克思主义和当代中国的马克思主义，才能产生高质量的智库成果，当一名合格的中国特色新型智库工作者。

要以党和人民关注的重大理论和现实问题为智库研究的主攻方向，科学制定智库项目研究指南，紧紧围绕全面建成小康社会、全面深化改革、全面推进依法治国、全面从严治党的重大任务，深入研究党和国家面临的一系列亟待回答与解决的重大理论和现实问题，为中央提供理论性、战略性、全局性、前瞻性的决策参考。要以研究国家经济社会发展中全局性、战略性、综合性问题为着力点，整合院内外科研资源和研究力量，开展协同攻关和系统研究，为党和政府提供配套的针对性强、切实可行的解决方案。当前特别要围绕党的十八届五中全会作出的重大战略部署确定智库研究方向和重点，为贯彻"四个全面"战略、五大发展理念，决胜全面建成小康社会多献务实之策。要紧密追踪国际国内普遍关注的热点、焦点、难点问题，及时跟进开展研究，为党和政府及时提供可操作性强的对策建议。

二　始终坚持党委领导下的智库工作责任制，全力推进智库建设

建立并落实智库工作责任制，是有效推进全院智库建设的重要制度保障。院党组首先承担智库建设工作的主体责任，明确责任分工，党组主要负责人是智库建设工作第一责任人，主管副院长是智库建设工作的直接责任人，分管院领导是所分管智库的具体责任人。院属单位党委领导班子承担本单位、本部门、本智库的主体责任。主要负责人为第一责任人，主管领导为直接责任人，分管领导为具体责任人。院党组要求智库工作一级抓一级，一级压一级，层层传导压力，责任领导不抓好智库建设就是失职。

院党组全面建立健全智库建设综合协调、督办督查机构及相应制度，抓领导、领导抓，抓具体、具体抓，常研究、常部署，定期检查、定期汇报。党组每季度听一次智库工作汇报，主管或分管领导每两个月召开一次智库工作汇报协调会。智库建设搞不好，不出成果，要追究领导责任。在院级、所级、专业化智库"三位一体"的智库建设格局中，所级领导要发挥重要作用。所长、书记都要抓智库工作，要参加智库一线的管理工作。院级智库建设要按照院工作方案全面展开。所级智库建设由各所（院）抓紧制定工作方案和 2016 年实施计划，认真推进。各

专业化智库按照院总体方案和本智库的具体实施方案抓好落实。

要把政治纪律、组织纪律和财经纪律挺在前面，把好底线和关口，牢固树立国家安全意识、信息安全意识、保密纪律意识、财经纪律意识，落实好意识形态工作责任制、信息安全责任制和经费管理责任制，对出现问题的单位实行"一票否决"，逐级问责。

三 始终坚持智库建设的高端定位，努力推出一批 高质量智库成果和高水平智库型人才

我院正在实施的创新工程与智库建设是高度统一的，要把创新工程的实施方案与智库建设有机结合起来。落实党中央国务院提出的"三个定位"的目标和要求，就是要构建以理论阵地、新型智库、学术殿堂、话语中心和传播平台为支撑的哲学社会科学创新体系。我院智库建设定位在"高端"二字上，建设高端智库是我院智库建设的一个重要目标。

建设国家急需、特色鲜明、制度创新、引领发展的高端智库，最终的落脚点是产出一批中央决策需要的、具有战略和全局意义的、现实针对性强的高质量成果；培养出一批政治方向学术导向正确，又红又专、德才兼备、有广泛影响的高端人才。全院各个智库特别是国家级高端试点智库，要努力在智库成果产出和人才培养上走在全国前列，真正位居高端。

哲学社会科学是以追求真理为宗旨、与自然科学一样严谨科学的学问。就其总体而言，哲学社会科学具有鲜明的政治和意识形态属性。因此，由哲学社会科学的属性、功能所决定，特别是由中国特色社会主义条件下中国哲学社会科学的属性、功能所决定，必须坚持以马克思主义立场观点方法为指导，坚持党的领导，以为人民做学问为宗旨。这是我国哲学社会科学最鲜明的特色。

哲学社会科学想要更好地发挥认识世界、传承文明、创新理论、资政育人、服务社会的重要作用，就要坚持正确的政治方向和学术导向。

坚持正确的政治方向和学术导向，必须坚持正确理论指导，学会运用马克思主义哲学指导科研。习近平总书记指出，学哲学、用哲学，是我们党的一个好传统，要努力把马克思主义哲学作为看家本领。从一定意义上说，掌握马克思主义哲学世界观方法论的深度，决定着政治敏感的程度、思维视野的广度、思想境界的高度。马克思主义哲学，即辩证唯物主义和历史唯物主义，即马克思主义世界观方法论，即马克思主义立场观点方法，是我们认识世界、改造世界的政治上的望远镜和显微镜，只有认真学习、熟练把握、善于运用，我们才会有"不畏浮云遮望眼，要看水底万丈深"的气魄和"见微以知萌，见端以知末"的眼光，才能创造出经得起实践和历史检验的高端智库成果。

要传承中华优秀传统文化，推出一批用中国的理论学术研究和话语体系解读中国实践、中国道路、中国制度、中国理论的研究成果。要吸收借鉴人类文明发展优秀成果，推出一批具有中国特色、中国风格、中国气派的研究成果；要瞄准国际社会的关注点，推出一批用"中国理论""中国思想""中国学术""中国话语"讲好"中国故事"的"走出去"的科研成果。

要重视学者型人才向智库型人才的转变，努力造就一批马克思主义基本理论功底扎实、熟悉世情国情党情社情民情、具有理论创新能力、博古通今、学贯中西、善于开展跨学科研究、能够运用马克思主义立场观点方法分析解答党和国家关注的重大理论和现实问题、具有国际视野和世界眼光、能够在国际交流中直接对话、有实力争取话语权的高端智库英才。

四　始终坚持改革创新，积极探索中国特色新型智库建设机制的先行经验

创新工程实施五年的经验表明，只有坚持不断改革创新体制机制，才能解放科研生产力，哲学社会科学事业才能不断蓬勃向前发展。中国特色新型智库如同初创阶段创新工程一样，对我们来说也是一个新生事

物，需要我们在认识和遵循智库发展规律的基础上，不断地进行实践探索，改革创新，用新的体制机制推动中国特色新型智库建设。

要建立灵活高效的智库内部治理机制，完善制度设计，激发智库活力，加快形成灵活高效的管理运行机制。各专业化智库要健全治理结构，要在所（院）党委领导下，依靠研究所（院），扎根在研究室实体上，有实体、有编制、有人才、有经费、有人管。要调动各方人才，汇集各路英杰成立理事会和学术委员会，充分发挥理事会和学术委员会在智库建设中的积极作用。要建立开放、竞争、流动的人才机制，汇聚智库研究高端人才，培养智库研究团队，造就一支让党和人民放心的高水平智库人才队伍。要建立优胜劣汰的考核机制和竞争机制，研究制定一套与创新工程绩效考核体系有效衔接的智库考核体系，院每年依据考核体系对高端智库进行年度绩效考核，每三年对院专业化智库进行一次综合评估，评估合格的继续予以支持，不合格的进行动态调整，形成优胜劣汰、有进有出的竞争机制。要建立互联互通的信息共享机制，加强智库与决策部门的沟通联系，搭建智库成果与有关决策部门直接对接的常态化互动平台，按照内外有别的原则，建立一套高效顺畅的成果报送、传递和运用机制，做到供需有效对接、工作一体联动。要建立广泛的国际合作与交流机制，充分利用创新工程"与国际知名智库交流平台项目"、中国社会科学论坛、各类国际研讨会等平台，与国际知名智库开展合作交流。要建立持续稳定的经费投放机制，重点支持，绩效导向，动态调整，科学合理地配置经费资源；同时要严格经费使用管理，确保经费使用合法、合理、合规，把好钢用在刀刃上，让智库建设经费发挥最大效用。

五　始终坚持推进名优建设工程，牢牢掌握智库话语权和巩固智库成果传播阵地

名优建设工程自 2008 年启动实施以来，取得了丰硕的成果，积累了宝贵的经验。在前不久召开的名优建设工程会议上，我代表党组作了

系统总结，并确定了"十三五"时期全面推进名优建设工程的目标、任务和举措，各单位要认真学习，做好贯彻落实工作。名优建设工程不仅是创新工程的重要组成部分，也是推进中国特色新型智库建设重要的基础手段和传播平台。报刊出版馆网库志和学术评价为智库提供了重要的理论阵地和传播平台，数字化资源、高速智能化网络平台、海量数据库为智库研究提供了雄厚的基础设施支持，互联网、云计算、大数据等信息技术为智库研究提供了先进的研究工具和手段，智库研究工作者要顺应当今世界科技革命潮流，善用新媒体、新技术、新方法、新工具，努力在世界知名智库舞台上掌握话语权和主动权。

《中国社会科学报》要增设智库研究专栏，展示全国智库建设的重要成就；院属学术期刊要坚持正确的学术导向，刊发智库研究最新成果，占领智库研究传播制高点；院属出版社要对接好智库产品，策划智库研究重点选题，打造智库研究出版品牌；图书馆要加大国内外智库研究数字资源的引进力度，为智库研究提供高质量的数据文献服务；中国社会科学网要加强智库研究频道建设，传播智库研究最新的理论和思想；哲学社会科学综合集成海量数据库要按照"社科云"架构，推进社会科学评价数据库、案例库等数据库建设和信息系统平台建设；地方志要利用"三网一馆两平台"，加强地方志智库建设；中国社会科学评价中心要继续完善全球智库评价指标体系，持续推进全球核心智库评价，掌握智库评价话语权。

同志们，在全国首批国家高端智库建设试点的 25 家单位中，我院有三家智库进入试点，这充分体现了党中央的信任和关怀，也预示着我院在未来的中国特色新型智库建设中任务艰巨，责任重大。希望同志们振奋精神，以百倍努力投入中国特色新型智库建设的伟大事业中，以高质量的智库成果和高端的智库型人才回报党和人民对我们的信任和期望。

为西藏稳定发展提供更大智力支持[*]

今天，我们在这里召开西藏智库成立大会。我谨代表中国社会科学院对西藏智库的成立表示祝贺，对前来参加成立大会的各位领导、各位专家表示热烈欢迎、衷心感谢和真诚祝福！下面我谈两点意见。

一　充分认识成立西藏智库的重大意义

2015 年 12 月，中国社会科学院召开院务会议，决定成立西藏智库，这是我院贯彻落实中央《关于加强中国特色新型智库建设的意见》的重要举措，也是建设中国社会科学院新型智库体系的一个战略决策。西藏智库在中国社会科学院 15 家专业智库中虽然成立时间比较晚，却具有十分重要的战略意义。

党的十八大以来，习近平总书记从推动科学民主依法决策，推进国家治理体系和治理能力现代化与增强国家软实力的战略高度，就加强中国特色新型智库建设多次作出重要论述。2015 年 1 月，中央颁布的《关于加强中国特色新型智库建设的意见》，明确了新型智库建设的重大意义、指导思想、基本原则、总体目标。根据中央精神，中国社会科学院在建设哲学社会科学创新体系、实施创新工程基础上，明确提出构建以院综合性智库为统领、所级智库为主体、专业化智库为样板的院

　＊　该文系作者 2016 年 6 月 29 日在西藏智库成立大会上的讲话，原载《院内通报》2016 年 6 月 29 日，收入本书时有改动。

级、所级、专业化智库"三位一体"的智库建设格局。西藏智库就是我院去年年底确定建立的又一个专业化智库。今年 5 月 17 日，习近平总书记在哲学社会科学工作座谈会上的重要讲话中再次指出，要加强中国特色新型智库建设，发挥哲学社会科学在治国理政中的重要作用。习近平总书记的重要讲话，对加强我院智库体系建设和全院工作，特别是加快构建中国特色哲学社会科学创新体系提供了根本遵循和行动指南，成立西藏智库是不断完善我院"三位一体"智库建设格局的需要，是为西藏稳定发展提供智力支撑的需要，更是贯彻落实习近平总书记重要讲话精神、加快构建中国特色哲学社会科学创新体系的又一重要举措。

西藏智库的责任单位是民族学与人类学研究所（以下简称"民族所"）。民族所作为我院的一个大所、老所，不仅学科多、学者多、成果多，而且在我院实施创新工程以来，逐步从以基础研究为主向基础研究与应用研究并重过渡，目前进一步转向以重大理论与现实问题研究为主攻方向的专业研究机构。这是近年来我院学科建设按照"三个定位"要求不断转型的一个缩影。习近平总书记重要讲话明确提出加快完善哲学、历史学、经济学、政治学、法学、社会学、民族学等对哲学社会科学具有支撑作用的学科，重视发展具有重要文化价值和传承意义的"绝学"、冷门学科，加快发展具有重要现实意义的新兴学科和交叉学科，打造具有中国特色和普遍意义的学科体系。这些重要指示对于我国民族学发展特别是民族所建设具有特别直接的指导意义。之所以依托民族所建设西藏智库，是因为民族所不仅具有建设西藏智库的学科基础、研究室建制、管理能力与人力保障，而且能够在传承"绝学"、冷门学科的同时加快发展具有重要现实意义的交叉学科"新藏学"，更重要的是在这个转型中为建设新时期中国民族学理论话语体系提供经验借鉴。民族所自 2013 年启动的"21 世纪初中国少数民族地区经济社会发展综合调查"工作，具有重大理论与现实意义。以此为契机，民族所大力加强重大现实问题研究，积极推进学科布局调整和学术传播平台建设，不断推进创新工程体制机制改革，各项工作大有起色。成立西藏智库、加强民族学智库建设，不仅会进一步加强民族所学术研究的应用导向，而且可以通过对涉藏重大问题的联合攻关，进一步密切与院内外涉藏及民族问题研究机构和专家学者的联系合作。我相信西藏智库的成立，将为促进中国特色的民族学与人类学发展、更好地服务于我国西藏等民族地区"四个全面"建设作出更大贡献、提供新的平台。

二　做好西藏智库工作的几点希望

第一，始终坚持正确的政治方向和学术导向，把马克思主义的指导地位贯彻落实到智库工作全过程。西藏智库是贯彻落实中央精神成立的中国特色的新型智库，必须坚持以马克思主义为指导，西藏智库工作者必须自觉接受马克思主义指导，自觉运用马克思主义的立场、观点和方法认识问题、分析问题，自觉把正确的政治方向和学术导向统一起来，自觉把中国特色社会主义理论体系贯穿调查研究和智库工作全过程。由于研究对象的敏感性和民族宗教学科的复杂性，要把能否维护好党和国家根本利益作为评价智库工作的重要标准和出发点。要认真学习习近平总书记系列重要讲话精神，特别要把习近平总书记在哲学社会科学工作座谈会上的重要讲话精神贯彻落实到智库各项工作之中。

第二，始终坚持以重大理论和现实问题为科研主攻方向，贯彻落实好中央民族宗教工作和统战工作的路线、方针、政策和治藏方略。我国是统一的多民族国家。少数民族文化是中华文化的重要组成部分，是中华民族的共有精神财富。在长期历史发展过程中，雪域高原上的藏族等各族人民创造了特色鲜明、丰富多彩的民族文化，为中华文化的发展进步作出了自己的贡献。在推进中国特色社会主义建设、实现中华民族伟大复兴中国梦的进程中，民族宗教问题始终占有重要地位。近年来，中央先后召开了民族工作会议、新疆工作座谈会、西藏工作座谈会、统战工作会议、全国宗教工作会议等一系列重要会议，对民族宗教统战工作作出了系统规划和整体部署，进一步明确了西藏及涉藏省区稳定与发展工作的指导思想与工作重点。西藏智库工作要自觉服务于党和国家关于西藏工作的总体战略布局，坚持问题导向，以党和人民关注的涉藏重大理论和现实问题为科研主攻方向；坚持一切从实际出发、理论联系实际的优良学风，面向经济社会发展和维护稳定实现长治久安的时代主题，不怕艰苦、不怕困难，深入一线，深入群众，深入实际，从人民群众的生产和生活中，认真研究总结党和国家的民族宗教政策的贯彻落实情况，分析梳理每个时期特别是当前西藏发展稳定相关政策措施的成效与利弊得失，为完善治藏方略和党的民族宗教与统战政策贡献良策。

第三，始终坚持智库建设高端定位与联合攻关新型体制优势，努力推出高质量的智库成果和高水平的智库人才。习近平总书记不仅十分重视智库建设，而且明确提出了智库建设必须坚持高端方向的战略目标。习近平总书记强调，要建设一批国家急需、特色鲜明、制度创新、引领发展的高端智库，重点围绕国家重大战略需求开展前瞻性、针对性、储备性政策研究。智库建设要把重点放在提高研究质量、推动内容创新上。要加强决策部门同智库的信息共享和互动交流，把党政部门政策研究同智库对策研究紧密结合起来，引导和推动智库建设健康发展、更好地发挥作用。智库研究要防止重数量、轻质量问题，防止重形式传播、轻内容创新问题，防止流于搭台子、请名人、办论坛等形式主义的做法问题。这些意见非常重要，西藏智库和我院各级各类智库建设都必须严格遵循。去年我院与中央新疆工作协调小组、新疆维吾尔自治区党委联合成立了"新疆智库"，今年我们在中央西藏工作协调小组办公室指导下，在中央统战部、中央宣传部、国家民族事务委员会和西藏自治区党委大力支持下，与国内外西藏及涉藏研究相关单位与著名专家共同成立"西藏智库"，汇聚西藏与涉藏研究的骨干力量，围绕重大理论与现实问题进行联合攻关。只要大家齐心协力，不断开拓进取，潜心调查研究，推进学术创新，就一定能够产生一批高质量的智库成果和高水平的智库人才，为推进西藏与涉藏省区工作，完善国家治藏方略，促进体现中国特色、中国风格、中国气派的藏学学科的发展作出更大的贡献。

努力办成中国特色马克思主义政治经济学创新发展的重要平台[*]

中国社会科学院当代中国马克思主义政治经济学创新智库挂牌仪式今天隆重举行，昨天成功举办了中国特色社会主义政治经济学论坛。这是我院贯彻落实习近平总书记关于坚持和发展马克思主义政治经济学、构建中国特色社会主义政治经济学重要讲话精神的实际行动。办好当代中国马克思主义政治经济学创新智库和中国特色社会主义政治经济学论坛，对于深入贯彻落实习近平总书记关于坚持和发展马克思主义政治经济学一系列重要讲话精神，以马克思主义政治经济学的立场观点方法为指导，立足我国国情和我国发展实践，揭示我国社会主义经济规律新特点，提炼和总结我国经济发展实践的规律性成果，把实践经验上升为系统化的政治经济学理论，不断开拓当代中国马克思主义政治经济学新境界，具有十分重要的意义。在这里，我代表中国社会科学院党组表示热烈祝贺！向应邀前来参会的各位专家致以诚挚问候！

当前，全面建成小康社会进入决定性阶段，全面深化改革进入攻坚期，我们正面临破解改革发展稳定难题和应对全球性问题的复杂而艰巨的任务，迫切需要大力加强当代马克思主义政治经济学智库建设，为全面建成小康社会和全面深化改革，推进中国特色社会主义事业提供理论支撑。中国社会科学院当代中国马克思主义政治经济学创新智库和中国特色社会主义政治经济学论坛，要紧紧围绕党和国家关注的重大理论和

---

* 该文系作者 2016 年 8 月 20 日在当代中国马克思主义政治经济学创新智库挂牌仪式上的讲话，原载《院内通报》2016 年 9 月 12 日，收入本书时有改动。

现实问题，开展前瞻性、宏观性、战略性、长期性研究，提出具有总体思维和全局眼光的高质量的马克思主义政治经济学理论成果和对策建议。

当代中国马克思主义政治经济学创新智库和中国特色社会主义政治经济学论坛，作为中国社会科学院直接领导的马克思主义政治经济学创新发展的重要平台，必须始终按照中央的要求，发挥作为国家级综合性高端智库和高峰论坛的优势，努力建设成具有国际影响力的知名智库和论坛。要突出中国特色，把努力建成马克思主义坚强阵地作为根本前提；要坚持马克思主义在政治经济学研究中的指导地位，不断提高运用马克思主义立场观点方法认识问题、分析问题、回答问题、解决问题的能力，自觉与以习近平同志为总书记的党中央保持高度一致；要始终坚持站在党和人民的立场上做学问，为最广大人民的根本利益服务；要突出中国社会科学院特点，以深入扎实的学术研究为基础，以学科门类齐全、高端人才荟萃、综合研究实力强等优势为依托，加快建设步伐，切实发挥好为党和政府决策服务的国家级综合性高端智库和论坛的功能。

必须始终坚持党的领导，把握正确的政治方向和学术导向。把马克思主义立场观点方法贯穿于具体的研究工作中，用发展着的马克思主义指导经济理论和政策研究，在涉及党的基本理论、基本纲领、基本路线和重大原则、重要方针政策问题上，立场坚定、观点鲜明、态度坚决。要加强对马克思主义政治经济学中国化最新成果的深入研究、阐释和创新，加强马克思主义政治经济学学科建设，努力建设研究、宣传和发展马克思主义政治经济学的重要阵地，积极推进马克思主义政治经济学的中国化、时代化、大众化。

必须始终坚持围绕中心、服务大局，以重大理论和现实问题为科研主攻方向。紧紧围绕全面深化改革、全面建成小康社会、全面推进依法治国、全面从严治党的重大任务，组织优势科研力量，深入研究党和国家面临的一系列亟待回答和解决的重大理论和现实问题，国家经济社会发展中的全局性、前瞻性、战略性、综合性问题，国内外普遍关注的热点焦点难点问题，推出一批系统性、有影响力的马克思主义政治经济学研究成果，提出具有现实性、针对性、可操作性的对策建议。

必须始终坚持科学精神，鼓励大胆探索。要大力加强马克思主义政治经济学学科建设、基本理论研究和基本问题研究，提出有客观依据、经得起实践和历史检验的原创性理论和学术观点，推出具有时代思想高度、代表国家学术水准的精品成果。

必须始终坚持把人才建设放在重要位置，加强马克思主义政治经济学智库型人才队伍建设。努力造就一批马克思主义政治经济学基本理论功底扎实、熟悉世情国情党情、具有理论创新能力的理论家和高端学术人才，造就一批博古通今、学贯中西、善于开展跨学科研究的复合型人才，培养一批能够运用马克思主义立场观点方法分析解答党和国家关注的重大理论和现实问题的对策性研究人才，培养一批具有国际视野和世界眼光、能够在国际交流中直接对话、有实力争取话语权的学术英才。

必须始终坚持弘扬正能量，用正面声音占领政治经济学理论学术阵地，加强有利于发挥当代中国马克思主义政治经济学创新智库功能的传播平台建设。加强期刊、图书馆、网站、数据库等名优品牌建设，将其作为实现智库影响力最大化的传播平台。办好以《经济研究》、《经济学动态》、《中国经济史研究》、中国社会科学院经济研究所网为龙头的专业学术期刊和门户网站，增强马克思主义政治经济学的影响力。办好"中国特色社会主义政治经济学论坛"和各类学术会议，增强马克思主义政治经济学的学术话语权。

必须始终坚持深化改革，健全制度保障体系，推进科研体制机制和科研组织形式创新。以实施哲学社会科学创新工程为契机，以强化智库功能为方向，以改革现行体制机制为抓手，建立适应现代智库发展规律、有利于产出高质量思想产品和政策建议的科研体制机制、科研组织形式和运行机制。

参加今天活动的专家中，不仅有国内马克思主义政治经济学界的著名学者，也有正在成长、成熟的中青年学者。我相信，与会专家、学者相互之间的学术交流与对话，一定会迸发出更多的思想火花，奉献出更多的理论创见，进一步拓展马克思主义政治经济学中国化研究的视野，努力推进马克思主义政治经济学中国化。

破解"三农"难题，推进城乡一体化[*]

今天，我们齐聚一堂，共同见证中国社会科学院城乡发展一体化智库的成立。在此，我谨代表中国社会科学院，对出席成立大会的各位领导、各位来宾表示热烈的欢迎！

党的十八大以来，推进城乡发展一体化已经成为全党和全国的工作重心之一。党的十八大明确提出：解决好农业、农村、农民问题是全党工作重中之重，城乡发展一体化是解决"三农"问题的根本途径。2015年4月30日，习近平总书记在中央政治局第二十二次集体学习时进一步指出："我国经济实力和综合国力显著增强，具备了支撑城乡发展一体化物质技术条件，到了工业反哺农业、城市支持农村的发展阶段。"① 在新阶段，加快推进城乡发展一体化，形成以工促农、以城带乡、工农互惠、城乡一体的新型工农城乡关系，让广大农民平等参与现代化进程、共同分享现代化成果，是落实中央"四个全面"战略布局的必然要求，也是以习近平同志为总书记的党中央治国理政新理念新思想新战略的重要组成部分。

在中央的统一部署和强农惠农富农政策支持下，我国新农村和美丽乡村建设稳步推进，城镇基础设施和公共服务不断向农村延伸，农村居民收入持续快速增长，农民生活水平显著提高，城乡发展差距进一步缩

---

* 该文系作者 2016 年 9 月 6 日在城乡发展一体化智库成立大会上的讲话，原载《院内通报》2016 年 9 月 7 日；《中国"三农"研究》第 1 辑，中国社会科学出版社 2017 年版。收入本书时有改动。

① 《习近平：健全城乡发展一体化体制机制 让广大农民共享改革发展成果》，中央人民政府网，2015 年 5 月 1 日，http://www.gov.cn/xinwen/2015 – 05/01/content_2856122.htm。

小。这标志着我国城乡发展一体化已经取得显著成效，城乡关系正朝着良性互动的方向发展。但是，也应该清醒地认识到，目前我国农业竞争力还不强，农民收入水平还较低，城乡发展差距还较大，"农业弱、农民苦、农村穷"的状况尚未得到根本改变，要从根本上破解城乡二元结构，建立以城带乡、城乡一体的中国特色社会主义新型城乡关系依然任重而道远。从党和国家事业发展全局的战略高度，集中力量加强城乡发展一体化的理论和政策研究，可谓正当其时！

城乡发展一体化的重点在农村。破解"三农"难题，推进城乡发展一体化，离不开专业智库的智力支持。中国社会科学院是党中央国务院重要的思想库、智囊团，是具有国际影响的国家级综合性高端智库，服务国家新农村建设和城乡发展一体化既是我们的责任，更是我们的义务。中国社会科学院农村发展研究所（以下简称"农发所"），是我国从事"三农"理论与政策研究的学术重镇和国家队。30 多年来，农发所始终紧贴农村改革发展实际，始终围绕服务国家战略需求，始终跟踪国际学术前沿，深入开展调查研究，完成了一批有影响的优秀科研成果，为积极探索中国特色的"三农"理论和政策作出了重要贡献。

建所以来，农发所一直高度重视"三农"问题和城乡发展一体化研究。多年来，农发所一大批专家学者从不同方面、多个视角，围绕如何破解"三农"问题、实现城乡发展一体化进行了大量研究和探索，形成了众多有价值的学术成果，为中央决策提出了许多具有重要参考价值的政策建议，许多建议得到了党和国家领导人的重要批示。这些研究积累为城乡发展一体化智库建设打下了良好的基础。

依托农发所建立城乡发展一体化智库，是将中国社会科学院建设成世界一流中国特色新型智库的重要组成部分。农发所全体人员一定要充分认识到建设这个智库的重要性和必要性，高度重视这一工作，举全所之力建设好智库，使之成为国际上有影响、国内最知名的"三农"智库。中国社会科学院一贯高度重视"三农"问题，今后将一如既往地支持城乡发展一体化智库的各项工作，为城乡发展一体化智库创造良好的发展环境。院各相关部门也要积极予以配合和全力支持。

在当前城乡发展一体化深入推进的大好形势下，城乡发展一体化智库如何加快自身建设，如何更好地在中央决策中发挥更大的作用，是需要认真思考的重要问题。借此机会，我想对城乡发展一体化智库的建设和发展谈几点要求和希望。

一要坚持为人民做学问。习近平总书记多次强调："小康不小康，关键看老乡。"① "没有农村的小康，特别是没有贫困地区的小康，就没有全面建成小康社会。"② 城乡发展一体化智库组织和开展的各项研究，必须坚持马克思主义的指导地位，把握正确的政治方向，自觉与以习近平同志为总书记的党中央保持高度一致，始终站在党和人民的立场上做学问，为最广大人民的利益服务，为增进农民福祉、促进农村繁荣服务，这一点是丝毫不能动摇的！

二要服务国家的战略需求。智库的根本任务在于服务党和国家的科学决策。习近平总书记明确指出，实现城乡发展一体化，"目标是逐步实现城乡居民基本权益平等化、城乡公共服务均等化、城乡居民收入均衡化、城乡要素配置合理化，以及城乡产业发展融合化"。③ 因此，城乡发展一体化智库需要围绕实现上述五大目标任务，开展前瞻性、针对性、战略性、综合性、长期性研究，最重要的是，要能够提出具有总体思维和全局眼光的高质量对策建议，这是智库建设最终的立足点，也是智库的重要使命。智库建设是否成功，这是最重要的衡量标准。

三要搭建开放的研究平台。城乡发展一体化是一个综合性研究领域，涉及国家诸多部门和我院多个研究所（院）。建设好城乡发展一体化智库，一定要树立开放合作的意识，紧密联系我院相关所（院）、有关部委和高校的专家学者，整合国内外相关资源，构建一个开放性的研

---

① 《习近平关于协调推进"四个全面"战略布局论述摘编》，中央文献出版社 2015 年版，第 36 页。

② 《习近平关于协调推进"四个全面"战略布局论述摘编》，中央文献出版社 2015 年版，第 25 页。

③ 《习近平在中共中央政治局第二十二次集体学习时强调　健全城乡发展一体化体制机制　让广大农民共享改革发展成果》，《人民日报》2015 年 5 月 2 日，第 1 版。

究平台，推动我院"三农"问题和城乡发展一体化研究迈上一个新的台阶，充分发挥我院的思想库和智囊团作用。要继续办好《中国农村经济》和《中国农村观察》，充分发挥学会、中心和全国社科农经网络的平台作用。

四要加强人才队伍建设。智库建设要坚持人才为先。要紧紧围绕智库建设的重点方向，下大力气抓好人才培养和引进工作，全面提升科研、编辑、管理人员的素质和能力，同时加强研究生和博士后培养工作，建立完善访问学者进修制度，逐步形成结构合理、梯次分明、精干高效、符合国家战略需求的高水平智库人才队伍，为智库发挥作用储备后备力量。

各位来宾，女士们，先生们！

城乡发展一体化智库的建设和发展，离不开社会各界的关心和爱护。希望大家一如既往地支持和参与城乡发展一体化智库的建设，为中央决策提供更多更好的理论支撑和政策建议，共同推动城乡发展一体化目标的实现。

推动中俄务实合作向更高目标迈进*

在这个春和景明的时节，我们隆重举行中俄战略协作高端合作智库启动仪式，这是俄罗斯东欧中亚研究所建所以来的一件大事，也是中俄关系研究中的大事，标志着中俄务实合作向更高目标迈进。我代表院党组对中俄战略协作高端合作智库启动表示热烈的祝贺！

一

刚刚过去的 2016 年是中俄关系发展史上非常重要的一年，这一年是中俄外交关系建立 25 周年、中俄战略协作伙伴关系建立 20 周年，也是《中俄睦邻友好合作条约》签署 15 周年。在过去 25 年里，中俄内外部环境发生重大变化，两国力排众议，克服困难，双边关系连上三个台阶：从"互视为友好国家"上升到"建设性的伙伴关系"，然后又到"战略协作伙伴关系"。实践充分证明，两国共同致力于构建以合作共赢为核心的新型国家关系，不仅符合两国和两国人民的根本利益，也符合时代发展潮流，有力地保障了双方国家利益，维护了世界及地区的和平、稳定与发展。15 年来，在《中俄睦邻友好合作条约》的指引下，两国在政治、经济、人文、国际事务等领域密切合作。当前中俄战略协作伙伴关系达到历史最好水平，突出表现在以下几个方面。

一是中俄高层交往密切，政治互信明显提高。2015 年和 2016 年

* 该文系作者 2017 年 2 月 28 日在中俄战略协作高端合作智库启动仪式上的讲话，原载《院内通报》2017 年 3 月 7 日，收入本书时有改动。

习近平主席和普京总统进行了多次会晤，为中俄关系保持高水平发展势头发挥了重要引领作用。2015 年 5 月两国元首签署的《中华人民共和国与俄罗斯联邦关于丝绸之路经济带建设和欧亚经济联盟建设对接合作的联合声明》极大增进了两国相互理解和政治互信。2016 年 6 月普京访华，两国元首作出了双边关系发展的战略规划和部署，访问期间签署了三个重要文件，这种情况在中国与其他国家交往史上还没有过，体现了中俄关系的特殊重要性和高水平。

二是中俄各领域务实合作稳步推进，两国关系的物质基础进一步巩固。中俄经贸合作虽然遭遇了经济危机的影响，但双边贸易下滑得到遏制，贸易结构持续改善，中国继续保持俄主要投资来源国地位，对俄投资持续增长。能源合作取得重大突破，电网改造、中小企业合作、科技创新、农业等领域的合作逐步展开，跨境电商的蓬勃发展和地方务实合作的兴起为两国经济合作提供了新的增长点。

三是中俄人文合作进一步扩大加深，中俄关系的社会基础和舆论环境明显改善。近几年，两国成功互办"国家年"的活动，民众参与程度高，社会反响强烈，成果显著。一系列文化交流合作加深了两国在各领域的合作，为两国全面战略协作伙伴关系的持续稳定健康发展注入了强大的动力。

四是中俄在国际和地区问题上的战略协作超出双边关系，成为全球和平稳定的压舱石。中俄是推动国际秩序向更加公正方向发展的主导力量。

五是以中俄为主导的上海合作组织，践行"上海精神"，在维护本地区的和平、稳定与安全，促进本地区各国经济发展和人文交流方面取得巨大成就。上海合作组织成立 15 年来其国际影响力也不断扩大。

二

俄罗斯是我国最重要的邻国和战略协作伙伴，2017 年我们要继续深刻领会中央对俄罗斯的方针政策。当前国际形势复杂深刻演变，世界经济复苏乏力，全球经济治理、国际恐怖主义、朝鲜半岛核问题、叙利亚局势等国际和地区热点问题热度不减，冷战思维、双重标准、霸权主义在国际事务中仍有恃无恐，世界持久和平与稳定发展所面临的挑战与风险有增无减。在这样的背景下，关键要把握好俄罗斯在国际事务和我国外交战略中的地位和作用。要切实利用好中俄战略协作高端合作智库平台，开展全局性、战略性、前瞻性、针对性、储备性问题研究，作出综合研判和战略谋划，推出一批系统性、有影响力的战略决策和具有现实性、建设性、长远性、可操作性的对策建议，为中俄务实合作的长期发展以及两国在国际事务中的全面协作注入新的动力。同时也不能忽视对战术性问题的研究，中俄关系中一些短期、紧急、局部、具体而微观的问题同样需要着力处理，针对这些具体问题也要提供及时的决策参考。中俄战略协作高端合作智库平台的建立与启动说明了党、国家和我院对于中俄关系稳定深入发展非常重视并寄予了很大的希望。

三

中俄战略协作高端合作智库要以马克思列宁主义、毛泽东思想、中国特色社会主义理论体系为指导，贯彻落实习近平总书记系列重要讲话精神和治国理政新理念新思想新战略，以围绕大局、服务中心的工作方针为导向，把握正确的政治方向和学术导向，坚持理论联系实际，强化问题意识，大胆创新研究，积极建言献策，进一步把两国高水平的政治关系转化为推动务实合作的巨大动力，让两国关系与人民福祉紧密结合。中俄双边关系中今后面临深化中俄各领域务实合作研究的重要任务，应通过中俄战略协作高端合作智库平台为全力推进中俄务实合作提供智力支撑。为此要做到以下几点。

一是要促进中俄两国发展战略的对接，特别是"一带一路"与"欧亚经济联盟"的对接合作。"带盟"框架下中国的着力点是对基础设施进行投资，俄罗斯的优势在于一体化合作机制的构建。中俄可根据基础设施的建设创立投资机制，助力欧亚经济联盟实施已经启动的计划。二是要根据中俄双方战略合作投资清单推动能源、核能、航天、高铁、跨境基础设施等领域的战略性大项目合作，中俄战略协作高端合作智库要客观评估政治经济风险，考察法律对接，全面推动这些项目合理落地。三是要重视大企业与中小企业并行推进，不断扩大农业、金融和高新技术的合作。中小企业经营种类繁多，有利于产业链的延长，要为中小企业提供信息，搭建合作平台，要提出在中俄务实合作中形成大企业顶天立地、中小企业铺天盖地的格局的建议。四是要抓住机遇拓展思路，推出大力开发中俄旅游产业、合作办学、引进文艺作品、在两国普及俄语和汉语等举措。要强化共同发展战略利益认知，让两国民心相通，为各项务实合作夯实民意基础，提供民意支持。五是要在中俄战略协作高端合作智库平台上举办围绕中俄关系的主题论坛、专题研讨会、成果发布会、媒体访谈等活动，向社会提供更多的研究成果，使社会更多感知俄罗斯，理解中俄关系友好对我国的重要意义，为中俄关系深入发展进一步夯实社会基础。

人才是实现智库可持续发展的基础和关键。我希望中俄战略协作高端合作智库深化智库研究，培养一批既掌握扎实基础理论，又擅长对策研究，求真务实、严谨厚德的研究人才，培育一批具有国际视野和世界眼光、能够在国际交流中直接对话、有实力争取话语权的学术英才。

祝愿中俄战略协作高端合作智库早日成为具有国际影响力的世界知名智库，让中俄全面战略协作伙伴关系具有更加丰富的内涵，为中俄关系的健康平稳发展作出更大的贡献！

加强中非智库交流，助力中非关系发展[*]

大家上午好！很高兴来到美丽的内罗毕出席"投资软实力：中非智库合作"研讨会，我谨代表中国社会科学院对此次会议的成功召开表示热烈祝贺，对各位与会嘉宾和专家学者表示诚挚欢迎！

智库是一个国家软实力的重要组成部分。智库通常能够超然于权力之外，从专业、科学的角度冷静地观察、思考各种治理问题，并且为解决问题建言献策，因而是现代国家治理体系不可或缺的一环。因此，自上世纪80年代以来，智库在包括中国和非洲国家在内的全球范围内出现迅猛发展的势头。据权威机构统计，在目前全世界6800多家各类智库中，中国拥有智库400多家，非洲各国拥有智库600多家，许多智库都为推动中国和非洲的发展以及中非友好合作发挥了积极的作用。

中国过去数十年社会经济的发展进步与中国政府一直高度重视智库建设与发展密不可分。习近平主席高度重视智库在政府科学决策中的重要作用。习近平主席曾多次就中国智库建设作出重要指示，2015年中国政府专门出台《关于加强中国特色新型智库建设的意见》，强调通过加速智库建设推动中国国家治理的科学决策、民主决策，推进国家治理体系和治理能力的现代化。

中国社会科学院是中国哲学社会科学研究的最高殿堂和最具国际影响力的国家级综合性高端智库。中国社会科学院成立于1977年，现拥有文学哲学部、历史学部、经济学部、社会政法学部、国际研究学部、

---

* 该文系作者2017年3月10日在"投资软实力：中非智库合作"研讨会上的致辞，原载《院内通报》2017年3月17日，收入本书时有改动。

马克思主义研究学部 6 大学部，下设 39 个研究所（院）和 180 多个研究中心，研究范围涵盖马克思主义、哲学、宗教学、语言学、文学、历史学、考古学、经济学、政治学、法学、社会学、民族学、新闻传播学、国际政治和经济、人口学等哲学社会科学的主要学科领域。我院现有在职人员 4200 余人，其中高级专业人员 1600 多人，并创办有哲学社会科学学术期刊近百种。建院 40 年来，中国社会科学院依托学科优势和人才优势，以中国经济社会发展面临的重大理论和现实问题为主攻方向，围绕国家重大发展战略展开前瞻性、针对性、储备性的政策研究，为繁荣中国哲学社会科学事业、中国的改革开放和现代化建设作出了显著的贡献。

中国社会科学院长期以来注重开展对外学术交流，其中包括与外国智库的合作。目前，中国社会科学院对外学术交流已遍及世界 130 多个国家和地区，与海外 200 多个社科研究机构、学术团体、高等院校建立了学术交流关系，对外签订学术交流协议 150 多个。每年都有许多国外著名学者和政要来我院访问、讲演，全院年均对外学术交流总量 4000 人次左右，在世界上知名度极高，也是最为活跃的智库之一。

女士们，先生们，朋友们！

中非友谊源远流长，新中国成立以来加快发展。特别是 2000 年中非合作论坛成立以来，中非关系呈现出迅猛发展的态势，合作领域不断扩展和深化。2015 年 12 月举行的中非合作论坛约翰内斯堡峰会通过的《中非合作论坛约翰内斯堡峰会宣言》把中非关系从新型战略伙伴关系提升为全面战略合作伙伴关系，使中非成为"政治上平等互信、经济上合作共赢、文明上交流互鉴、安全上守望相助、国际事务中团结协作"的全面战略合作伙伴。针对近年来国际经济环境出现不利的变化，中国和非洲国家的经济以及中非经贸关系都受到一定程度的影响这一新情况，为了进一步推动中非合作共赢和共同发展，中国国家主席习近平在中非合作论坛约翰内斯堡峰会上，提出了中非"十大合作计划"，重点是中非工业化合作计划和中非农业现代化合作计划，中国政府决定为"十大合作计划"提供 600 亿美元资金支持。目前，落实约翰内斯堡峰会成果正成为拉动中非合作的强大动力，并引领中非合作走向转型升级，即中非合作从以政府援助为主向企业投资和融资合作为主转型，从一般商品贸易向产能合作和加工贸易升级，从工程承包向投资和金融合作升级。

中非合作的转型升级必然为中非双方的智库专家发挥作用提供大量的机会，开辟广阔的空间。今天，来自中国社会科学院和肯尼亚非洲政策研究所等智库的专家学者相聚一堂，共商中非合作大计，意义重大。我希望中非双方专家学者能根据中国、非洲和世界发展的实际，围绕中非发展和中非关系中的重大理论和现实问题，开展深入的交流和探讨。

第一，中国国家主席习近平近年来访非期间先后提出对非合作"真、实、亲、诚"① 和共建"中非命运共同体"② 的理念。我们需要将这些理念化为具有可行性的政策举措。

第二，中国政府的"一带一路"倡议自提出以来一直受到广大非洲国家的关注，我们需要把这一倡议与非洲国家的相关发展战略实现对接。

第三，工业化合作是未来中非经贸合作的重点领域，我们需要在中非工业化合作进程中真正实现合作共赢、共同发展。

第四，当前全球经济复苏乏力、贸易保护主义抬头，中非需要合作应对挑战，在不利的国际环境中继续保持中非合作的良好势头。

第五，中国和非洲国家在发展道路的探索中，都取得了大量宝贵的发展经验，我们应当分享成功的经验，使其更好地服务于今天的发展。

我们希望通过对这些问题以及非洲智库关心的其他问题的研讨，为推动中非关系的新发展提供智力支持。

最后，预祝本次研讨会圆满成功，祝中非智库合作取得丰硕的成果。

---

① 《习近平关于总体国家安全观论述摘编》，中央文献出版社 2018 年版，第 229 页。
② 《习近平谈治国理政》第 3 卷，外文出版社 2020 年版，第 449 页。

为人民做研究，建高水平智库[*]

　　加强中国特色新型智库建设，充分发挥中国特色新型智库在治国理政中的重要作用，必须从党和国家事业发展的战略全局出发，以党和人民关注的重大理论与现实问题为主攻方向，以维护国家利益和人民利益为根本出发点和落脚点，努力打造为人民做研究的新型智库。

　　打造为人民做研究的新型智库，核心是坚持党的领导，关键是把握正确方向。加强中国特色新型智库建设必须坚持党的领导，坚持中国特色社会主义方向，坚持以马克思主义世界观、方法论为指导，坚持马克思主义学风，坚持以实现和维护人民的根本利益、不断壮大党的事业、推动中国特色社会主义的发展为宗旨，坚持以党和人民关注的重大理论和现实问题为主攻方向。

　　塑造为人民做研究的品格，必须解决好为什么人的问题。为什么人的问题，是马克思主义唯物史观的核心问题，是中国共产党的党性宗旨问题，也是关乎中国特色新型智库发展的一个带根本性的首要问题。必须解决好科学工作者站在什么样的立场上、选择什么样的政治方向和学术导向、运用什么样的理论武器、树立什么样的学风文风、为什么人服务的问题，也就是解决好"为了谁，依靠谁，我是谁"的问题，解决好坚持马克思主义立场观点方法，坚定真挚的为民情怀，牢固树立人民是真正英雄的历史观、以人为本人民至上的价值观，为党和人民的事业鼓和呼的问题。

　　智库工作者关键是要把做人、做事、做学问统一起来，坚持实事求

＊　原载《人民日报》2017 年 4 月 12 日，收入本书时有改动。

是和理论联系实际、求真务实和创新实干的思想作风，为人民服务、为党和国家的决策服务、为中国特色社会主义事业服务。深刻把握马克思主义哲学世界观方法论，提高运用马克思主义指导智库研究的能力，不断增强服务党和政府决策的科学性、前瞻性和主动性，多出党和国家急需的高质量的智库成果和党和人民信得过的高水平的智库人才。

现阶段，中国社会科学院已经构建起院—所—专业三级智库结构：一是全院作为综合集成的总体智库；二是各研究所（院）作为具有各自方向的学科智库；三是在 2015 年重点建设的 11 个专业化智库。中国社会科学院将坚持高起点推进、高水平建设，先行先试，着力打造在国内外有广泛影响的高端智库，更好地发挥作为中国特色新型智库的正能量。

办好中国—中东欧研究院[*]

今天，我们相聚在美丽的布达佩斯，隆重举行"中国—中东欧研究院"成立仪式。首先，我代表中国社会科学院和中国—中东欧国家智库交流与合作网络，向出席仪式的各位来宾表示热烈欢迎！

今天，正在匈牙利访问的中共中央政治局委员、中央宣传部部长刘奇葆阁下，出席成立仪式并为"中国—中东欧研究院"揭牌，体现了中方对成立"中国—中东欧研究院"的高度重视，我们对刘奇葆阁下一行的莅临表示衷心感谢！

中国与匈牙利及中东欧各国有着传统友好关系，2012 年中国—中东欧国家合作机制诞生以来，开辟了中国与中东欧国家合作的新途径，为中欧全面战略伙伴关系发展注入了新动力。

智库交流合作是中国—中东欧国家合作的重要组成部分。2014 年12 月，中国总理李克强在贝尔格莱德提出支持建立中国—中东欧国家智库交流与合作中心。2015 年 11 月，"16 + 1 合作"《中国—中东欧国家合作苏州纲要》中明确支持由中国社会科学院牵头组建中国—中东欧国家智库交流与合作网络（"16 + 1"智库网络）。自建立以来，中国—中东欧国家智库交流与合作网络作为中国与中东欧国家间智库交往高端平台，开展了形式多样的交流活动，为"16 + 1 合作"和"一带一路"建设提供了重要的人文支撑、智力支持和政策咨询。

随着中国与中东欧国家各领域合作的日益深入，迫切需要智库和学

---

* 该文系作者 2017 年 4 月 20 日在"中国—中东欧研究院"成立仪式上的讲话，原载《院内通报》2017 年 5 月 3 日，收入本书时有改动。

术机构针对新形势、新问题拓展和深化研究与交流。"中国—中东欧研究院"应运而生。这是"16＋1"智库网络发展迈出的关键一步，也标志着中国与中东欧国家人文学术交流迈上了新的台阶。

"中国—中东欧研究院"设立在匈牙利布达佩斯，面向包括匈牙利在内的广大中东欧国家学术和智库机构展开合作与交流。我本人担任研究院的荣誉院长，中国社会科学院欧洲研究所所长、"16＋1"智库网络秘书长黄平担任院长。研究院将广泛联络中国和中东欧及欧洲其他地区的专家学者和学术、智库机构，支持开展课题研究、举办学术会议、组织智库对话、实施人才培训及联合出版项目等，全面推动和加强"16＋1"智库合作及中欧人文交流。研究院将成立学术合作委员会，邀请中东欧国家的学术智库单位作为成员单位；聘请欧方知名学者担任研究院通讯院士、特约研究员等。今年，我们将设立100万元人民币的课题招标项目，围绕"16＋1合作"、"一带一路"建设中的重大议题，支持开展合作研究，并争取在今年中国—中东欧国家领导人峰会前发布一批有分量的研究成果。

女士们，先生们！

今年5月14日至15日，"一带一路"国际合作高峰论坛将在北京举行。目前已有包括匈牙利、捷克、波兰、塞尔维亚等中东欧国家在内的28个国家的元首、政府首脑确认出席。这次论坛将共商合作大计，共建合作平台，共享合作成果，为解决当前世界和区域经济面临的问题寻找方案，为实现联动式发展注入新能量，推动"一带一路"建设更好造福各国人民。

高峰论坛的举办将为"一带一路"建设开辟新的前景，也将为中国与中东欧国家合作带来新的机遇。"中国—中东欧研究院"将围绕实现"一带一路"建设与"16＋1合作"的紧密对接，开展深入研究工作，提供有效智力支持。

办好"中国—中东欧研究院"，离不开中东欧各国学术、智库机构和专家同行们的协作与帮助。研究院筹建过程中，得到了匈牙利科学院、匈牙利中央银行、匈牙利安道尔知识中心、匈牙利国际事务与贸易研究所等机构的鼎力支持。中国社会科学院作为中国最高的社会科学研究机构和最重要的国家级综合智库，将与大家携手并肩，全力办好"中国—中东欧研究院"。

最后，再次衷心感谢刘奇葆部长拨冗出席成立仪式！感谢匈牙利外交部和中国驻匈大使馆对成立研究院予以的协助，感谢匈牙利科学院等为举办此次活动付出的努力！

坚持正确政治方向，
发展中国特色社会主义慈善事业[*]

今天我们在这里隆重举行上海研究院现代慈善研究中心揭牌仪式。首先，我谨代表中国社会科学院，并以我个人的名义，向现代慈善研究中心的成立表示热烈的祝贺，向支持和协助建立现代慈善研究中心的朋友们表示衷心的感谢！

扶贫济困、乐善好施是中华民族的传统美德。慈善事业的广泛开展，既有利于完善社会保障体系和分配制度，也有利于弘扬传统美德，提升公民道德水平，促进社会成员团结友爱。习近平总书记一直高度重视慈善事业。在浙江担任省委书记时，习近平同志就强调，慈善事业是惠及社会大众的事业，是社会文明的重要标志，是具有广泛群众性的道德实践。2016 年 3 月 16 日，我国首部《慈善法》经习近平主席签署后正式公布。

近年来，我国慈善事业蓬勃兴起，以慈善组织为代表的各类慈善力量迅速发展壮大，社会慈善意识明显增强，各类慈善活动积极踊跃，在灾害救助、贫困救济、医疗救助、教育救助、扶老助残和其他公益事业领域发挥了积极作用。当前慈善事业已经成为中国特色社会主义事业的重要内容，并且随着我国经济社会发展水平的提高，其重要性迅速提升。

首先，发展中国特色社会主义慈善事业有助于实现"两个一百年"

---

* 该文系作者 2017 年 5 月 3 日在上海研究院现代慈善研究中心揭牌仪式上的致辞，原载《院内通报》2017 年 5 月 8 日，收入本书时有改动。

奋斗目标。党的十八大报告提出了"两个一百年"奋斗目标，在中国共产党成立一百年时全面建成小康社会，在新中国成立一百年时建成富强民主文明和谐的社会主义现代化国家。要全面建成小康社会，就要打赢脱贫攻坚战。党的十八届三中全会《关于全面深化改革若干重大问题的决定》指出："完善慈善捐助减免税制度，支持慈善事业发挥扶贫济困积极作用。"① 脱贫攻坚任务艰巨，发展慈善事业能够助力我国的扶贫事业，为 2020 年全面建成小康社会作出贡献。在全面建成小康社会后，慈善事业还会继续发挥重要作用，有利于实现全体人民共同富裕，从而实现第二个一百年奋斗目标。

其次，发展中国特色社会主义慈善事业有助于保障社会安全。习近平总书记指出，必须"既重视发展问题，又重视安全问题，发展是安全的基础，安全是发展的条件"②。慈善事业是社会和谐安全的润滑剂。发展慈善事业有助于协调各方利益关系，化解内部矛盾；有助于减少社会隐患，促进社会安全；有助于维护和实现社会公平正义，推动社会主义和谐社会发展。

最后，发展中国特色社会主义慈善事业有助于增强文化自信。中华民族传统文化中素来就有慈善基因。"仁"是儒家思想的核心与精髓，"仁"即爱别人。《孟子》有语："穷则独善其身，达则兼善天下。""达则兼善天下"就是要做慈善的意思。在五千年的发展过程中，中华民族形成了"慈悲为怀、乐善好施、扶贫济困、助人为乐"等深入人心的帮助关爱他人的文化。发展中国特色社会主义慈善事业既是对中华民族优秀传统文化的继承，也有助于将传统文化发扬光大，增强我们的文化自信。

在我国慈善事业蓬勃兴起，重要性快速提升的同时，我们也要客观地看到其中一些亟待解决的问题。比如，对中国特色社会主义慈善事业的发展方向认识不够深入；政策法规体系不够健全，监督管理措施不够

---

① 《十八大以来重要文献选编》（上），中央文献出版社 2014 年版，第 537 页。
② 《习近平谈治国理政》，外文出版社 2014 年版，第 201 页。

完善；一些慈善组织面临公信力危机；民间慈善渠道不够畅通；等等。这就需要我们对慈善事业的发展进行认真而细致的研究，这样才能够找到解决这些问题的正确方法。

大道以多歧亡羊，学者以多方丧生。要做好中国特色社会主义慈善事业的研究工作必须走正确的道路，应把握好以下几点。

一是坚定正确的政治方向，以社会主义核心价值观为引领。我们所推动和发展的慈善事业是中国特色社会主义慈善事业，不同于西方国家的慈善事业。简单来说，中国特色社会主义慈善事业是在开辟中国特色社会主义道路过程中，用中国特色社会主义理论体系指导的慈善事业。西方资产阶级的慈善事业受西方价值观的影响，我国社会主义的慈善事业理应体现社会主义核心价值观。这有助于认识我国和西方慈善事业的区别。我国慈善事业既是对社会主义核心价值观的践行，又应在社会主义核心价值观的引领下发展。

二是重点研究政府和民间力量在推动我国慈善事业发展中的作用，辩证看待两者的关系。在我国，政府在慈善组织活动中扮演多重角色，既是创办者、扶持者，也是监督管理者。政府的强作为无疑为中国慈善事业在当前体制和形势下取得进步提供了重要支持。特别是在慈善事业发展的早期，政府强力主导的慈善模式取得了更快进步。但随着我国慈善事业的发展，政府在慈善事业中的职能也面临转变。未来应更加注重民间力量在慈善事业发展中的作用。政府在慈善事业中将更多扮演监督管理者的角色，充分调动民间企业和个人的积极性。

三是以发展的眼光看待中国特色社会主义慈善事业，做到与时俱进。慈善事业是不断发展的，应该用发展的眼光看待慈善事业。不同时期，慈善事业运作既相互联系又有所区别。与时俱进就是慈善事业的组织管理应不断改革，适应社会发展和需要；与时俱进就是慈善事业的表现形式应不断发展，充分反映社会和科技进步；与时俱进就是慈善事业的发展应借鉴一切有用的国际经验，不断提高发展水平。比如，现在流行讲"互联网＋"，慈善事业也应该充分利用互联网，在发展过程中有所创新，并不断规范其发展。

同志们！

中国特色社会主义慈善事业的健康可持续发展，有赖于慈善组织、学界及社会各界的共同努力。在我国慈善事业迅速发展，重要性快速提升的形势下，上海市慈善基金会选择中国社会科学院和上海市人民政府共建的新型智库——上海研究院，合作建立现代慈善研究中心，恰逢其时，意义重大。这既有利于加强中国特色社会主义慈善事业的研究，也有利于推动上海研究院在研究布局、学科建设和社会影响等方面实现新的突破，是一个双赢的选择。在此，我再次向长期关心和支持上海研究院发展的上海市委市政府领导及有关部门、上海大学表示由衷的感谢！希望上海研究院现代慈善研究中心能够抓住机遇，为中国特色社会主义慈善事业发展作出自己的贡献。

新理念引领新发展[*]

欢迎来自政府、企业、学术界、新闻界的各位嘉宾齐聚在这里，共同研讨雄安新区建设发展问题。借此机会，我谨代表中国社会科学院向与会的嘉宾、专家学者、新闻记者以及各界朋友们表示热烈欢迎。雄安新区是党中央、国务院批准设立的具有全国意义的新区，这是以习近平同志为核心的党中央作出的一项重大历史性战略选择，是千年大计、国家大事。我院作为党中央、国务院的思想库、智囊团和首批国家高端智库试点单位，全力服务国家重大发展战略，努力为党中央、国务院科学决策作出应有的贡献。雄安新区设立以来，我院专家学者在决策咨询、政策解读、舆论引导等方面较好地发挥了作用。为了更好地服务党中央这一重大决策，我院决定在"中国社会科学院京津冀协同发展智库"的基础上加挂牌子成立"中国社会科学院雄安发展研究智库"，继续利用工业经济研究所科研优势和学科影响力，着力打造京津冀协同发展和雄安新区发展研究的高水平国家专业智库。

2014年以来，习近平总书记多次深入京津冀三地调研，对京津冀协同发展多次作出重要指示。三年来，京津冀协同发展取得了显著阶段性成效，得到社会各界的称赞。设立雄安新区是以习近平同志为核心的党中央为深入推进京津冀协同发展作出的一项重大决策部署，对北京"大城市病"治理、优化京津冀空间结构和促进区域协调发展具有重大的现实意义和深远的历史意义。对北京的"大城市病"大家感同身受、

---

* 该文系作者2017年7月18日在中国社会科学院雄安发展研究智库成立暨京津冀协同发展学术论坛上的致辞，原载《院内通报》2017年7月24日，收入本书时有改动。

有目共睹，交通拥堵、雾霾频发、资源短缺、房价过高等问题比较突出，已明显影响到城市居民的正常生活和城市持续发展。同时，我们也应该清楚地看到，京津冀三地虽然地理相邻、交通相连、文化相亲，但地区差距依然较大，一体化程度不高，各地比较优势没有充分发挥，产业协作比较困难。雄安新区正是着眼于解决京津冀区域这些突出的现实问题而设立的。雄安新区作为京津冀区域新兴的增长极，将与深圳经济特区、上海浦东新区一样成为新时期引领区域发展的具有全国意义的新区。如果说 20 世纪 80 年代深圳对外开放带动珠三角的崛起，90 年代浦东新区开发开放带动长三角的腾飞，那么现阶段雄安新区开发建设无疑将促进京津冀高水平协同发展和加快形成具有竞争优势的世界级城市群。

本届论坛的主题是"新理念引领新发展"，高度契合了中央对雄安新区的发展定位。中央已明确提出，雄安新区规划建设发展要坚持保护弘扬中华优秀传统文化、延续历史文脉，建设非首都功能疏解集中承载地，建设绿色生态宜居新城区、创新驱动发展引领区、协调发展示范区、开放发展先行区，打造成为贯彻落实新发展理念的创新发展示范区。目前，雄安新区涉及的三个县尽管发展水平不高，工业化和城镇化相对缓慢，但区位优势明显，对外交通便利，资源环境承载能力较强，生态环境较好，可用于城市建设和产业发展的空间较大。这个地方现阶段犹如一张空白的纸，可以高标准、高起点地规划建设以新发展理念引领的现代新型城区。为此，大家可以期待，经过高水平规划和集中开发建设，雄安新区这座环绕白洋淀的未来之城将成为我国践行五大发展理念的样板城市，智慧、创新、绿色、开放、包容、共享将成为城市发展的基本元素。有魅力的雄安新区今后将是海内外高层次人才、高校科研院所、企业事业总部和高端高新产业的集聚之地。此外，雄安新区也有望打破京津双核的区域空间结构，成为京津冀世界级城市群的一个核心城市，与北京、天津一起，共同形成京津雄三核联动发展的新格局。

我院工业经济研究所是一个以产业经济、区域经济和企业管理三大学科为核心，长期从事国家重大现实问题研究的专业性学术机构。建所近 40 年来，一代又一代的"工经人"始终牢记立所使命，不忘建所初心，矢志不移地为党中央重大决策和国家战略贡献自己的智慧，并取得丰硕的学术成果，在业内享有较高的学术声誉和社会知名度。2016年1月，我院依托工业经济研究所成立了"中国社会科学院京津冀协同发展智库"。一年来，工业经济研究所紧紧围绕党中央国务院关于京津冀协调发展战略的重点工作，组织所内外科研力量开展了一系列的专题研究，率先在国内外发布了《京津冀协同发展指数报告》，开展了京津冀协同发展阶段成效的问卷调查，研究结果比较客观地反映了京津冀协同发展取得的阶段性成果，得到社会各界的广泛认可，并确立了我院在京津冀协同发展决策咨询与战略研究中的重要地位。我相信，中国社会科学院雄安发展研究智库成立以后，工业经济研究所将会继续服务国家战略，与各理事单位和社会各界开展深入合作，共同致力于雄安新区规划建设发展的相关课题研究、学术研讨、政策咨询、舆论引导等工作，努力为雄安新区发展作出重要贡献，在雄安新区发展研究领域叫响中国社会科学院的声音。

最后，预祝本届京津冀协同发展学术论坛取得圆满成功！预祝中国社会科学院雄安发展研究智库早日取得优异成果！

用习近平新时代中国特色社会主义思想
指导新型智库建设[*]

在党的十九大胜利闭幕后不久，东北"三省一区"社会科学院院长联席会议暨新型智库建设研讨会就在辽宁省的丹东市举行，主题是深入学习贯彻党的十九大精神，全面理解落实习近平新时代中国特色社会主义思想，研究和贯彻习近平总书记专门对东北老工业基地所作的"四个着力""三个推进"重要讲话。这是用习近平新时代中国特色社会主义思想指导哲学社会科学工作的一次重要会议，具有非常重要的意义。首先，我对这次会议的召开表示热烈的祝贺！

党的十九大是在我国全面建成小康社会决胜阶段和中国特色社会主义进入新时代的关键时期召开的一次十分重要的大会。党的十九大确立了习近平新时代中国特色社会主义思想，开启了全面建设社会主义现代化强国的新征程，这次盛会举世瞩目，对中国、对世界具有深远意义。习近平总书记在十九大报告中对哲学社会科学工作也提出了更高的要求："深化马克思主义理论研究和建设，加快构建中国特色哲学社会科学，加强中国特色新型智库建设。"① 这是以习近平同志为核心的党中央赋予全国哲学社会科学战线的新时代的历史任务。我们一定要认真学习领会、坚决贯彻党的十九大精神，特别是习近平新时代中国特色社会主义思想，紧紧围绕坚持和发展中国特色社会主义这一新时代主题，坚

---

* 该文系作者 2017 年 11 月 24 日在东北"三省一区"社会科学院院长联席会议暨新型智库建设研讨会上的讲话，原载《社会科学辑刊》2018 年第 1 期，收入本书时有改动。

① 习近平：《决胜全面建成小康社会　夺取新时代中国特色社会主义伟大胜利——在中国共产党第十九次全国代表大会上的报告》，人民出版社 2017 年版，第 41～42 页。

持马克思主义指导地位，贯彻"百花齐放、百家争鸣"方针，坚持为人民做学问理念，立时代潮头，统古今变化，发思想先声，繁荣中国学术，发展中国理论，传播中国思想，为发展 21 世纪中国的马克思主义，构建中国特色哲学社会科学学科体系、学术体系、话语体系，加强中国特色新型智库建设作出新的更大的贡献。下面，我想围绕哲学社会科学战线深入学习贯彻党的十九大精神讲几点意见。

一 深化马克思主义理论研究和建设

坚持以马克思主义为指导，大力推进马克思主义中国化、时代化和大众化，建设马克思主义坚强阵地，是以习近平同志为核心的党中央对全国哲学社会科学战线第一位的政治要求。社会科学院作为我国哲学社会科学研究的重要部门，必须自觉坚持以马克思主义为指导，解决好"真懂真信真用、为什么人、怎么用"的问题，把马克思主义立场观点方法贯穿到科研和各项工作的全过程。要从世界观和方法论的高度系统把握马克思主义的思想精髓和精神实质，不断提高运用马克思主义指导科学研究的能力和水平。坚持为人民做学问理念，勇于创新，多出经得起实践和历史检验的优秀学术成果，努力培养忠诚服务党和人民事业、值得党和人民信赖、对党对人民有贡献的学问家。

一要深入学习、研究和阐释习近平新时代中国特色社会主义思想，努力推进马克思主义中国化、时代化、大众化。党的十八大以来，以习近平同志为主要代表的中国共产党人，在推进实践创新的同时，进行着划时代的理论创新，创立了习近平新时代中国特色社会主义思想。党的十九大对这一成果的历史地位作出评价，并将其确立为我们党必须长期坚持的指导思想。习近平新时代中国特色社会主义思想具有严谨的逻辑、丰富的内容、科学的体系、实践的品格，博大精深，意义深远。社会科学院的同志们一定要深入学习、研究、阐释习近平新时代中国特色社会主义思想。要下功夫学原文、悟原理，不断增强政治认同、理论认同、思想认同、情感认同，用以指导哲学社会科学研究的自觉性、坚定性。要围绕这一党的理论创新最新成果，在各学科领域确立一批研究选题，组织精干力量进行深入研究阐释，推出更多有分量的研究成果。

二要加强马克思主义学科建设。要围绕习近平新时代中国特色社会主义思想制定马克思主义学科发展规划，扎实推进马克思主义学科建设和理论创新，努力把马克思主义学科建设成为哲学社会科学的优势学科，发挥好马克思主义学科的支撑引领作用，为推动党的理论创新成果入脑、入心，书写当代中国马克思主义新篇章提供有力的学理支撑。

三要密切关注党和国家面临的重大现实问题，以理论联系实际的学风开展理论研究。要准确把握我国改革发展所呈现出的一系列新的阶段性特征，充分认识人民日益增长的美好生活需要和不平衡不充分的发展之间的社会主要矛盾，立足我国改革开放和社会主义现代化建设的伟大实践，着眼于马克思主义理论的实际运用，着眼于对实际问题的理性思考，着眼于新的实践和新的发展，深入研究和回答重大理论和现实问题，不断把党带领人民创造的成功经验上升为理论，在理论与实践的双重探索中不断推进党的理论创新进程。

二　加快构建中国特色哲学社会科学

习近平总书记在哲学社会科学工作座谈会上指出："一个没有发达的自然科学的国家不可能走在世界前列，一个没有繁荣的哲学社会科学的国家也不可能走在世界前列。坚持和发展中国特色社会主义，需要不断在实践和理论上进行探索、用发展着的理论指导发展着的实践。在这个过程中，哲学社会科学具有不可替代的重要地位，哲学社会科学工作者具有不可替代的重要作用。"[①] 我们一定要以高度的文化自觉和文化自信，在加快构建中国特色哲学社会科学方面发挥引领带动作用。

一要加强中国特色哲学社会科学学科体系建设。大力发展对哲学社会科学具有支撑作用的基础学科、具有重要现实意义的新兴学科和交叉

---

① 习近平：《在哲学社会科学工作座谈会上的讲话》，人民出版社 2016 年版，第 2 页。

学科，发展具有龙头作用的优势重点学科，发展具有重要文化价值和传承意义的"绝学"、冷门学科，形成基础学科健全扎实、重点学科优势突出、新兴学科和交叉学科创新发展、冷门学科代有传承、基础研究和应用研究相辅相成、学术研究和成果应用相互促进的学科体系。

二要加强中国特色哲学社会科学学术体系建设。坚持不忘本来、吸收外来、面向未来，贯彻"百花齐放、百家争鸣"方针，瞄准学术前沿，着力搭建哲学社会科学创新平台，不断推进知识创新、理论创新、方法创新，逐步提升学术命题、学术思想、学术观点、学术标准、学术话语的产出能力和水平，打造具有中国特色、中国风格、中国气派的新概念、新理论，打造中国特色哲学社会科学学术体系。

三要加强中国特色哲学社会科学话语体系建设。善于提炼标识性概念，展示中国学术的特色和优势，打造国际社会易于理解和接受的新概念、新范畴、新表述，着力体现中国思想、中国理论、中国道路、中国立场、中国价值、中国智慧和中国方案，不断增强国际学术影响力和话语权。推进评价体系创新，建立科学权威、公开透明的哲学社会科学成果质量标准和评价体系，抢占学术评价制高点。

三 加强中国特色新型智库建设

党的十八大以来，习近平总书记从推动科学民主依法决策，推进国家治理体系和治理能力现代化与增强国家软实力的战略高度，就加强中国特色新型智库建设作出重要论述。2015年1月，中央又颁布了《关于加强中国特色新型智库建设的意见》（以下简称《意见》），明确了新型智库建设的重大意义、指导思想、基本原则、总体目标。习近平总书记的重要论述和《意见》精神，为加强中国特色新型智库建设指明了根本方向，提供了根本遵循，给哲学社会科学工作者赋予了新的历史任务。大家一定要确实肩负起这一光荣使命，以高度的使命感、责任感、紧迫感积极投身新型智库建设，为实现"两个一百年"奋斗目标、中华民族伟大复兴的中国梦提供更多的智库产品。

一要坚持围绕中心、服务大局，以重大理论和现实问题为主攻方向。密切联系世情国情民情社情变化实际，紧紧围绕全面建成小康社会、全面深化改革、全面推进依法治国、全面从严治党的重大任务，结合东北振兴实际，深入研究党和国家面临的一系列亟待回答与解决的重大理论和现实问题，有针对性地就经济社会发展中的全局性、前瞻性、战略性、综合性问题，以及国内外普遍关注的热点焦点难点问题开展政策研究，推出一批系统性、有影响力的研究成果和具有现实性、建设性、可操作性的对策建议，为提高党和政府的科学民主依法决策能力提供强有力的智力支持。

二要坚持以人民为中心、人民至上，坚定不移地站在人民立场上做学问。哲学社会科学工作者要把为人民服务、为人民谋利益作为中国特色新型智库的重要使命，真正践行为人民做学问，自觉把哲学社会科学研究事业与伟大复兴中国梦紧密联系在一起，把哲学社会科学工作者个人的前途命运与党和国家的前途命运紧密联系在一起，始终站在党和人民的立场上，为党和国家的长治久安出谋划策，为解决人民疾苦和提高群众福祉而集思广益。做到与时代共奋进、与国家共荣辱、与人民共呼吸，努力成为忠诚服务于党和人民事业、值得党和人民信赖、对党和人民有贡献的学问家。

三要坚持尊重人才、人才为重，建设中国特色新型智库型人才队伍。建设中国特色新型智库，必须造就一批马克思主义基本理论功底扎实、熟悉世情国情党情社情民情、具有理论创新能力和政策对策阐发能力的高端智库人才，培养一批能够运用马克思主义立场观点方法分析解答党和国家关注的重大理论和现实问题的对策性研究人才。要重视学者型人才向智库型人才的转变，促进学术研究成果向对策建议的转换，促使智库专家增强社会责任感和诚信意识，牢固树立"四个意识"和国家安全意识、信息安全意识、保密纪律意识，积极主动为党和政府决策贡献聪明才智。

四要坚持正面宣传为主、弘扬正能量，围绕智库功能加快传播平台建设。中国特色新型智库建设要坚守好宣传思想舆论阵地，巩固马克思主义在意识形态领域的指导地位，壮大主流意识形态，打好主动仗，弘扬主旋律，传播正能量。这就要重点加快期刊、图书馆、网站、数据库等学术媒介建设，使其成为拓展智库权威性和影响力的重要平台。办好各类学术会议、论坛等活动，打造学术传播品牌、增强国际学术话语权。不断提高学术传播的质量和水平，探索创新学术传播手段，充分挖掘微博、微信、新闻客户端等新媒体传播效力，把握好时、度、效，着力打造融通中外的新概念、新范畴、新表述，讲好中国故事，传播好中国声音。

东北"三省一区"社会科学院院长联席会议机制建立十多年来，大家围绕东北老工业基地振兴发展面临的重大课题，服务大局，发挥各自的优势，进行了全方位的合作，取得了明显的成效，出了一批名家和科研成果。你们的智库产品不仅服务于当地的省委省政府决策，有的智库产品还获得了党和国家领导人的充分肯定，成为重大决策的重要依据。我相信这次会议一定会在推动东北振兴、服务和影响国家决策方面发挥更加重要的作用。

当前，东北老工业基地正处于转型和振兴发展滚石上山、爬坡过坎的关键时刻。东北"三省一区"社会科学院的同志们在习近平新时代中国特色社会主义思想的指导下，在所属省委省政府的领导下，达成建立新型智库战略联盟的合作意向，这是一件非常有价值的好事，意味着东北地区社会科学院的同志们在破除区域和体制的限制，发挥各自的优势方面要干一番事业，我非常赞同。这次会议还邀请了江苏、四川、贵州、新疆等社会科学院的同志参加，交流新型智库建设经验，这表明大家对东北老工业基地振兴大业非常重视和支持。我这次来，也是为了表明，东北振兴是事关国家区域协调发展战略的实现、事关"两个一百年"奋斗目标的实现的大事，我们都应该大力支持。

我相信，这次东北"三省一区"社会科学院院长联席会议暨新型智库建设研讨会，一定会达到深入学习贯彻党的十九大精神、推动新一轮东北振兴的目的。

加强智库交流，广泛开展合作研究[*]

在第六次中国—中东欧国家领导人会晤之际，中国—中东欧研究院如期组建了国际学术委员会并举行第一次会议。我很高兴能够出席本次会议，并与各位委员见面。

中国—中东欧研究院是由中国社会科学院支持、中国社会科学院欧洲研究所具体承办、在欧洲独立注册、总部设在匈牙利首都布达佩斯的新型学术性研究智库。中国—中东欧研究院以增进中国与中东欧国家合作为宗旨，积极促进开展中国与中东欧国家之间的学术和智库交流，广泛开展合作研究、联合出版、系列讲座等多种类型的项目。中国—中东欧研究院将不断探索合作新方式，充实合作新内涵，提升合作质量和水平，产出切实服务于"16＋1合作"的更多好成果。

中国—中东欧研究院于2017年4月成立，我在成立暨揭牌仪式上宣布将启动并支持学术研究项目。到目前为止，相关研究工作进展顺利。

一是研究院以"中东欧国家看'一带一路'和中国—中东欧国家合作"为题，发布论文征集通告，经评审后选取了近30篇论文，将作为中国—中东欧研究院工作论文出版。论文作者们被邀请参加中国—中东欧研究院组织的系列活动，进一步加深学者之间的互动交流。

二是研究院同欧洲知名民调机构合作，开展"中东欧国家看中国"专题民意调查项目，每个国家抽取1000份样本，16个国家共计1.6万份样本。项目已基本完成，将于2017年12月在北京举行"第四届中国—中

---

* 该文系作者2017年11月28日在中国—中东欧研究院国际学术委员会第一次会议上的讲话，原载《院内通报》2017年12月6日，收入本书时有改动。

东欧国家高级别智库会议"时发布。项目成果将全面客观地反映中东欧各国民众对中国发展及中国—中东欧合作的观察和看法。

三是研究院以驻院和非驻院研究员为依托，搭建国别研究网络。由来自各国的研究人员分别撰写专题研究报告，由研究院汇集发布，逐步深化合作研究，积累研究成果，提升成果应用水平，把研究院建设成具有重要影响力的学术型智库。

四是研究院与匈牙利央行合作，以"匈牙利与人民币国际化"为题，开展共同研究。昨天在匈牙利央行举办的"匈牙利与人民币国际化"学术研讨会就是开展合作的一个重要步骤。会议论文经研究院编辑，将于 2018 年以中英文文本正式出版。

五是研究院将就"一带一路"建设与中国—中东欧合作开展专项研究。深入探讨中国—中东欧国家地方合作、提升中欧班列运营水平、拓展电子商务合作等专题。研究院期待中东欧国家政、商、学等各界积极参与，为中国—中东欧务实合作发挥更大作用。

女士们，先生们！

一个月前，中国共产党第十九次全国代表大会在北京成功召开，为中国发展确立了新目标，开启了新征程，也为中外合作和实现共同发展带来了新机遇。展望未来，我希望与在座各位学术委员同心协力，将中国—中东欧研究院的工作规划好、落实好，把中国—中东欧研究院建设成为高水平的国际性学术智库，为中国与中东欧国家增进理解、互学互鉴、共创繁荣作出应有的贡献。谢谢大家！

四 关于中国特色哲学社会科学话语体系建设

建设中国特色的哲学社会科学话语体系[*]

我就哲学社会科学话语体系创新问题谈几点看法，请同志们批评指正。

一 必须清醒认识哲学社会科学话语体系建设面临的形势

改革开放 30 多年来，我国哲学社会科学繁荣发展，取得了非常显著的成就。但是，与党中央的要求相比，与国家经济社会发展的需要相比，我国哲学社会科学话语体系还不够完善完备，影响力战斗力还不够强大有力，与我国目前的国家实力和享有的国际地位还不相称。随着改革开放的不断深入和对外学术交流的不断扩大，西方学术理论和话语体系以各种形式传入我国并产生影响，在某些学科领域甚至成为主流和正统；马克思主义的理论观点、中国特色社会主义理论体系、中华优秀传统思想受到很大冲击和削弱。某些西方势力借助西方理论学术话语体系传播西方意识形态和价值观，甚至打着所谓超阶级、超历史的"普世价值论"的旗号，企图对我进行西化、分化。有些人"挟洋自重""食洋不化"，把西方的理论学术话语奉为圭臬，认为西方的理论学术话语更为先进、更具普适性。有些人"削足适履"，套用西方的一套学术概

---

* 该文系作者 2013 年 12 月 16 日在哲学社会科学话语体系建设座谈会上的讲话，原载《中国社会科学报》2013 年 12 月 20 日；全国哲学社会科学话语体系建设协调会议办公室编《中国学术与话语体系建构》，社会科学文献出版社 2015 年版。收入本书时有改动。

念和话语体系解释中国道路、中国经验、中国发展，分析中国问题，预测中国未来。以马克思主义、中国化马克思主义、中国特色社会主义理论体系为灵魂的中国哲学社会科学，从作为实质内容的理论学术观点到作为表述形式的话语体系，在一些领域被挤压、淡化甚至边缘化。世界舆论领域话语权方面西强我弱的状况尚未发生根本改变，西方理论学术话语仍然在国际学术话语体系中占据主导地位。西方某些国家以理论探讨和学术研究名义，运用西方话语体系推销其世界观、价值观的手法日益娴熟。我国哲学社会科学界不少同志还缺乏高度的理论自觉和理论自信，学术话语体系创新意识还不强，对学术话语体系创新研究还不深入，运用中国化的话语体系阐述中国理论、中国学术、中国道路、中国经验差距甚大，以马克思主义为指导，实现学术话语"中国化"和"走出去"的任务还很繁重。

同时我们也要看到，2008 年爆发的国际金融危机，使西方国家的社会制度、发展模式、价值观念乃至话语体系遭到包括西方进步学者在内的世界各国人民前所未有的质疑和挑战；中国 30 多年改革开放取得举世瞩目的成就，引起国际社会对中国道路、中国经验甚至中国理论、中国制度越来越大的关注；中国特色社会主义实践的成功经验，为建设中国哲学社会科学创新体系，进而建立和创新中国哲学社会科学话语体系，提供了极为丰富的素材；马克思主义的中国化、时代化、大众化，中国特色社会主义理论体系的日益成熟，党的十八大以来新一届中央领导集体特别是习近平总书记提出的一系列新理论、新思想、新观点、新论断，为建立和创新哲学社会科学话语体系奠定了深厚的理论基础。这些都为中国哲学社会科学话语体系的创新提供了有利条件和良好机遇。

二 哲学社会科学界必须把建设话语体系作为一项重大而紧迫的任务

能否构建中国自己的理论学术话语体系并不断提升国际话语权，直接关系到我国在世界范围内的综合国力竞争和意识形态斗争能否赢得胜利，直接关系到中国特色社会主义能否成功，直接关系到中华民族的伟大复兴顺利与否。在学习借鉴人类文明成果的基础上，用中国的理论学术研究和话语体系解读中国实践、中国道路，不断概括出理论联系实际的、科学的、开放融通的新概念、新范畴、新表述，打造具有中国特色、中国风格、中国气派的哲学社会科学创新体系及其中国式的话语体系，是我国哲学社会科学界的职责和使命所在，也是哲学社会科学进一步繁荣发展的重要条件。

建设哲学社会科学创新体系是党中央站在时代高度提出的一项战略任务，党的十八大进一步强调要建设哲学社会科学创新体系。哲学社会科学创新体系包括两个方面：一是理论学术观点的创新，这是哲学社会科学创新体系的内容；二是理论学术观点表达方式、表述形式的创新，即话语体系，包括概念、范畴、表述及其话语方式的创新，这是哲学社会科学创新体系的形式。内容是哲学社会科学创新体系的实质部分，是哲学社会科学创新体系的灵魂。形式与内容是一致的，形式为内容服务。没有适当的表达方式和表述形式，再好的内容也表达不出来，或表达不完备，或表达出来不能为人们所理解和接受，内容就会落空。在建设中国特色社会主义的伟大实践中，中国共产党人创造了中国特色社会主义理论体系这一中国化的马克思主义，繁荣并发展了中国哲学社会科学；新中国成立 60 多年特别是改革开放 30 多年党领导人民在社会主义现代化建设伟大实践中开辟的中国道路、创造的中国经验，必然要求用中国的理论学术观点和话语体系去解读和阐释。增强国际话语权，妥善回应世界关切，增进国际社会对我国基本国情、根本制度、价值观念、发展道路、内外政策的了解和认识，展现我国文明、民主、开放、进步的形象，必然要求从国家战略的高度，构建让本国人民和世界人民听得懂、能信服，富有亲和力、吸引力、感召力的中国话语体系。话语体系关系到两个方面，一是本国人民群众能否接受，二是世界民众能否接受。打破西方话语垄断和话语霸权，有力回应大多数基于事实歪曲和价值偏见的西方话语特别是以理论学术面目出现的概念范畴和话语体系，必然要求构建以马克思主义为指导的具有中国特色、中国风格、中国气派的哲学社会科学话语体系。

三 建设哲学社会科学话语体系必须进一步增强 马克思主义的理论自觉和理论自信

高度的马克思主义的理论自觉和理论自信是建设和创新哲学社会科学话语体系的思想基础和重要前提。马克思主义是我国哲学社会科学的旗帜和灵魂，在当代中国，坚持中国特色社会主义理论体系，就是坚持马克思主义。要紧紧围绕坚持和发展马克思主义，坚持和发展中国特色社会主义，始终与中国实际相结合，与时代特征相结合，对新的实践和新的时代特征作出新的概括和有说服力的论证，并且用国内外人民听得懂、听得进、能接受的表达方式表述出来，这就必须建设哲学社会科学话语体系，在建设话语体系过程中丰富马克思主义和中国特色社会主义理论体系，繁荣发展我国哲学社会科学。不能借口建设话语体系而否定马克思主义的指导地位，也不能借口坚持马克思主义指导地位而忽视话语体系的建设。要继承和弘扬中国传统文化的精华，善于捕捉并提炼那些仍然活跃在今天中国人生活和思想中的文化传统，使之成为建设哲学社会科学话语体系的重要源流。坚决抵制食古不化的文化复古主义倾向，反对借口弘扬传统文化而否定马克思主义创新，否定哲学社会科学创新。要坚持"为我所用、对我有利"原则，积极吸收借鉴人类文明优秀成果，丰富发展当代中国哲学社会科学的内容与形式。要坚决反对"挟洋自重""食洋不化"，照抄照搬西方的理论和话语，反对借口引进外国先进文化而否定马克思主义中国化和中国哲学社会科学。历史和现实证明，任何照抄照搬都不能解决自己的问题，都只会削弱甚至丧失自己的话语权。要用中国的理论和话语分析中国问题，阐释中国观点，预测中国未来。要继续深入实施马克思主义理论研究和建设工程，充分发挥其在建设哲学社会科学话语体系方面的示范和引领作用。当然，也要反对拒绝一切外来先进文化的关门主义，积极地吸收借鉴国外理论学术及其表达方式的精华。

四 建设哲学社会科学话语体系必须着力回答实践提出的重大问题

立足中国实践、总结中国经验、解决中国问题，是实现中国哲学社会科学话语体系创新的关键。建设话语体系不是封闭的概念推演和逻辑论证，不是毫不费力的"拿来主义"，而是与社会实践的发展息息相关的思想表达活动。中国特色社会主义伟大实践是建设中国哲学社会科学话语体系的源头活水。离开了这个实践，话语体系的建设就成了无源之水、无本之木。当代中国的哲学社会科学工作者必须以强烈的历史使命感和社会责任感，树立理论联系实际的优良学风，牢牢立足中国实践、深入解读中国道路、切实提升中国经验，以敢为天下先的探索精神和勇于创新的思维活动，不断概括出新概念、新范畴、新术语，打造具有中国特色、中国风格、中国气派的学术话语体系。要在解决中国问题的探索中推进哲学社会科学的繁荣发展，建设中国哲学社会科学话语体系。要深入研究党和国家关注的重大问题，经济社会发展中的全局性、战略性、前瞻性问题，人民群众普遍关注的热点焦点难点问题，在解决这些重大问题的过程中取得原创性理论成果，与此同时积极建设和创新哲学社会科学话语体系。

五 建设哲学社会科学话语体系必须坚持中国化时代化大众化的基本方向

当今时代的中国正处于一个伟大变革的时代。坚持和发展中国特色社会主义，一方面热切呼唤哲学社会科学的创新发展，另一方面为哲学社会科学的创新发展开辟了新的前景。哲学社会科学话语体系的建设要始终坚持中国化的方向，深深植根于中国人民的生产实践和生活实践之中，深深植根于中华民族的生命力、创造力、凝聚力之中，深深植根于中华民族优秀传统文化之中，使当代中国的哲学社会科学话语体系具有更加鲜明的中国特色、中国风格、中国气派。要始终坚持时代化方向，站在时代的最前沿，敏锐把握时代特征，准确反映时代要求，致力于时代精神和世界问题的中国表达，使当代中国学术话语体系具有更加鲜明的时代特色，为世界文明发展作出贡献。要始终坚持大众化方向，贴近实际、贴近生活、贴近群众，充分考虑人民群众的思维习惯和语言习惯，善于把深邃的理论转化为通俗易懂的道理，善于把抽象的理论逻辑转化为形象的生活逻辑，用群众听得懂的语言讲群众听得进去的理论学术观点。

作为中央直接领导的国家哲学社会科学研究机构，作为党在意识形态领域的一个重要阵地、重要方面军，中国社会科学院决心在中央宣传部的直接领导下，强化责任意识、使命意识，做好各参与单位的组织协调工作，采取切实措施，在哲学社会科学话语体系建设方面有所作为、有更大作为。

附录：

哲学社会科学话语体系建设座谈会纪要[*]

2013 年 12 月 16 日，中共中央宣传部委托中国社会科学院在京召开"哲学社会科学话语体系建设座谈会"。中央宣传部常务副部长雒树刚，中国社会科学院院长、党组书记王伟光出席会议并讲话。中国社会科学院副院长李培林主持会议。中央有关部门、高等学校、中国社会科学院科研院所负责同志和专家学者 60 余人参加了会议。

（一）

雒树刚同志在讲话中指出，要构建当代中国哲学社会科学话语体

---

* 原载中国社会科学院科研局《哲学社会科学话语体系建设研究动态》2013 年 12 月 30 日第 1 期，收入本书时有改动。

系。第一，必须坚持以当代中国马克思主义为指导。马克思主义及其中国化最新成果，是我国哲学社会科学最根本的理论基础。第二，必须植根于中国特色社会主义生动实践。实现民族复兴的中国梦是当代中国最生动的实践，中国梦本身就是话语体系的重大创新。第三，必须善于汲取传统文化精华。中华传统文化包含着中华民族最根本的精神基因，代表着中华民族独特的精神标识，是我们最深厚的软实力。第四，必须正确对待西方话语体系。以开放包容、兼收并蓄的态度，认真学习借鉴西方话语体系的有益成分，坚持以我为主、洋为中用，去粗存精、去伪存真。

王伟光同志在讲话中指出，必须清醒认识哲学社会科学话语体系建设面临的形势。随着对外学术交流扩大，西方学术理论和话语体系以各种形式传入我国，在某些学科领域甚至成为主流和正统；马克思主义理论观点等受到很大冲击和削弱。某些西方势力借助西方理论学术话语体系传播西方意识形态和价值观，甚至打着所谓超阶级、超历史的"普世价值论"的旗号，企图对我进行西化、分化。以马克思主义、中国化马克思主义、中国特色社会主义理论体系为灵魂的中国哲学社会科学，从作为实质内容的理论学术观点到作为表述形式的话语体系，在一些领域被挤压、淡化甚至边缘化。同时我们也要看到，中国哲学社会科学话语体系的创新出现了有利条件和良好机遇。

（二）

中国社会科学院副院长李捷、教育部副部长李卫红、中央党校副校长张伯里、北京大学马克思主义学院院长郭建宁、清华大学马克思主义学院教授刘书林、中国人民大学原副校长郑杭生、中国社会科学院马克思主义研究院院长邓纯东在会上发言。

李捷同志指出，构建中国哲学社会科学话语体系，必须以马克思主义为指导，以中国道路、中国理论、中国制度、中国经验、中国梦想为中心，继承和弘扬中华文化精髓，借鉴和吸收国外经验和文化。要防止两种偏向：一种是生吞活剥、脱离现实实践，从概念到概念；另一种是借用马克思主义经典作家的某些论断和词句，或者打着创新发展马克思主义的旗号，实际上背离马克思主义的立场观点方法，背离其基本理论、基本原则，其目的是借此塞进反马克思主义学术观点的私货。

李卫红同志结合教育部的工作表示，教育部将着力从推动哲学社会科学理论和方法创新、推动哲学社会科学学科体系和教材体系建设、推动哲学社会科学传播转化等方面，努力发挥高校优势，为构建中国哲学社会科学话语体系作出新贡献。

张伯里同志提出，创新哲学社会科学话语体系，要把握好学术话语、政治话语和群众话语之间的关系。既要会用内行话和学术圈的语言交流沟通，又要会使用清新朴实、生动鲜活的语言宣传群众、动员群众、服务群众，还要说好资政务实管用的话，真正发挥思想库的作用。

郭建宁同志认为，马克思主义中国化和中国特色社会主义是20世纪以来中国共产党人两个最重要的概念、命题、主张和话语。离开了中国特色社会主义及其实践，打造中国话语体系就失去了实践基础。要致力于用中国的理论研究和话语体系解读中国实践、中国道路。

刘书林同志提出，社会主义意识形态话语体系建设在高校得到了许多重要的进展。当前存在的问题主要有以下几点。①高校在新时期新建立和恢复的一些学科，例如政治学、法学，基本教材体系缺少社会主义和本土化内容，基本是西方的话语体系。②在评选各种"杰出人才"、"杰出"称号的工作中应该提出基本的政治要求和政治条件。③在引进人才的工作中应该提出基本的政治标准。④必须向高校党委主要领导和主要行政领导提出带头学习马克思主义基本著作的要求，并且有督促检查的措施。⑤在校生的评优、评奖、入党的工作中，必须提出或强调政治要求。这是建设社会主义意识形态话语体系的指挥棒。⑥对于校级、院级、系级领导干部应该有一个坚持社会主义意识形态的政治要求。对那些群众反映较差的人员应该作出组织撤换或调整。只有采取这些措施，才能有利于建设高校的社会主义意识形态话语体系。

郑杭生同志分析了欧美社会科学垄断学术话语权的历史原因，认为作为软实力的学术话语权，对社会发展和学术繁荣的实际作用是多方面的，如对社会发展的引领、社会现象的解释、社会实践的建构、判断标准的制定、学术规则的设置等都有重要作用。

邓纯东同志指出，哲学社会科学话语体系建设，必须加强对人民正面教育。相当多的人对马克思主义哲学社会科学概念、观念、观点不了解、不理解，而受到一些来自非主流渠道的非马克思主义观点、理论的影响。这不仅影响到马克思主义哲学社会科学话语在全社会的地位、影响力和积极作用的发挥，而且影响到全社会思想观念、是非观念、道德建设。

李培林同志在主持会议的总结讲话中指出，话语权是文化软实力的核心。掌握话语权就掌握了社会舆论走向和社会发展方向。意识形态工作的领导权、管理权最终都落实在话语权。进行哲学社会科学话语体系创新是我们哲学社会科学界义不容辞的责任，也是中央和这个时代对我们哲学社会科学工作者的期待。

（三）

会议决定，加强哲学社会科学话语体系建设工作的组织协调，在中共中央宣传部领导下，建立全国哲学社会科学话语体系建设协调会议制度，中国社会科学院、中央对外宣传办公室、中共中央党校、教育部、国家行政学院、中央文献研究室、中央党史研究室、中央编译局、中国外文出版发行事业局为协调会议成员单位。各成员单位安排一位领导同志负责这项工作，并指定专人作为联系人。

中国社会科学院为协调会议召集单位，中国社会科学院院长、党组书记王伟光任协调会议召集人。协调会议下设办公室，中国社会科学院副院长李培林任协调会议办公室主任，中国社会科学院科研局副局长张国春、科研局副局级学术秘书朱渊寿、马克思主义理论研究和建设工程办公室秦益成任协调会议办公室副主任。协调会议办公室设在中国社会科学院科研局学部办公室，具体负责协调会议日常工作。

会议决定定期召开协调会议，研究推进工作。每年年初各成员单位结合各自研究领域的优长和特色，拟定相关研究题目，由协调会议办公室进行汇总，形成年度研究项目计划。各成员单位根据研究题目轮流承办召开研讨会，汇报研究成果。研讨会每季度举办一次，每年初由协调会议办公室与各成员单位协商制定年度会议计划。

为汇集哲学社会科学话语体系建设的重要研究成果信息，由协调会议办公室编辑《哲学社会科学话语体系建设研究动态》，每期《哲学社会科学话语体系建设研究动态》报中央领导同志并中共中央宣传部相关领导同志，抄送中央对外宣传办公室、中共中央党校、教育部、国家行政学院、中央文献研究室、中央党史研究室、中央编译局、中国外文出版发行事业局等各成员单位。

科学把握时代性质与特征，推进哲学社会科学话语体系建设[*]

习近平总书记在全国宣传思想工作会议上提出，要加强话语体系建设，着力打造融通中外的新概念、新范畴、新表述，增强在国际上的话语权。这是我们党站在时代高度提出的一项重大战略任务。能否构建中国自己的理论学术话语体系并不断提升国际话语权，直接关系到我国在世界范围内的综合国力竞争和意识形态斗争能否赢得胜利，直接关系到中国特色社会主义的发展大业顺利与否。话语权之争包含着主义之争、道路之争、制度之争，即核心利益之争，关系到党对意识形态工作的领导权之争。

一　科学判断时代性质特征是哲学社会科学话语体系建设的前提

马克思指出："问题是时代的格言，是表现时代自己内心状态的最实际的呼声。"① 当今时代依然是马克思恩格斯所判定的大时代，充满了资本主义与社会主义两种力量、两种制度、两条道路、两种意识形态、两种前途命运的反复较量和博弈。毛泽东同志说："社会主义和资本主义谁战胜谁的斗争，还要经过一个很长的历史时期。"② 邓小平同

---

　* 原载中国社会科学院科研局《哲学社会科学话语体系建设研究动态》2014 年 10 月 30 日第 25 期，收入本书时有改动。
　① 《马克思恩格斯全集》第 1 卷，人民出版社 1995 年版，第 203 页。
　② 《毛泽东文集》第 7 卷，人民出版社 1999 年版，第 268 页。

志说，"巩固和发展社会主义制度，还需要一个很长的历史阶段"①。时代发展到今天，尽管产生了新的阶段性特征，尽管社会主义作为新生事物遇到挫折甚至倒退，尽管当今仍然是资强社弱，但是，资本主义必然灭亡，社会主义必然胜利仍然是不可改变的时代总趋势。我们今天仍然处在资本主义向社会主义过渡的总的时代。这就是马克思主义话语体系的基调。如果视暂时性的曲折和倒退为社会主义"历史的终结"，认为人类进入了资本主义的千年王国，那就是资本主义话语体系的基调。这种话语体系的对峙恰恰说明当今世界两种截然不同的话语体系的对立是事实，实质反映了社会主义与资本主义两种历史趋势的截然不同，反映了社会主义与资本主义两种意识形态的根本对立。可见，如果离开对时代性质特征的准确判断，党领导的我国哲学社会科学话语体系建设就会失去最基本的指导原则。

迄今为止，马克思主义所揭示的总的时代性质和历史趋势并没有改变，只不过经历了三个发展阶段，每个阶段都具有自己的阶段性特征。中国近现代史的主题主线与这三个阶段息息相关。第一个阶段，是马克思恩格斯所处的自由竞争资本主义和工人运动、社会主义运动兴起阶段。第二个阶段，是列宁所处的垄断资本主义阶段，即帝国主义战争与无产阶级革命阶段。列宁认为该阶段的特征即时代主题是战争与革命。第一次世界大战，引发十月革命；第二次世界大战，引发一系列社会主义革命。这些历史事实证明了列宁的判断是正确的。第三个阶段，是 20 世纪七八十年代以来的阶段。1989 年"柏林墙"倒塌，1991 年苏联解体，"冷战"结束。邓小平同志敏锐地感觉到总的时代没有变，仍然是马克思主义经典作家所判断的时代，但已经发生了阶段性变化。他提出和平与发展是当代世界两大问题，但两大问题至今一个都没有解决："我希望冷战结束，但现在我感到失望。可能是一个冷战结束了，另外两个冷战又已经开始。一个是针对整个南方、第三世界的，另一个是针对社会主义的。西方国家正在打一场没有硝烟的第三次世界大战。所谓没有硝烟，

---

① 《邓小平文选》第 3 卷，人民出版社 1993 年版，第 379 页。

就是要社会主义国家和平演变。"① 这一判断符合时代第三个阶段性特征。

三个发展阶段伴随着世界历史进程的四次重大转折。第一次转折是1917 年爆发的俄国十月社会主义革命，开创了人类历史的新纪元，标志着社会主义新生事物的诞生。1921 年中国共产党成立，中国资产阶级领导的旧民主主义革命转变为工人阶级领导的新民主主义革命。第二次转折是 1945 年二战之后一系列国家社会主义革命的成功，形成了一个社会主义阵营。1949 年，中国新民主主义革命取得胜利，建立社会主义新中国。在这两次转折中，社会主义运动处于上升期，资本主义则步入下降期。20 世纪八九十年代至今的 20 余年中，又接连发生了两次重大的世界性历史转折。第三次转折是 20 世纪 80 年代末 90 年代初的苏东剧变，社会主义阵营解体。世界社会主义运动陷入低潮，资本主义的新自由主义一浪高过一浪风行全球。中国共产党人坚守共产主义理想、坚信马克思主义，冷静观察、从容应对国际国内政治风波，坚持中国特色社会主义道路。第四次转折是 2008 年爆发的国际金融危机。这对世界发展格局和中国特色社会主义事业的发展产生的影响，现在仍无法估量。由美国次贷危机所引发的世界经济危机是场资本主义经济危机，进而引发了资本主义全面的政治危机、社会危机、意识形态危机，说到底是一场制度危机。这场危机致使资产阶级意识形态的反动性和欺骗性愈加凸显，更加大了社会主义与资本主义两种前途命运博弈的激烈性。这场危机说明资本主义内在矛盾依然存在、依然起作用、依然不可克服，只不过表现形式不同，资本主义必然在阵发性的经济危机中逐步走向衰落。总的历史时代并没有改变，马克思主义没有过时。

四次历史转折反映了社会主义作为新生事物不是直线性发展，而是曲折地、波浪式地、螺旋式地前进。这种前进进程充满了两种不同世界观、价值观的斗争。历史事实雄辩地证明了社会主义意识形态的科学性和生命力，也证明了资本主义意识形态的欺骗性、顽固性和不甘心退出历史舞台的反能量，以及社会主义意识形态战胜资本主义意识形态过程

---

① 《邓小平思想年谱（1975—1997）》，中央文献出版社 1998 年版，第 444 页。

的长期性、曲折性。社会存在决定社会意识，所谓多元多样、形形色色的社会思潮和舆论动态只是现象，从本质来说，当今时代主要就是资本主义和社会主义这"两元"的对峙。两种力量、两条道路、两种前途的较量必然反映在意识形态领域。朝鲜战争结束以后，西方敌对势力判断，从军事上战胜社会主义新中国已无可能，只能走"和平演变"的道路，打一场没有硝烟的战争。从那时到现在，西方敌对势力从来没有放弃过对中国实行西化分化的战略选择。

邓小平同志的判断是对今天资本主义与社会主义两大力量对比发生阶段性变化的科学分析，并不影响对总的时代性质的判断。我们主张尊重世界文明的多样性、发展道路的多样性，尊重和维护各国人民自主选择社会制度和发展道路的权利，相互借鉴，取长补短，推动人类文明进步，但这并不代表两种社会形态的矛盾较量就消失了。邓小平同志提出和平与发展是当代世界两大问题的判断，决定了中国特色社会主义的改革开放与和平发展的总的战略选择，为我们党正确认识我国所处的发展阶段和根本任务提供了理论前提。如果离开对时代性质特征的准确判断，我国社会主义现代化建设和改革开放就会失去得以出发的原点。

哲学社会科学作为意识形态重要领域则是反对西方西化分化我方的重要战场，哲学社会科学话语权问题，则是意识形态斗争的聚焦点。从某种意义上说，谁掌握了哲学社会科学话语权，谁就掌握了意识形态斗争的主动权和决胜权，话语权之争就是意识形态之争。我们要在这样一个历史大势和时代定位中认识我国哲学社会科学的功能和属性，认识我国哲学社会科学"为谁说话、说什么话、怎样说话"这一根本问题，认识构建中国特色社会主义的哲学社会科学话语体系的极端重要性。

二　为什么人的问题是哲学社会科学话语体系建设的根本问题

"有一句著名的格言说：几何公理要是触犯了人们的利益，那也一定会遭到反驳的。"① 从总体上说，哲学社会科学总是表达一定利益诉求、理想愿望、价值追求，有着严格的、鲜明的政治属性。列宁指出："马克思主义给我们指出了一条指导性的线索，使我们能在这种看来迷离混沌的状态中发现规律性。这条线索就是阶级斗争的理论。"② "阶级关系，——这是一种根本的和主要的东西"③，所以 "马克思的学说在整个文明世界中引起全部资产阶级的科学（官方科学和自由派科学）的最大仇视和憎恨"④。在分裂为利益对立的阶级的社会 "是不可能有公正的社会科学的"，更别奢谈所谓 "普世价值"。马克思主义在人类历史上第一次为占人口大多数的人民说话、代言和呐喊。这不仅仅是道义上的同情，还在人类历史上第一次道出了历史的真谛：劳动创造了历史，人民群众是历史的创造者。马克思主义是工人阶级的世界观、方法论；它把伟大的认识工具给了人类，特别是给了工人阶级。中国哲学社会科学是当代中国特色社会主义思想文化的理论学术结晶，是在中国共产党领导下的中国特色社会主义文化的重要组成部分，应当代表和体现社会主义的先进文化，应当主动自觉地接受马克思主义世界观方法论的指导，应当为中国特色社会主义服务。

为人民服务，为中国特色社会主义服务，是我国哲学社会科学的内在要求和客观属性。我国哲学社会科学反映的是社会主义的思想理论和学术观点，其中绝大多数学科是有政治性和意识形态属性的，有着明确的服务主体和服务对象。不能简单地说哲学社会科学研究是价值中立的，是可以超越政治立场的。一些学科即使没有鲜明的政治性和意识形态属性，也同样有一个为什么人即为什么人服务的问题。为什么人服务，为多数人的利益服务还是为少数人的利益服务，为谁说话，为谁代言，是摆在我国哲学社会科学工作者面前的一个十分现实的重大课题。

要解决为什么人的问题，就有一个坚持以什么样的世界观、人生

① 《列宁全集》第 17 卷，人民出版社 1988 年版，第 11 页。
② 《列宁选集》第 2 卷，人民出版社 1972 年版，第 587 页。
③ 《列宁全集》第 32 卷，人民出版社 1958 年版，第 240 页。
④ 《列宁选集》第 2 卷，人民出版社 1972 年版，第 441 页。

观、价值观为指导的问题。坚持以马克思主义的世界观、人生观、价值观为指导，就会为了中国特色社会主义事业、为了中华民族的伟大复兴、为了最广大的人民群众开展科学研究，把人民群众的根本利益放在第一位，把拿出让党和人民满意的科研成果放在第一位；反之，如果以错误的世界观、人生观、价值观为指导，那么搞科研很可能就只是为了个人，甚至很可能会走向极端个人主义，严重的极个别人会接受西方的错误世界观、价值观，自觉或不自觉地为某种西方的政治目的服务。因此，所有哲学社会科学工作者，都必然面对而且必须解决为什么人的问题，就是为什么人做学问、为什么人服务的问题。我国哲学社会科学"为谁说话、说什么话、怎样说话"答案是明确的，那就是为最广大人民群众的利益说话，为人民群众做学问，为人民群众拿笔杆子，就是坚持和发展马克思主义话语体系，积极推进马克思主义中国化、时代化、大众化，为丰富和发展中国特色社会主义理论体系作出新的贡献。

我国哲学社会科学研究是党领导的人民的事业，坚持党性与坚持人民性是一致的，对党负责与对人民负责是一致的，把党和国家关注的重大理论现实问题作为主攻方向与一切从人民的立场出发研究问题是一致的。中国共产党是全心全意为人民服务、代表中国最广大人民根本利益、来自人民为了人民的马克思主义政党。我们党从诞生之日起，就把实现人民解放和幸福鲜明地写在自己的旗帜上。习近平同志指出："党性和人民性从来都是一致的、统一的。"① 哲学社会科学工作者必须明白，坚持党性就是坚持人民性，坚持人民性就是坚持党性，党性寓于人民性之中，没有脱离人民性的党性，也没有脱离党性的人民性。同样，对党负责也就是对人民负责，党和国家关注的重大理论现实问题也就是关系到人民群众根本利益的重大问题。把坚持党性与坚持人民性、对党负责与对人民负责、为党和政府决策服务与为人民做学问割裂开来、对立起来，在理论上是非常错误的，在实践中也是极其有害的。哲学社会科学界既要增强党性意识，坚持党性，把为党和政府决策服务、为党和

---

① 《习近平谈治国理政》，外文出版社 2014 年版，第 154 页。

国家工作大局服务作为首要任务；又要增强群众意识，坚持人民性，牢固树立以人民为中心的工作导向，把实现好、维护好、发展好最广大人民根本利益作为出发点、落脚点，为实现国家富强、民族振兴、人民幸福提供不竭思想动力和精神激励。

哲学社会科学研究要为人民服务，为中国特色社会主义服务，为实现中华民族伟大复兴的中国梦服务，就必须坚持正确的政治方向和学术导向，在思想上、政治上、行动上与以习近平同志为总书记的党中央保持高度一致。必须毫不动摇、旗帜鲜明地坚持和巩固马克思主义的指导地位，把马克思主义的立场观点方法贯穿到具体的研究工作中，用发展着的马克思主义指导哲学社会科学。在涉及党的基本理论、基本路线和重大原则、重要方针政策问题上，立场坚定、观点鲜明、态度坚决。正确引领社会思潮，真正发挥马克思主义坚强阵地的作用。要全面、准确、系统地学习领会党的十八大以来习近平同志的一系列重要讲话，掌握其一以贯之的精神实质，掌握其中所包含的马克思主义的基本立场观点方法，将其转化为科学研究等各项工作的行动指南和内在动力。要准确掌握和自觉运用马克思主义总体性研究方法，增强辩证思维、战略思维、全局思维、创新思维能力，防止观察问题、研究问题、解决问题的碎片化、微观化、片面化。

总而言之，只有解决好为人民做学问、对人民负责和对党负责的一致性，才能解决好话语权的方向、灵魂、指向问题，才能解决好为谁说话的问题，这是话语权的根本问题。

三　从近代以来我国学术思想史的角度把握哲学社会科学话语体系建设面临的问题和未来

近代以来，我国哲学社会科学和自然科学基本上都是"西学东渐"的结果。五四新文化运动前后，西方各种社会科学和人文思潮悉数在中国登场，中国人民的思想得到空前的解放。马克思主义作为"多元"中的"一元"，在中国逐渐地传播开来。由于马克思主义的理论使命即对资本主义透彻而鲜明的批判契合了中国实践的现实需要——反对帝国主义、封建主义和官僚资本主义的压迫，以毛泽东同志为主要代表的中国共产党人把马克思主义的普遍真理与中国实践相结合，最终赢得了新民主主义革命、社会主义革命的胜利。马克思主义话语体系之所以在中国占主导地位，一是因为马克思主义是真理，是实践证明了的真理；二是因为马克思主义与中国实际相结合，实现了时代化、中国化和大众化。在我国，马克思主义话语体系实际上就是中国化的马克思主义话语体系，既是放之四海而皆准的真理，又适合中国国情，反映中国现实，为中国人民所接受。

马克思主义话语体系成为占指导地位的话语体系，在中国革命实践中，其理论结晶就是毛泽东思想。毛泽东的著作和文章不但回答了当时中国所面临的各种带根本性的社会问题，而且凝练出既不同于中国自古以来的"老八股"，也不同于由西方逐渐演绎出来的"洋八股"，而是真正凝聚了近百年中国人的奋斗经验与智慧、情感与梦想，受绝大多数人欢迎的生动活泼的新文风。毛泽东是新文化运动的积极参与者、推动者，其思想和文风与新文化运动密切相关。胡适在政治上与毛泽东是对立的，但作为白话文的倡导者、推动者，在使用白话文上，他非常佩服毛泽东，他认为白话文写得最好的是毛泽东。毛泽东之所以能建立起为人们所接受的话语体系，不仅在于其思想能回答时代提出的问题，同时也是因为他的文章具有中国风格、中国气派、中国话语，文字清新流利，善于古今结合，讽喻得体，言简意赅，深入浅出，令人喜读，读而能解。

事物从来都是波浪式前进、螺旋式上升的。这是事物发展的一般规律。改革开放30多年来，我国哲学社会科学繁荣发展，取得了非常显著的成就。同时也要看到存在的问题。新文化运动时期的"全盘西化"论在新的历史条件下似乎以各种不同的音调再一次响起。

随着改革开放的不断深入和对外学术交流的不断扩大，西方的学术理论和话语体系以各种形式传入我国并产生影响，在某些学科领域甚至成为主流和正统；马克思主义的理论观点、中国特色社会主义理论体系、中华优秀传统思想受到很大冲击和削弱；某些西方势力借助西方理论学术话语体系传播西方意识形态和价值观，甚至打着所谓超阶级、超历史的"普世价值论"的旗号，企图对我进行西化、分化；有些人"挟洋自重""食洋不化"，把西方的理论学术话语奉为圭臬，认为西方的理论学术话语更为先进、更具普遍性；有些人"削足适履"，套用西方的一套学术概念和话语体系解释中国道路、中国经验、中国发展，分析中国问题，预测中国未来；以马克思主义、中国化马克思主义、中国特色社会主义理论体系为灵魂的中国哲学社会科学，从作为实质内容的理论学术观点到作为表述形式的话语体系，在一些领域被挤压、淡化甚至边缘化；西方某些国家以理论探讨和学术研究名义，运用西方话语体系推销其世界观、价值观的手法日益娴熟。中国优秀传统文化一定要继承光大，但不作任何分析取舍、不分优秀与糟粕地全盘回归到中国传统文化的主张也又一次出现。

社会存在决定社会意识，利益决定话语。西方话语霸权的背后有着西方的资本扩张、经济霸权和强权政治。在现代社会科学的世界格局中，西方社会科学仍然处在话语霸权地位，这与世界经济格局、政治格局密切相关，与资本的经济霸权、政治霸权密切相关。对于以上种种现象，有人批评这是中国学术话语的"主权让渡"；在20世纪90年代中期学术界就提出过要防止中国学术话语中的"西方主义"；20世纪末，费孝通先生提出了"文化自觉"。近年来，越来越多的学者认识到这些问题。但我国哲学社会科学界不少同志对此类问题还缺乏高度的理论自觉和理论自信，缺乏高度的警觉和清醒的认识。

话语体系建设是一项长期的任务，它与资本主义和社会主义两种力量、两条道路、两种前途的此消彼长和反复较量息息相关。"话不投机半句多。"不要期望我们的话语体系能对资本主义政客和资本主义的辩护士和理论家有多大的影响力。不要期望以他们的喝彩来衡量我们的成绩和成效。这里的关键是我们自己要以高度的马克思主义理论自信和理论自觉来推进话语体系建设。我们要有自己的政治定力和理论定力。在中国革命、建设和改革的伟大历程中，中国共产党带领人民创造了惊天动地的业绩，也创造了毛泽东思想和中国特色社会主义理论体系这一人类崭新的思想体系和话语体系，创造了反映中国人民内心最深处愿望和情感、表达中国人民最切实利益和未来目标的话语，比如，半殖民地半封建社会、新民主主义革命、"三座大山"、为人民服务、实事求是、坚持四项基本原则、改革开放、共同富裕、小康社会、中国道路、中国梦等。历史和现实反复证明，任何照抄照搬、任何妄自菲薄都不能解决自己的问题，都只会削弱甚至丧失自己的话语权，败坏自己的事业。中国共产党领导人民在社会主义现代化建设伟大实践中开辟的中国道路、创造的中国经验，必然要求用中国的理论学术观点和话语体系去解读和阐释。

《红楼梦》中有一副对联："世事洞明皆学问，人情练达即文章。"经世致用从来都是中国知识分子的优秀传统，也是中华文化的优良传统。着眼于劳动大众的喜怒哀乐，深入现实、研究现实、把握现实，这是需要更大的胸怀去探索研究的大学问，是仁也是智，是德也是行。在马克思主义的指导下，在中国特色社会主义道路上，中国共产党带领中国人民可谓创造了人间奇迹，正在朝着实现"两个一百年"奋斗目标努力迈进，正如习近平总书记所讲，当今世界，要讲自信，中国共产党、中国人民最有理由自信。一些外国学者都在关注中国，并总结了所谓"北京共识""中国模式"。

我们还要看到，2008 年爆发的国际金融危机，使西方国家的社会制度、发展模式、价值观念乃至话语体系遭到包括西方进步学者在内的世界各国人民前所未有的质疑和挑战；中国 30 多年改革开放取得举世瞩目的成就，引起国际社会对中国道路、中国经验甚至中国理论、中国制度越来越大的关注；中国特色社会主义实践的成功经验，为建设中国哲学社会科学创新体系，进而建立和创新中国哲学社会科学话语体系，提供了极为丰富的素材；党的十八大以来新一届中央领导集体特别是习近平总书记提出的一系列新理论、新思想、新观点、新论断，为建立和创新哲学社会科学话语体系奠定了深厚的理论基础。这些都为中国哲学社会科学话语体系的创新提供了有利条件和良好机遇。

　　我坚信，只要我们坚持党的基本理论、基本路线、基本纲领、基本经验，朝着实现"两个一百年"奋斗目标不断努力，一种新的发展方式、一种新的文明样式必将屹立在世界东方，一种以马克思主义、中国特色社会主义为灵魂的中国哲学社会科学话语体系必将形成并在世界产生广泛的影响。正如毛泽东同志在井冈山时期指出的，"它是站在海岸遥望海中已经看得见桅杆尖头了的一只航船，它是立于高山之巅远看东方已见光芒四射喷薄欲出的一轮朝日，它是躁动于母腹中的快要成熟了的一个婴儿"①。

---

　　①　《毛泽东选集》第 1 卷，人民出版社 1991 年版，第 106 页。

全国哲学社会科学话语体系建设 2014 年
工作总结和 2015 年工作设想[*]

为贯彻落实习近平总书记有关指示和讲话精神，调动各方力量共同做好话语体系建设工作，在中央领导同志和中共中央宣传部的关心和指导下，2013 年 12 月建立了全国哲学社会科学话语体系建设协调会议机制，中央部门九家单位作为成员单位，由中国社会科学院为召集单位，我作为召集人。2014 年，按照中共中央宣传部的统一部署，各成员单位积极组织学术活动、开展课题研究、制定工作方案、创办《哲学社会科学话语体系建设研究动态》，较好地完成了话语体系建设相关工作任务。2015 年，各成员单位将继续协同努力，提升对话语体系建设的认识和理解，共同推动全国话语体系建设的发展。

一　关于 2014 年话语体系建设的主要工作

党的十八大以来，习近平总书记多次就加强话语体系建设作出重要指示。他强调，要着力打造融通中外的新概念新范畴新表述，讲好中国故事，传播好中国声音，增强在国际上的话语权；要精心构建对外话语体系，发挥好新兴媒体作用，增强对外话语的创造力、感召力、公信力。习近平总书记重要论述为话语体系建设工作指明了方向。近一年

＊　该文系作者 2015 年 1 月 16 日在全国哲学社会科学话语体系建设协调会议上的报告，原载中国社会科学院科研局《哲学社会科学话语体系建设研究动态》2015 年 2 月 4 日第 3 期，收入本书时有改动。

来，话语体系建设协调会议各成员单位发挥自身优势，积极开展话语体系研究和学术活动，中国社会科学院作为召集单位协调推进，取得了一系列重要成果。

（一）积极组织各类学术研讨，推进话语体系建设研究

各成员单位通过举办学术研讨会，推出相关研究成果，加强对话语体系建设工作的宣传和推广。例如，中国社会科学院、国家行政学院、《光明日报》社与武汉大学共同主办"中国实践与中国话语"理论研讨会，围绕中国话语的内涵与现状，中国学术话语体系的方向、原则和路径，中国道路与中国话语的构建等内容进行了深入的讨论，并一致通过了向全国哲学社会科学界同人发出的《东湖倡议》；中国社会科学院和中央党校共同主办召开"全国哲学社会科学话语体系建设理论研讨会"，讨论了哲学社会科学话语体系建设的必要性紧迫性、构建话语体系的维度、话语体系建设的有效途径等问题；教育部组织召开"中国高校哲学社会科学学术话语体系创新研讨会"，研讨推进高校话语体系建设的主要思路、存在问题和有效举措；国家行政学院组织召开"国家行政学院第二届科学报告会暨哲学社会科学话语体系建设研讨会"，就如何加强哲学社会科学话语体系建设、推进国家治理体系和治理能力现代化等问题进行了深入讨论；中央文献研究室多次组织召开"话语体系建设研究工作交流会"，对话语体系的研究进行充分讨论；中央党史研究室多次召开"改革开放以来中共党史话语体系的形成与发展"专题研讨会，推进课题研究；中央编译局组织召开"中国化马克思主义话语体系建设与传播研讨会"和"中国政治学话语体系的演进与趋势研讨会"，围绕中国化马克思主义及其传播、中国政治话语传播、中国政治学话语体系的发展历程、如何构建中国政治学话语体系等问题进行了讨论；中国外文出版发行事业局举办了"对外话语体系建设研究协调机制座谈会""习近平总书记演讲学习研讨会"，围绕外宣工作如何提高议题设置能力和争夺国际话语权等展开研讨。

（二） 创办《哲学社会科学话语体系建设研究动态》，汇集交流

重要研究成果由协调会议办公室编辑成《哲学社会科学话语体系建设研究动态》（以下简称《研究动态》），每期报中央领导同志并中共中央宣传部相关领导同志，抄送教育部、中央党校、国家行政学院等各成员单位。《研究动态》采取编辑约稿、成员单位推荐稿件和转载已刊登的重要理论文章等方式，力争汇集话语体系研究领域最新研究成果。2014 年度编发 32 期共 11 万余字，涉及哲学、经济学、历史学、新闻学、文学、政治学等多个研究领域。其中特约稿件 13 篇，例如社科院学部委员张海鹏撰写的《关于历史学话语体系建设的点滴思考》等；成员单位推荐 8 篇，例如中央对外宣传办公室推荐的《国务院新闻办积极推进对外话语体系建设重点课题研究》、中央编译局推荐的《〈习近平关于实现中华民族伟大复兴的中国梦论述摘编〉多语种外语翻译出版座谈会暨"对外话语体系建设中的中央文献翻译"研讨会会议综述》、中国外文出版发行事业局推荐的《对外话语体系建设研究协调机制座谈会会议纪要》等；文章摘编 6 篇，例如复旦大学中国发展模式研究中心主任张维为撰写的《中国模式和中国话语的世界意义》等。

（三） 发挥各单位优势，组织开展相关课题研究

各成员单位结合各自领域的特色和优长，组织开展了相关研究题目，研究领域涉及外译传播、话语体系创新研究、公共管理话语体系建设、中国政治学话语体系等方面。各成员单位分别成立了由知名专家学者和学科带头人为骨干的课题组，开展课题研究。中央对外宣传办公室设立"涉华重大问题对外话语体系研究"，中央党校设立"国际话语体系与中国话语权研究"，教育部设立"中外哲学社会科学学术话语体系创新比较研究"，国家行政学院设立"法治中国话语体系研究"，中央文献研究室设立"中国梦与中国道路话语体系建设"，中央党史研究室设立"改革开放以来中共党史话语体系的形成与发展"，中央编译局设立"改革开放以来我国政治学重要话语体系建设研究"，中国外文出版

发行事业局设立"人权问题对外话语体系建设研究",中国社会科学院设立"'普世价值'的传播与中国话语权研究"等多项课题研究,完成了多部研究报告。

（四） 协调制定工作方案，确保经费支持

协调会议办公室设立后，协调编制《哲学社会科学话语体系建设协调会议制度工作方案》，并于 2014 年 1 月 8 日获中共中央宣传部批准。工作方案确定了话语体系建设的基本组织机构和工作机制，包括各成员单位安排一位领导同志负责该项工作，并指定专人作为联系人。协调会议定期召开，研究推进工作。协调会议办公室负责协调会议日常工作。

中共中央宣传部先期资助 50 万元，中国社会科学院给予经费配套，用于话语体系建设开展项目研究、学术研讨、刊物编印和宣传推广等相关工作。为此，协调会议办公室制定了 2014 年度全国哲学社会科学话语体系建设工作经费预算，除协调会议办公室编印《研究动态》、召集协调会议等开支外，资助经费大部分用于资助协调会议各成员单位组织的研究选题、学术会议，以及以协调会议名义主办的全国性学术研讨会。

二 关于话语体系建设的几点认识

通过对过去一年工作的回顾，我们可以看到，话语体系建设开局良好，进展顺利，取得了一些成绩。但总体上，话语体系建设还处在探索和起步阶段，表现为：原则性的一般论述多，具体建设性意见少；隔岸观火式的冷静观察多，置身其中身体力行的具体实践少。这表明，中国话语体系建设任重道远。作为中央确定的话语体系建设的参与单位，为做好 2015 年和今后的话语体系建设工作，我们在认识上应有新高度、工作上应有新举措、成果上应有新突破。下面，谈谈我的一些认识，很多也是大家的共识。

（一） 话语体系建设意义重大

首先，话语体系建设是推动学术创新、繁荣发展哲学社会科学的需要。哲学社会科学创新是包括学科体系创新、学术观点创新、科研方法创新、话语体系创新等在内的综合创新。话语体系作为理论学术观点的外在表现形式，一般表现为学术概念、范畴、表述等话语体系，随着理论学术观点的发展而发展，同时对理论学术观点的发展具有反作用。繁荣发展哲学社会科学，我们不仅需要在学科体系、学术观点、科研方法上有所突破和创新，也需要在话语体系上摆脱西方的束缚，打造融通中外的概念、范畴、表述，创立具有中国特色、中国风格、中国气派的哲学社会科学话语体系，用中国话语阐发中国学术。

其次，话语体系建设是应对意识形态领域挑战、巩固党的执政地位的需要。当前国际思想文化斗争形势严峻，西方敌对势力利用在学术研究和文化传播方面的优势，借助"自由民主""普世价值""人权"等所谓的话语，加强对我国进行思想文化渗透和学术抨击。话语体系是当前意识形态斗争的聚焦点。掌握意识形态斗争的主动权和决胜权，必须掌握意识形态的话语权。对此，要有强烈的责任感、使命感，切实加强党的理论创新成果的研究和应用，从而为巩固马克思主义在意识形态领域的指导地位，巩固全党全国人民团结奋斗的共同思想基础，作出应有的贡献。

最后，话语体系建设是增强国家软实力、提高中国国际地位的需要。改革开放以来，我国综合国力不断增强，经济总量已跃居世界第二位，中国的崛起已是不争的事实。但在思想文化等软实力方面我们还存在很大短板。我国的意识形态、价值观念、主流文化、人文社会科学等，国际影响力还比较弱小。话语体系建设要坚持以马克思主义为指导，坚持用中国的理论学术研究解读中国实践、中国道路、中国经验、中国价值，打造具有中国特色、中国风格、中国气派的话语体系，为增强国家软实力、提高我国国际地位贡献智慧和力量。

（二）话语体系建设内涵丰富

话语体系建设从何处着手，做哪些工作？我认为，应当做到三个注重。

首先，话语体系建设应注重以马克思主义为指导。话语可分为正确的和错误的。正确的话语传播真理，促进社会的发展与进步；错误的话语传播歪理邪说，阻碍社会的发展与进步，甚至给国家和民族造成灾难。话语体系建设必须坚持以当代中国马克思主义为指导，认真学习贯彻习近平总书记系列重要讲话精神，才能说出正确的话。话语体系建设要植根于中国特色社会主义生动实践，通过潜心研究，提炼出反映中国特色社会主义本质的理论、观点、概念、范畴和表述。

其次，话语体系建设应注重话语创新。话语体系建设的成果，首先体现为说新话，说前人没有说过的话，说西方没有说过的话。话语体系建设，首先要向人民群众学习，贴近生活、贴近群众、贴近实际，大胆使用鲜活生动的群众语言。话语体系建设要向前人学习，梳理、萃取传统文化的精华，赋予其与时代发展相适应、与主流价值相一致的科学内涵和表达形式，使之在新的时代条件下发扬光大。话语体系建设要向世界学习，以开放包容、兼收并蓄的态度对待西方学术的基本概念、范畴，赋予其更加科学的含义和解释。同时，话语体系建设要关注网络语言的发展变化，善于借鉴和运用那些具有中国特色、具有深厚群众基础的网络语言，使其为构建中国特色哲学社会科学话语体系服务。

最后，话语体系建设应注重提升影响力。话语体系建设的最终目标，是传播思想、影响受众。要提高话语体系的传播力和影响力，就要深入研究传播规律和受众心理，善于运用包括互联网在内的现代传播工具。要了解社会大众的心理和关注点，善于把"阳春白雪"的学理转化为"下里巴人"的道理，及时把话语体系建设成果体现到思想传播、理论研究、资政育人等工作的方方面面，真正使我们的话语体系传得开、用得好。要以国外受众乐于接受的话语和方式传播，提升中国话语体系的说服力。要善于运用各类媒体，除了传统媒体之外，还要广泛开发利用好网站、微博、微信等新媒体，推介话语体系建设的新成果。

（三） 话语体系建设任重道远

首先，话语体系建设是一项长期艰巨的任务，需要坚持不懈的努力。虽然目前我国正在崛起，但要在社会生活、学术研究等方面用中国话语体系代替西方话语体系，则需要一个比较长的过程，必须做好长期努力的准备。我们要及早着手，越早越好，定出阶段性的目标，通过持续不断的努力，逐渐建立起能够体现我国国际地位和与西方平等对话的中国话语体系。

其次，话语体系建设是一项系统工程，需要凝聚全社会力量共同参与。涵盖国家和社会生活方方面面的话语体系，需要全社会的共同参与。学术研究、理论宣传、文化教育、文艺创作、媒体传播、舆论引导、对外宣传等，都要参与进来，同向发力，形成话语体系建设联动协同的格局。当然，话语体系建设离不开人民群众的参与，要重视发挥人民群众在话语体系建设中的作用，使群众成为话语体系的建设者、使用者、评判者。

最后，哲学社会科学界要在国家话语体系建设中走在前列。哲学社会科学是一个国家思想文化的先导和灵魂。话语体系建设，并不仅仅是要创新哲学社会科学的学术话语，还要创新整个国家和社会的话语体系。中国话语体系建设，一开始就与中国道路、中国经验、中国价值等联系在一起，其最终目标是打造中国的国家话语体系。哲学社会科学界要成为国家话语体系建设的先行者、开拓者、探路者，这是中央赋予哲学社会科学界的神圣使命，也是哲学社会科学工作者义不容辞的责任。

三　关于 2015 年话语体系建设工作的设想与建议

话语体系建设是一个系统工程，需要中央有关部门的坚强领导，需要各成员单位的大力支持与配合。2015 年，协调会议将继续加强话语体系建设工作的组织与协调，完善相关协调机制，统筹做好以下几方面的工作。

（一）加强组织协调，推动当代中国话语体系建设专题研究

建议继续发挥中央马克思主义理论研究和建设工程在创新话语体系方面的示范和引领作用。中国社会科学院创新工程、教育部协同创新计划也要在创新话语体系研究方面发挥积极作用，力争在话语体系建设的学科体系、理论体系、教材体系方面有所突破。建议进一步强化国家社科基金在话语体系建设方面的政策引导，在项目规划、年度指南、成果出版等方面发挥积极作用。建议将话语体系建设列为全国哲学社会科学规划办重大委托项目，在全国话语体系研究相关领域以交办委托或重大项目招标的形式落实，推动话语体系建设专题研究，推出更多高水准的研究成果。

（二）组织力量健全话语体系建设相关研究组织，整合好全国研究资源

为统筹各方研究力量，整合优质资源，构筑全国话语体系研究平台，建议各成员单位组织力量适时建立话语体系研究组织，吸收从事话语体系建设各方面研究的专家参与，联合相关学术社团，组织专家委员会、咨询委员会等机构，负责话语体系研究各领域的科研指导、学术咨询、专题研究、对策咨询等工作，加大话语体系研究力度。

（三）搭建国内国外两个平台，建立完善话语传播体系

统筹好全国的课堂、讲台、论坛、会场、报刊、网络等，充分展示话语体系建设研究的新成果。建议有关部门协调推动《人民日报》《光明日报》《学习时报》《中国社会科学报》等传统平面媒体合作开设专栏，推介话语体系建设的优秀成果；利用新媒体传播范围广、速度快的优势，更广泛、更即时地开展对话语体系建设的推介。应加强对主流媒体（特别是有关网络等立体、新兴媒体）的统筹协调，实现重大话语与重大问题的互联互通。要结合有关部门实施的学术"走出去"战略，

加强与世界各国各地区开展全方位、深层次、多渠道的思想学术对话，增强中华文化的软实力，不断提升中国哲学社会科学的国际话语权与影响力。

（四）办好《研究动态》，加强信息汇集报送

通过《研究动态》这一平台，以更加有效的方式扩大话语体系建设的信息来源。同时，希望各单位加强研究成果信息交流，及时向《研究动态》提供稿件。《研究动态》编辑部门要以主动组稿约稿、召开专题调研座谈会等方式，密切跟踪话语体系建设研究动态，在塑造话语、引导话语创建等方面更加积极地发挥作用。

（五）完善协调会议工作机制，推动成员单位结合自身特点开展工作

要巩固好各成员单位轮流定期召开研讨会、汇报交流研究成果的工作机制。建议各成员单位规划好各自话语体系建设工作的总体部署，结合各自工作特色有效开展话语体系建设工作，推动各有关方面的研究、教学、教育、出版、外宣、外译等各项任务。协调会议办公室要做好统筹协调、沟通服务等工作。

同志们，2015 年是国家"十二五"收官之年，也是"十三五"规划谋篇布局之年，国家经济社会发展、哲学社会科学繁荣发展将呈现新局面。让我们认真学习党的十八大和十八届三中、四中全会精神，贯彻落实好习近平总书记有关指示和讲话精神，在中共中央宣传部的指导下，进一步完善协调会议工作机制，共同谱写话语体系建设的新篇章。

为推进中国特色哲学社会科学话语体系建设凝聚强大力量[*]

为加快构建中国特色哲学社会科学话语体系，根据全国哲学社会科学话语体系建设协调会议制度，经过一个时期的筹备，中国社会科学院主办、教育部承办的第二届全国哲学社会科学话语体系建设理论研讨会今天顺利召开。我代表中国社会科学院，对研讨会的成功召开表示热烈祝贺。

中国特色哲学社会科学话语体系是近年来大家非常关注的一个重要话题，也是哲学社会科学领域最受关注的一项重点工作。党的十八大以来，繁荣发展哲学社会科学，加强和改进意识形态工作的一个重要方面，就是推进具有中国特色的哲学社会科学话语体系建设。这里，我主要从四个方面谈谈个人意见。

一 推进中国特色哲学社会科学话语体系建设，必须深入学习落实习近平总书记系列重要讲话精神

中国化马克思主义是马克思主义基本原理与中国具体实践相结合的产物，它的科学内涵、价值指向、话语体系最能讲好中国故事，最能表达中国实际，最能说明、解决中国问题。党的十八大以来，习近平总书

---

* 该文系作者 2015 年 11 月 14 日在第二届全国哲学社会科学话语体系建设理论研讨会上的讲话（作者因故没有出席第一届全国哲学社会科学话语体系建设理论研讨会），原载中国社会科学院科研局《哲学社会科学话语体系建设研究动态》2015 年 12 月 11 日第 28 期，《世界社会主义研究动态》2015 年 12 月 11 日，收入本书时有改动。

记发表了一系列重要讲话，成为我们党在新时期最重要的理论创新成果，是中国特色社会主义理论体系的丰富和发展，是马克思主义中国化的最新理论形态。要繁荣发展哲学社会科学，推进中国特色哲学社会科学话语体系建设，首先必须深入学习马克思主义及其中国化成果，学好习近平总书记系列重要讲话精神。要科学梳理、深入总结、精准提炼习近平总书记系列重要讲话精神的基本概念、主要内容、核心思想、内在逻辑、整体架构及理论体系等，这是当前哲学社会科学界、理论界的一项重要任务。学习研究和贯彻落实习近平总书记重要讲话精神，首要的就是夯实理论功底、保持政治定力，就是始终保持对马克思主义的坚定信仰、对共产主义和中国特色社会主义的坚定信念，主动在思想上、政治上排除各种干扰、消除各种困惑，永远坚定崇高信仰、坚持正确立场、坚守正确方向。这是新时期对每一名哲学社会科学工作者抵御各种风险和经受住各种考验的基本要求，也是我们每个人必须坚守的政治底线。推进中国特色哲学社会科学话语体系建设，必须掌握马克思主义基本理论，掌握习近平总书记系列重要讲话精神实质，用以指导话语体系的构建，真正建设以马克思主义为指导的、以社会主义为主导的、具有中国特色的哲学社会科学话语体系。

中国特色哲学社会科学话语体系建设与党的意识形态工作密切相关，是抓好意识形态工作的重要所在。党中央对意识形态工作高度重视。习近平总书记强调："意识形态工作是党的一项极端重要的工作。……必须把意识形态工作的领导权、管理权、话语权牢牢掌握在手中，任何时候都不能旁落，否则就要犯无可挽回的历史性错误。"① 要求我们在事关大是大非和政治原则问题上，必须增强主动性、掌握主动权、打好主动仗。同时也要求我们，加强中国特色哲学社会科学话语体系建设，必须站在加强党的意识形态工作高度上来认识，必须从掌握意识形态工作主动权的角度来落实。

---

① 《习近平关于全面深化改革论述摘编》，中央文献出版社 2014 年版，第 86 页。

二　推进中国特色哲学社会科学话语体系建设，必须发扬理论联系实际的优良学风

毛泽东同志指出："学风问题就是一个非常重要的问题，就是第一个重要的问题。"① 习近平总书记也强调："学风问题是坚持解放思想、实事求是的关键。"② 话语体系建设，说到底也是一个学风建设问题。理论和实际相结合的学风是我们党的优良作风，是把马克思列宁主义的基本原理同中国具体实践相结合，一切从实际出发，实事求是，在实践中检验、发展真理的作风。理论联系实际的学风是在我们党的长期奋斗历史中形成的，是我们党战胜各种困难险阻、不断克敌制胜的精神法宝，直到今天，依然是我们党最重要的优良作风。但不可否认的是，改革开放以来，有的哲学社会科学工作者淡忘了理论和实际相结合的优良作风，不愿深入基层、深入实际、深入群众，不肯立足时代、扎根现实、直面问题，轻视当代中国的伟大实践和时代呼唤，不重视群众关心什么、期盼什么等，导致脱离实际的大话、空话、套话一度盛行。这不仅助长了理论学术界的"僵化""西化""异化"思维蔓延，严重影响甚至阻碍了中国特色哲学社会科学话语体系建设，更制约甚至阻碍了坚持正确方向的理论武装、理论指导和理论创新。

马克思主义哲学告诉我们，内容与形式是辩证统一的，内容决定形式，形式要为内容服务。话语体系从某种意义上来说，是一定内容的表达方式。马克思主义的真理，要用马克思主义的话语体系来表达，而不能用资本主义的话语体系来表达。而马克思主义话语体系是由马克思主义真理的实际内容所决定的，并为马克思主义真理内容服务。我们今天讲中国特色哲学社会科学话语体系建设，说到底，就是要运用马克思主义的立场、观点、方法回答新形势下中国的实践新课题，破新题对实

---

① 《毛泽东选集》第 3 卷，人民出版社 1991 年版，第 813 页。
② 习近平：《关于社会主义市场经济的理论思考》，福建人民出版社 2003 年版，第 101 页。

事、讲新理念实经、说新话述实情。这就要求我们必须坚决克服理论学术研究中存在的闭门造车、脱离实际、华而不实等问题，深深植根于中国大地和中国人民的伟大实践，兼收并蓄、去伪存真、去粗取精地吸纳古今中外的优秀文化，像陈云同志那样坚持"不唯上、不唯书、只唯实，交换、比较、反复"① 的准则，真正高举理论和实际相结合的旗帜，勇于直面改革开放中出现的一系列问题，坚持深入基层、深入群众、深入生活，了解实际情况，关注群众关心、困惑的问题，勇于、善于用不断发展的马克思主义解答好群众心中的疑问，切实做到"说实话、说新话、说老百姓的话"，用老百姓爱听、爱看、爱读的形式把党的理论和政策传播到人民大众中去，用真实、生动、感人的事例给群众讲好中国故事，引导群众以历史的、发展的眼光看待当前存在的问题，用理论的彻底、思想的智慧、信仰的力量、人格的魅力、大众的语言引导广大群众客观、理性、正确地认识现实，更加支持、拥护党的领导和社会主义制度，齐心协力实现中华民族伟大复兴的中国梦，并在这一伟大实践进程中，批判性地继承古今中外的先进文化，努力构造中国特色哲学社会科学创新体系与话语体系。

三　推进中国特色哲学社会科学话语体系建设，必须反对"洋八股"和"土八股"的不良文风

学风问题，是理论联系实际，还是理论脱离实际，是话语体系建设的第一等重要的问题；文风则是学风在文字语言表达形式上的具体体现，也就是用什么样的形式表达内容的问题，同样也是哲学社会科学话语体系建设的不可忽视的重要问题。

繁荣发展哲学社会科学，一是构建哲学社会科学创新体系，这是内容；二是构建哲学社会科学话语体系，这是形式。二者是对立统一的。哲学社会科学话语体系建设是为创新体系建设服务的。在哲学社会科学

---

① 《陈云文选》第 3 卷，人民出版社 1995 年版，第 371 页。

话语范围内，"洋八股"和"土八股"是恶劣的文风，严重地影响中国特色的哲学社会科学话语体系建设，从而也严重地影响中国特色的哲学社会科学创新体系建设。在30多年的改革开放进程中，由于缺乏科学正确的世界观、价值观和方法论自信，食洋不化、"言必称西"或者"言必称美"一度成为一些人的通病，一切"向西看"成为某些人的学术选择，"洋八股"一度成为我国哲学社会科学的表达方式，不作分辨地、不作扬弃地、一切照抄照搬地讲洋话、用洋话的教条主义"洋八股"风靡一时，把某些西方理念奉为哲学社会科学研究的评判标准，将西方话语作为评价主流概念，导致一些学术评价和导向竟然只重"洋气"、不问是非，简单地、绝对化地把西方话语标准作为衡量科研成果是否优秀的主要标志……这些盲信、迷信西方话语的"洋八股"问题，可以说在我国哲学社会科学的许多领域都不同程度地存在。要深刻认识到，学术话语、学术评判上的"崇洋媚外"相当于将学术话语权拱手让人，不仅使"洋八股"成为中国特色哲学社会科学话语体系建设的严重桎梏，也是中国哲学社会科学话语权"西化"倾向的重要原因。

另外，值得注意和警惕的是，近些年来，"土八股"之风也在抬头。"土八股"，即过于抬高甚至迷信儒学等中华传统文化的表述形式，言必称古、食古不化、全盘复古，认为当代中国文化发展的方向应该是完全复制儒家文化传统，鼓吹"以儒化马""全盘儒化"，全盘照搬照抄中华传统学术中的话语主导概念和主流话语。当然，"土八股"文风并不是近年来才兴起的，而是长期存在的，且有较深的文化根基，但是近年来特别凸显，迷惑、误导了一代学人，严重制约了中国特色哲学社会科学创新体系和话语体系建设。

没有理论上的坚定和思想上的独立，所谓的中西交流、古今通融、思想包容就是一个不断被西化的过程，弘扬优秀传统文化也很可能被扭曲为盲目复古。构建哲学社会科学创新体系和话语体系是党中央站在时代高度提出的一项战略任务。为真正建立起以马克思主义为指导的，充分体现中国特色、中国风格、中国气派的哲学社会科学创新体系，必须同时加强以马克思主义为指导的，以社会主义为主导的，中国特色、中国风格、中国气派的话语体系建设，必须采取积极、果断、有力措施改革、完善学术评判标准和话语体系，既反对"全盘西化"的"洋八股"，也反对"全面复古"的"土八股"，建立具有中国特色、中国风格、中国气派的学术评判标准和话语体系，在科学研究、人才培养、职称评定、课题评审、科研成果评价等学术生活中大力推广、严格落实，旗帜鲜明地坚持中国特色社会主义的理论自信和话语自信。

四 推进中国特色哲学社会科学话语体系建设，必须牢牢掌握马克思主义意识形态话语权

意识形态之争，从某种意义上来说，就是话语权之争。意识形态之争的实质，说到底，就是哪个阶级的政治主张，哪个阶级的世界观、价值观，哪个阶级的思想观点处于上风头、占统治地位、起引领作用。所谓话语权，则是使用鲜明准确的有说服力、感染力、影响力和战斗力的理论范畴和语言文字，表达出本阶级的政治主张、世界观、价值观和理论观点，占领思想文化领域，起到统治的、主流的、引领的、导向的作用。思想观点、政治主张是内容，而话语则是形式。内容再好，形式表述不准确、不鲜明，缺乏感染力、战斗力，也起不到宣传内容的作用。思想观点、政治主张是正确的，但表达不出来或表达出来不为人们所接受，就无法真正赢得群众、战胜对手、付诸实践。

我们党所领导的中国特色社会主义的巩固和发展，不仅需要建立强大的物质基础，而且需要建立牢固的精神基础和意识形态阵地。正确的东西不去占领，错误的东西就会占领，要建立强大的马克思主义意识形态体系，必须构建优势的马克思主义、社会主义的话语体系。资本主义意识形态话语体系，具有鲜明的维护统治阶级利益的意识形态属性，具有极大的欺骗性和影响力，它的一个成功之处在于披着超阶级性、全民性、普适性的外衣，有一套迷糊人的话语表达体系。马克思主义和科学社会主义作为工人阶级的话语体系一登上意识形态舞台，就表现出鲜明的阶级性和政治性，从而抓住了工人阶级及广大人民群众。"共产党人

不屑于隐瞒自己的观点和意图。"① 马克思主义话语体系从不掩盖工人阶级意识形态的阶级性，直接表达了工人阶级的阶级诉求和政治要求，直接表明了鲜明的政治立场和政治主张。在我国，中国共产党人把马克思主义话语体系与中国实际相结合，形成具有中国特色、中国风格、中国气派的中国化马克思主义的话语体系，如毛泽东思想、中国特色社会主义理论体系的话语，成功地传播了马克思主义真理，指导了中国革命、建设和改革开放。其特点是体现鲜明的工人阶级意识形态性，体现马克思主义的真理性，体现社会主义的本质属性；与中国实践相结合，为中国人民所掌握，成功地指导中国革命和中国建设实践；具有中国特色、中国风格、中国气派的特点，为中国人民所喜闻乐见。

我国改革开放以来，一方面，中国化的马克思主义、社会主义话语体系在实践中不断地创新发展，起到了团结人民、鼓舞人民、引导人民的作用；另一方面，又涌进大量的西方话语，它们有体现先进文明的许多东西，但也有带着鲜明的资本主义意识形态属性，具有一定的反动性、落后性的东西。同时我国历史上流传下来的话语体系有体现中华民族传统的精华的东西，也有糟粕的东西。西方资本主义负面的话语体系，以及我国历史上带有落后性质的话语体系，在某种程度上，一度占领一些思想文化阵地，充斥我国社会生活某些方面，削弱了中国化马克思主义、社会主义话语体系，助长了剥削阶级意识形态与我党对人民群众、青少年思想的争夺。因此，一要对西方话语体系和我国传统话语体系进行全面梳理，搞清楚哪些可以借鉴使用，哪些必须批判摒弃，去其糟粕，取其精华，为我所用；二要坚持鲜明准确的马克思主义、社会主义的话语体系，马克思主义、社会主义的话语是必须坚持的，不能放弃，放弃了就等于自废武功，自动让出舆论阵地，譬如党的基本路线、"四项基本原则"这些根本性的话语是不能不讲的，不能丢弃不用的，而且要反复讲，始终坚持；三要用是非清楚、观点鲜明的马克思主义的、社会主义的话语体系教育群众、引导群众，不能用不痛不痒、是非

---

① 《马克思恩格斯选集》第 1 卷，人民出版社 2012 年版，第 435 页。

不明、模模糊糊、语意不详、界限不清的话语误导舆论、误导群众，让群众搞不清楚什么是对的、什么是错的，什么该坚持、什么该反对，甚至把正确的当作错误的，把错误的当成正确的；四要大力构筑以马克思主义为指导的中国特色社会主义的话语体系，既要体现马克思主义的原则性和真理性，又不拒绝外来的和传统的先进文明的话语，同时又要具有中国特色、中国风格，为中国人民群众所乐于接受。在今天，马克思主义理论话语权是构筑中国哲学社会科学话语体系的核心问题。建设以马克思主义为指导的、以社会主义核心价值观为主流的、以中国特色社会主义理论体系为基本内容的中国特色的话语体系，牢牢掌握马克思主义学术话语权，对于占领我国意识形态阵地是非常必要的。

中国特色哲学社会科学话语体系建设，需要我们大家齐心协力来做，要始终坚守为人民做学问的立场，将马克思主义的立场观点方法贯穿于研究始末，坚持用中国特色哲学社会科学话语体系解读中国实践、中国道路。作为中央直接领导的国家哲学社会科学最高研究机构，中国社会科学院近年来一直在按照中央关于马克思主义坚强阵地、党和国家的思想库、哲学社会科学的最高殿堂的"三个定位"要求，努力推进中国特色哲学社会科学话语体系建设，并取得了可喜的成就。以这次大会的成功召开为契机，我们愿与大家一起携手合作、共同努力，紧密团结在以习近平同志为总书记的党中央周围，齐心协力把中国特色哲学社会科学话语体系建设推向一个新的历史高度。

站在党和国家意识形态安全高度，切实重视话语体系建设[*]

——全国哲学社会科学话语体系建设 2015 年
工作总结和 2016 年工作设想

2015 年，全国哲学社会科学话语体系建设成员单位，认真学习贯彻习近平总书记关于话语体系建设的重要论述，以马克思主义、毛泽东思想、中国特色社会主义理论体系为指导，按照着力打造融通中外的新概念、新范畴、新表述，讲好中国故事，增强在国际上的话语权，精心构建对外话语体系，发挥好新兴媒体作用，增强对外话语的创造力、感召力、公信力，坚持用中国理论来解读中国实践、回答中国问题，着力构建中国特色哲学社会科学创新体系和学术话语体系的总体要求，协调推进完成了话语体系建设协调会议确定的工作任务。2016 年，各成员单位将结合各自工作领域的特点，进一步发挥本单位的优势，协同开展落实相关工作计划，齐心协力推动全国话语体系建设工作。

一　2015 年话语体系建设的主要工作

一年来，在中央领导同志和中共中央宣传部的关心和指导下，协调会议认真贯彻落实习近平总书记的有关指示，积极开展话语体系建设课

* 该文系作者 2016 年 1 月 28 日在全国哲学社会科学话语体系建设协调会议上的报告，原载中国社会科学院科研局《哲学社会科学话语体系建设研究动态》2016 年 2 月 8 日第 2 期，收入本书时有改动。

题研究、组织开展学术研讨、完善协调工作机制、编发《哲学社会科学话语体系建设研究动态》，中国社会科学院作为召集单位协调推进，顺利完成了话语体系建设各项工作任务。

（一）结合各成员单位特点，深入推进相关专题研究

各成员单位从自身工作领域的特色和优长出发，认真贯彻落实习近平总书记的有关重要指示，针对话语风格、学术话语体系创新、国外话语体系译介等专题，由知名专家学者和学科带头人牵头组织开展了相关研究，取得一批研究成果。中央对外宣传办公室2014年组织开展的12个对外话语体系课题于2015年完成。中央党校设置并完成了"习近平总书记系列重要讲话与中国话语体系建设研究"等3项课题。教育部组织课题组起草了《关于推进高等学校哲学社会科学学术话语体系创新的意见》，委托中国人民大学开展重大攻关项目"哲学社会科学学术话语体系创新研究"。国家行政学院2014年设立的3个课题顺利结项，2015年又新设立了"关于发展经济理论话语体系研究"等3个课题。中央文献研究室设立了"习近平总书记是怎样坚持和发展中国特色社会主义的""党的理论刊物在话语体系建设中的作用"2个课题。中央党史研究室2015年着重开展"习近平与抗日战争话语体系重构研究"，形成了一批阶段性成果。中央编译局设立并完成了课题"改革开放以来我国翻译引介国际通行政治学概念及其本土化"。中国外文出版发行事业局设立的项目"新一届领导集体话语体系研究"和"近年来美欧俄话语体系建设的比较研究及经验启示"取得了论文、研究报告等成果。中国社会科学院组织了4个项目，围绕"习近平系列讲话话语体系、话语风格研究"和"西方话语体系研究"2个选题撰写了系列理论文章。这些专题研究已经并将陆续推出一批高水平的话语体系建设研究成果。

（二）协作举办各类研讨活动，推进话语体系建设

在话语体系建设协调会议的统筹下，各成员单位积极举办形式多样

的活动。例如，中央对外宣传办公室与解放军总政治部宣传部外宣局联合举办座谈会，就对外话语体系建设相关问题进行交流研讨。中央党校召开了话语体系工作研讨会、选题策划会。教育部承办了"第二届全国哲学社会科学话语体系建设理论研讨会"，组织召开了"全国高校社会科学科研管理研究会 2015 年度工作会议"，主办了 4 场专业类型高校的社科论坛，围绕哲学社会科学话语体系创新进行了研讨。国家行政学院围绕课题组织召开了 7 场主题沙龙、研讨会，为学院教研人员搭建话语体系建设研究平台。中央文献研究室围绕陈云同志诞辰 110 周年、抗日战争胜利暨世界反法西斯战争胜利 70 周年开展纪念和宣传活动，充分发挥舆情导向功能。中央党史研究室围绕"习近平与抗日战争话语体系重构研究"举行了若干场内部小型研讨会。中央编译局召开了"改革开放以来若干重要政治概念译介及其本土化"学术座谈会。中国外文出版发行事业局承办了"全国对外传播理论研讨会"的分论坛"翻译与对外话语创新"，围绕如何强化翻译在构建融通中外话语体系方面的作用等议题展开研讨。中国社会科学院科研局与上海大学、上海研究院联合举办了"话语体系和大学生教育暨'大国方略'项目研讨会"。这些研讨活动，有力地推动了相关专题的深化研究工作。

（三）编印《哲学社会科学话语体系建设研究动态》、出版"研究辑刊"，前沿研究成果交流传播效益显著

协调会议办公室继续编辑印发《哲学社会科学话语体系建设研究动态》（以下简称《研究动态》），报送中央领导同志并中共中央宣传部相关领导同志，抄送各成员单位。《研究动态》采取编辑约稿、成员单位推荐稿件和摘要转载等方式，汇集话语体系研究领域最新研究成果。2015 年度编发 32 期，共 9 万余字。编辑出版"中国哲学社会科学话语体系研究辑刊"第 1 辑《中国学术与话语体系建构》（总论·人文科学卷和社会科学卷），搜集和梳理了近 5 年来话语体系研究领域的相关文章 55 篇，约 68.9 万字，归纳为总论、哲学·马列、文学、史学、中国道路、经济、社会政法、国际话语权等 8 个专题，为学界和有关部门提供参考。中国社会科学院《要报》《世界社会主义研究》等系列内部刊物，以及《中国社会科学报》也积极刊发话语体系建设相关文章。

中央对外宣传办公室会同中央文献研究室、中国外文出版发行事业局编辑出版的《习近平谈治国理政》一书，多语种出版发行总量达 536 万册，海外发行 40 多万册，已发行到 100 多个国家和地区。

（四）完善协调工作机制，落实经费资助工作

总结以往的工作经验，完善协调会议办公室工作机制。每季度组织召开话语体系建设与研究信息研讨会，邀请各成员单位联系人和相关专家参加，交流话语体系建设近期研究成果和动态，研讨下一季度研究方向和专题，落实《研究动态》撰稿任务，协调解决面临的问题。

完善协调会议办公室内部工作机制及《研究动态》编审机制。建立相对稳定的兼职编辑队伍，依托中国社会科学院科研局成立了工作小组，分学科跟踪话语体系建设研究的进展，约请专家撰稿，确定专人分别负责稿件统编统校和编务。

2015 年中共中央宣传部资助 70 万元（比上一年度增加 20 万元，增长 40%），中国社会科学院给予 50 万元经费配套。协调会议办公室制定了 2015 年度经费预算，资助经费除编印《研究动态》和"研究辑刊"、召集协调会议等开支外，大部分用于资助各成员单位组织的研究课题、学术会议，以及以协调会议名义主办的全国性学术研讨会。

二 当前话语体系建设面临的形势与任务

当前，中国崛起已成为举世公认的事实，但我国的软实力与硬实力不相匹配，我们在国际多数领域的话语权还很弱小，讲好中国故事，传播中国声音，争取更大国际话语权，任重道远。从国内看，经济社会处于转型期，改革进入攻坚期和深水区，思想理论文化领域纷繁复杂，各

种社会思潮相互激荡，用主流意识形态和话语统一思想，凝聚人心，任务艰巨。我们要切实认识到自己肩负的责任，全力以赴做好话语体系建设工作，为巩固党的执政地位、建设社会主义先进文化、发展中国特色社会主义作出应有贡献。

（一）要从党和国家意识形态安全的战略高度出发，切实重视话语体系建设工作

意识形态之争，从某种意义上来说就是话语权之争。我们党和国家的主流意识形态是马列主义、毛泽东思想和中国特色社会主义理论体系，是为巩固党的执政地位和社会主义政权服务的。维护党和国家意识形态安全，就是要巩固马列主义、毛泽东思想和中国特色社会主义理论体系在国家政治生活、社会生活中的指导地位。一种意识形态有没有吸引力、战斗力，表达意识形态的话语体系有没有生命力、感召力，最根本是看它是否站在人民的立场上，有没有反映人民的利益和心声，是否得到了人民的拥护和支持。在思想理论领域，话语本身就包含着阶级立场、政治态度，同样的话语，站在不同立场上，所表达的意思是截然不同的。中国的社会科学工作者，要站在人民的立场上做学问，中国特色哲学社会科学话语体系，必须是反映人民利益和心声的话语体系。只有这样，我们的中国特色哲学社会科学话语体系才能够赢得民心，真正牢牢掌握话语权。

（二）要将深入宣传习近平总书记治国理政新思想、新理念、新战略作为话语体系建设的重要任务

党的十八大以来，以习近平同志为总书记的党中央，紧紧围绕坚持和发展中国特色社会主义这个主题，团结带领全党全军全国各族人民取得了改革开放和现代化建设新成就，开创了党和国家事业发展新局面，形成了一系列治国理政新思想、新理念、新战略。深入宣传习近平总书记治国理政新思想、新理念、新战略，是当前和今后一个时期思想宣

传、文化学术战线的一项中心任务。话语体系的建设单位，都承担着宣传习近平总书记治国理政新思想、新理念、新战略的任务。我们要将宣传习近平总书记治国理政新思想、新理念、新战略与推进哲学社会科学话语体系建设结合起来，在深入研究和宣传习近平总书记关于坚持和发展中国特色社会主义、实现中华民族伟大复兴的中国梦、全面深化改革、促进经济持续健康发展、建设法治中国、建设社会主义文化强国、推进社会事业和社会管理改革发展、建设生态文明、推进国防和军队现代化、丰富"一国两制"实践和推进祖国统一、走和平发展道路等治国理政新思想、新理念、新战略的过程中，推进哲学社会科学话语体系建设。要用习近平总书记系列重要讲话中所包含的新思想、新观点、新论断和新话语，来丰富和发展哲学社会科学的概念、理论和话语。我们要认真学习总书记鲜活的语言风格和生动的表达方式，将其应用到哲学社会科学话语体系建设中。

（三）要充分利用哲学社会科学的理论创新成果，为话语体系建设提供学理支撑

哲学社会科学是人类认识世界和改造世界的强大思想武器，哲学社会科学的研究水平是国家软实力和综合国力的重要组成部分。学术话语不仅是学术观点的表达形式，而且是学术创新的重要组成部分。新的学术观点，必然要求用新的学术话语来表达。研究水平越高，创新能力越强，越能掌握话语权。当今世界，凡是掌握话语权的国家，不仅综合国力和科技实力强大，而且哲学社会科学研究也非常发达。加强哲学社会科学话语体系建设，首先要繁荣发展哲学社会科学，积极推进学科体系、学术观点、研究方法创新。离开了哲学社会科学创新本身，话语体系创新就成了无源之水、无本之木。在此基础上，要积极利用哲学社会科学创新成果，突破前人提出的理论、学说和范式，提出新的概念、论断和表述，推动话语体系创新。

（四）要从人民群众语言中获得灵感和方法，创新哲学社会科学话语

哲学社会科学工作者是同语言文字打交道的专业人士，但要推进话语体系建设工作，还离不开向人民群众学习。群众是真正的语言大师，群众语言来自生活，出于肺腑，是民生甘苦、喜怒哀乐的直接表达，是鲜活、生动、有生命力的。长期以来，我们的哲学社会科学话语在一定程度上存在偏颇。一是"言必称西"，捡拾西方学术话语的牙慧，这是盲目崇拜西方的结果。二是"言必称古"，以古非今，厚古薄今，这是盲目崇拜古人的结果。三是艰深拗口、晦涩难懂，以让人看不懂为荣。这样的话语体系，走出书斋，走出小圈子，就没有了市场，没有了生命力，如何又能传播出去，争夺话语权呢？要解决哲学社会科学话语存在的弊病，一个根本办法，是向生动鲜活的群众语言学习；同时，哲学社会科学的话语创新，也要接受群众的检验。近年来网络流行语的影响力越来越大。如大家熟悉的"正能量"一词，虽然不是网络原创的，但却是从网络上流行开来的，并最终为主流舆论所接受。我们要研究和学习包括网络语言在内的优秀丰富的群众语言，从中了解群众的喜怒哀乐和所思所想，获取创新哲学社会科学话语体系的灵感和方法。

（五）要加强话语体系建设工作的领导，进一步完善组织协调机制

参与话语体系建设的 9 个成员单位，都是中央和国家直属的高层次的思想理论和文化学术单位。在过去的两年里，各建设单位在中共中央宣传部的统一领导下，分工负责，各展所长，在推进话语体系建设方面做了大量工作，取得了一些成绩，摸索出一些经验。但还存在一些不足，如对话语体系建设重视还不够、投入的资源不足、有影响的重大成果不多、协调机制有待健全。话语体系建设既是中央交给我们的任务，也是我们自身业务的组成部分，是我们义不容辞的责任。我们热切期望中共中央宣传部进一步加强对话语体系建设的组织领

导，各建设单位主要领导要亲自抓这项工作，切实把话语体系建设作为本单位的一项重要工作，摆上议事日程，投入必要的经费，安排优秀的人才，形成有效的机制。作为话语体系建设协调会议办公室的所在单位，中国社会科学院也要进一步加强这项工作，从人员安排、机构设置、经费投入和工作机制上予以保证，以更好地发挥办公室的协调和服务职能。

三　2016 年话语体系建设工作的设想与建议

话语体系建设是一项长期、系统的工作，需要我们"守正笃实，久久为功"。在新的一年里，我们将在中共中央宣传部的统一领导下，深入贯彻落实习近平总书记关于话语体系建设的指示精神，坚持以马克思主义为指导，坚持正确的政治方向和学术导向，进一步加强话语体系建设的组织协调，认真组织研究西方话语体系，提炼中华优秀传统文化精髓，突出中国话语的文化特色和时代特征，积极建设具有中国特色、代表中国声音、体现中国道路的话语体系。2016 年，协调会议将重点统筹推进做好以下几方面的工作。

（一）以习近平总书记治国理政新思想、新理念、新战略研究为重点，开展当代中国话语体系建设研究

要深化当代中国马克思主义研究，紧紧围绕党的十八大以来以习近平同志为总书记的党中央治国理政新思想、新理念、新战略，重点加强习近平总书记系列重要讲话精神的研究阐释，深入总结中国改革开放和现代化建设的成功经验，深刻把握中国特色社会主义建设的内在规律，推进重大现实问题、重大理论问题、重大实践经验的研究，不断丰富哲学社会科学的学术思想和理论体系，把中国实践的优势转化为话语优势。希望各成员单位重点资助一批当代中国话语体系建设研究项目，协调会议办公室可遴选若干重大项目予以重点支持。

（二）服务于中国特色新型智库建设，推动中国哲学社会科学话语体系走出去

建设具有中国文化特色和时代特征的话语体系，是增强中国话语国际影响力的必然要求，也是建设中国特色新型智库的学理依托。各成员单位要紧紧抓住中国特色新型智库建设的重要机遇，寓哲学社会科学话语体系建设于新型智库建设之中，用中国优秀传统文化、学术理论和话语体系解读中国实践、中国道路、中国价值，向世界讲好中国故事，用经得起实践和历史检验的原创性思想理论成果、具有时代高度的国家智库研究成果，推动中国特色哲学社会科学学术话语体系为中国特色社会主义伟大事业服务。各成员单位应将话语体系建设与实施学术"走出去"战略有机结合起来，推动中国学术与国际学术展开平等对话，进一步扩大中国学术话语在国际上的话语权和影响力。

（三）统筹整合协调会议成员单位优势资源，推动举办形式多样的话语体系建设研讨活动

要继续巩固和完善各成员单位轮流定期举办高端研讨会、汇报交流研究成果的工作机制。要总结前两届全国性研讨会的经验，充分调动协调会议各成员单位的积极性，围绕会议主题推选各学科领域的最新研究成果，组织举办好第三届全国哲学社会科学话语体系建设理论研讨会，做好会议研讨成果的宣传和推介工作。建议各成员单位结合各自领域的工作特色，开展灵活多样、内容丰富的学术研讨活动。进一步加强学术话语体系创新的宣传引导，加强对优秀成果、优秀人才的奖励和宣传，营造全社会重视、关心和支持哲学社会科学学术话语体系创新工作的良好氛围。

（四）完善话语体系建设协调会议办公室工作机制，编印《研究动态》和"研究辑刊"

要不断完善话语体系建设协调会议办公室的组稿、编审工作机制，

每季度召开话语体系建设研究信息研讨会，交流工作进展情况，研究落实《研究动态》组稿选题。协调会议办公室要充实文学、史学、哲学/马研、经济、社会政法、国际问题研究六个工作小组力量，及时跟踪相应学科话语体系建设研究进展，完成好组稿、编辑工作任务。广泛搜集最近一年话语体系建设研究成果，精选出版"中国哲学社会科学话语体系研究辑刊"（2015）。各成员单位应结合自己的工作领域特点，组织出版本领域的高水平研究成果。希望中共中央宣传部进一步加大话语体系建设工作的支持力度，中国社会科学院将继续给予经费配套支持，确保话语体系建设各项工作顺利开展。

同志们，2016 年是国家"十三五"规划的开局之年，是决胜全面建成小康社会的开局之年，国家经济社会发展、哲学社会科学繁荣发展将呈现新局面。让我们认真学习党的十八大和十八届历次全会精神，贯彻落实好习近平总书记系列重要讲话精神，在中共中央宣传部的指导下，不断完善话语体系建设工作机制，开创中国特色话语体系建设的新局面。

深入学习贯彻习近平总书记重要讲话精神，全面推进我国哲学社会科学话语体系建设[*]

为深入学习贯彻习近平总书记关于哲学社会科学重要讲话精神，全面推进我国哲学社会科学话语体系建设，经过一段时间的筹备，第三届全国哲学社会科学话语体系建设理论研讨会今天顺利举行。首先，我谨代表中国社会科学院，同时代表全国哲学社会科学话语体系建设协调会议办公室，对研讨会的成功召开表示热烈祝贺！

2016 年 5 月 17 日，习近平总书记在哲学社会科学工作座谈会上发表重要讲话。这篇讲话既为哲学社会科学创新发展提供了根本遵循和行动指南，同时也提出了推进中国特色、中国风格、中国气派的哲学社会科学话语体系建设的指导方针和思路要求，讲话立意高远，论述深刻，内涵丰富，意义重大。

一 深入学习贯彻习近平总书记关于哲学社会科学的重要讲话精神

习近平总书记关于哲学社会科学的重要讲话，是指导我国哲学社会科学创新发展的马克思主义纲领性文献，具有强大的理论说服力和现实指导性。

---

* 该文系作者 2016 年 10 月 14 日在第三届全国哲学社会科学话语体系建设理论研讨会上的讲话，原载中国社会科学院科研局《哲学社会科学话语体系建设研究动态》2016 年 11 月 21 日第 29 期，《世界社会主义研究》2017 年第 1 期，《中华魂》2017 年第 7 期，收入本书时有改动。

习近平总书记重要讲话科学论述了哲学社会科学"不可替代"的重要地位和作用。习近平总书记结合中国特色社会主义理论和实践的新发展、新形势、新任务，对哲学社会科学提出了一系列新论断、新表述、新要求，将哲学社会科学的重要性提到了前所未有的高度。他指出："一个国家的发展水平，既取决于自然科学发展水平，也取决于哲学社会科学发展水平。一个没有发达的自然科学的国家不可能走在世界前列，一个没有繁荣的哲学社会科学的国家也不可能走在世界前列。坚持和发展中国特色社会主义，需要不断在实践和理论上进行探索、用发展着的理论指导发展着的实践。在这个过程中，哲学社会科学具有不可替代的重要地位，哲学社会科学工作者具有不可替代的重要作用。"[①]这一重要论断是对哲学社会科学在中国特色社会主义建设和中华民族伟大复兴事业中的"不可或缺"的重要地位的新阐释，是对我国哲学社会科学工作者应肩负的历史使命和应实现的社会价值的新要求。

着重强调了必须坚持马克思主义在我国哲学社会科学领域的指导地位。习近平总书记强调指出，中国特色哲学社会科学，特就特在坚持以马克思主义为指导上，"坚持以马克思主义为指导，是当代中国哲学社会科学区别于其他哲学社会科学的根本标志，必须旗帜鲜明加以坚持"[②]。我们所要坚持的马克思主义，绝不是僵化的教条的马克思主义，而是在实践中不断发展的生机勃勃的马克思主义。对于哲学社会科学工作者来说，坚持以马克思主义为指导，首先要解决好为什么人的问题。为人民群众做学问、为人民群众拿笔杆子，是我国哲学社会科学工作者的神圣使命，是实现哲学社会科学价值的根本目的。坚持以马克思主义为指导，必须坚持问题导向，不断提出解决问题的正确思路和有效办法；必须坚持用联系的发展的辩证的眼光看问题，努力揭示中国特色社会主义发展、人类社会发展的大逻辑大趋势，不断推进 21 世纪马克思主义发展的新高度新境界，让当代中国马克思主义放射出更加

---

① 习近平：《在哲学社会科学工作座谈会上的讲话》，人民出版社 2016 年版，第 2 页。

② 习近平：《在哲学社会科学工作座谈会上的讲话》，人民出版社 2016 年版，第 8 页。

灿烂的真理光芒。

明确提出了加快构建中国特色哲学社会科学的战略任务和历史使命。习近平总书记全面回答了构建中国特色哲学社会科学的总体思路、主要特点、具体任务、基本要求和重要方法等一系列重大问题。一是提出了构建中国特色哲学社会科学的总体思路。"要按照立足中国、借鉴国外，挖掘历史、把握当代，关怀人类、面向未来的思路，着力构建中国特色哲学社会科学，在指导思想、学科体系、学术体系、话语体系等方面充分体现中国特色、中国风格、中国气派。"① 二是提出了构建中国特色哲学社会科学的主要特点。要体现继承性、民族性，原创性、时代性，系统性和专业性。三是提出了构建中国特色哲学社会科学的具体任务。抓好马克思主义经典著作的学习和研究，继续推进马克思主义中国化、时代化、大众化；重视对中华优秀传统文化的挖掘和阐发；注重对党中央治国理政新理念新思想新战略的研究阐释；加强对学科体系、教材体系、学术体系、话语体系、评价体系的建设和创新。四是提出了构建中国特色哲学社会科学的基本要求。要从人抓起，久久为功。要关心好、培养好、使用好哲学社会科学工作者，使其成为先进思想的倡导者、学术研究的开拓者、社会风尚的引领者、共产党执政的坚定支持者。五是提出了构建中国特色哲学社会科学的重要方法。要注意顶层设计、统筹协调。构建中国特色哲学社会科学是一项极其繁重的任务，要加强顶层设计，统筹各方面力量协同推进。

深刻阐述了党的领导是繁荣发展哲学社会科学事业的根本保证。习近平总书记指出："哲学社会科学事业是党和人民的重要事业，哲学社会科学战线是党和人民的重要战线。"② 各级党委要高度重视和加强对哲学社会科学工作的政治领导和工作指导；要尊重哲学社会科学发展规律，不断改进领导方式，提高领导水平。

---

① 习近平：《在哲学社会科学工作座谈会上的讲话》，人民出版社 2016 年版，第 15 页。
② 习近平：《在哲学社会科学工作座谈会上的讲话》，人民出版社 2016 年版，第 25 页。

二　加强话语体系建设，助力我国哲学社会科学创新发展

哲学社会科学体系包括两个方面：一是理论观点体系，这是哲学社会科学体系的实质内容；二是话语表达体系，这是哲学社会科学体系的表述形式。内容与形式是一致的，内容决定形式，形式为内容服务。没有内容，再好的形式也是空洞的、无用的。没有适当的表述方式，再好的内容也无法科学表达，或表达不完备，或表达出来不能为人们所理解和接受，内容就会落空。从一定意义上说，话语体系建设在整个中国特色哲学社会科学建设中具有非常特殊的地位，发挥着至关重要的作用。一定要把加强哲学社会科学话语体系建设放在特殊的重要位置，抓紧、抓实、抓好，助力构建在马克思主义指导下的具有中国特色的哲学社会科学。

（1）推进话语体系建设，必须坚持马克思主义的指导地位。哲学社会科学领域话语权之争首先是马克思主义的话语权之争，是马克思主义能否通过一定的表达形式占领理论学术阵地，真正起到指导思想和理论指南灵魂作用的重要问题。160多年前，马克思主义的科学社会主义思想在《共产党宣言》中曾被经典作家描述为"一个幽灵，共产主义的幽灵，在欧洲游荡"[①]。然而历经一个半世纪多的风雨兼程，马克思主义从最初的然而又是彻底表达真理的发声，已经发展成为对当今世界历史进程和人类社会发展最具价值、影响和作用，有着巨大语言震撼性、无穷话语穿透力和最彻底表达方式的科学理论最高峰。这除了它具有征服人们的真理内容外，还因为它具有无穷魅力的话语形式。当今社会上存在一些模糊甚至错误的认识，认为马克思主义已经过时了、不管用了等，这些认识在实际工作中的表现，正如习近平总书记所指出的那样，"在有的领域中马克思主义被边缘化、空泛化、标签化，在一些学

[①]　《马克思恩格斯选集》第 1 卷，人民出版社 2012 年版，第 399 页。

科中'失语'、教材中'失踪'、论坛上'失声'"①。当然，这与在一些领域不讲、不用马克思主义话语，而是鹦鹉学舌、不分良莠地照抄照搬西方负面话语、古人负面话语，丧失了马克思主义话语权有着相当关系。这种状况必须引起我们高度关注。加强我国哲学社会科学话语体系建设，须臾不可离开马克思主义指导，不能让马克思主义闪烁着科学真理光辉和人类智慧灵光的话语"失语""失踪""失声"，既要大讲、特讲、反复讲、经常讲马克思主义话语，坚持继承马克思主义的已被实践和历史检验的话语；又要结合当代实际，不断创造马克思主义的新鲜话语，丰富发展创新马克思主义话语体系。大力加强我国哲学社会科学话语体系建设，必须以马克思主义为统领，把话语权牢牢掌握在人民手里，掌握在党的手里。

（2）推进话语体系建设，必须坚守党的意识形态阵地。哲学社会科学领域话语权之争在一定意义上也是意识形态之争，争夺哲学社会科学领域话语权，必须坚守党的意识形态阵地。要坚决批判和摒弃渗透到我国社会主义意识形态中的落后意识形态的负面话语，与之进行坚持不懈的斗争。一是对西方话语体系和我国古代社会的话语体系进行全面梳理，搞清楚哪些可以借鉴使用，哪些可以取其精华，哪些必须批判摒弃，哪些必须去其糟粕。二是坚持鲜明准确的、具有中国特色的马克思主义、社会主义的话语，绝不能放弃话语权，放弃了就等于自废武功。譬如阐释马克思主义基本原理、基本观点和我党的基本路线、基本理论、基本纲领、基本经验等的根本性的话语，不能不讲，更不能弃之不用，而要始终不渝、持之以恒、一以贯之地坚持。三是用是非清楚、观点鲜明的中国特色的马克思主义、社会主义的话语教育群众、引导群众。不能用是非混淆、模棱两可的话语误导舆论、误导群众，让群众搞不清楚什么是正确的、什么是错误的，什么应该坚持、什么应该反对，甚至把正确的当作错误的，把错误的当成正确的。

（3）推进话语体系建设，必须打造标识性的新概念、新范畴、新

---

① 习近平：《在哲学社会科学工作座谈会上的讲话》，人民出版社 2016 年版，第 10 页。

观点的新表述。中国共产党成立以来，创造了许多深入人心的标识性话语，发挥了争取群众、教育群众、动员群众、团结群众和战胜敌人、克服困难、渡过险阻、取得胜利的能动作用。创造了科学地阐释马克思主义和中国化马克思主义的鲜明的话语体系，如毛泽东思想、邓小平理论、"三个代表"重要思想、科学发展观、习近平治国理政新思想新理念新战略等。这些标识性的话语体系生动地阐明并向群众通俗地宣传、向国际社会鲜明地表明马克思主义的真理和中国共产党的主张。我们要在坚持这些已有的具有中国特色的、马克思主义的、社会主义的、中国共产党的、为人民群众所喜闻乐见的、通俗易懂的优秀话语表达的基础上，不断创造具有中国特色和代表性的体现新概念、新范畴、新观点的话语体系，这对于建设以马克思主义为指导的、以社会主义核心价值观为主流的、以中国特色社会主义理论体系为主导的、让人民群众所广为接受的、具有中国特色的哲学社会科学话语体系具有非常重要的作用。

（4）推进话语体系建设，必须突出中国特色、中国风格、中国气派。建设具有中国特色、中国风格、中国气派的哲学社会科学话语体系，说到底就是必须讲中国话，用马克思主义指导下的中国理论学术话语分析中国问题、阐释中国观点、讲述中国故事、论证中国道路、宣传中国主张、预测中国未来、指导中国实践。不能机械套用西方负面话语，决不做西方资本主义意识形态的"应声虫"或"传话筒"；也不能生硬照搬古人负面话语，决不做复古主义的"老夫子"。改革开放以来，涌进大量的西方话语，它们有很多体现了先进文明，但也有许多带着落后的意识形态属性，具有一定的落后性。盲信、迷信、偏信西方负面话语的问题，可以说在我国哲学社会科学的一些领域不同程度地存在，在一定程度上误导了一些人的认识，带来了严重的不良影响。为了有力回击具有落后的意识形态属性的负面话语，打破西方话语垄断和话语霸权，迫切需要我们加快构建以马克思主义为指导的具有中国特色、中国风格、中国气派的哲学社会科学话语体系。

（5）推进话语体系建设，必须贯穿涵盖学科体系、教材体系、学术体系、评价体系的话语构建。哲学社会科学话语体系建设，不能孤立地进行，必须结合哲学社会科学学科体系、教材体系、学术体系、评价体系等的话语体系建设，要把马克思主义话语体系贯穿进去，起灵魂指导作用。一是必须贯穿涵盖学科体系话语构建。要特别注重马克思主义话语在所有学科话语体系建设中起到核心、引领和导向作用，同时注意吸收古今中外先进文明的话语，使马克思主义话语成为引领各个学科话语体系的"主流话语"，以纠正一些学科中的马克思主义"失语"现象。二是必须贯穿涵盖教材体系话语建设。要特别注意组织编写充分反映马克思主义中国化最新成果、充分反映中国特色社会主义丰富实践、充分吸收古今中外哲学社会科学优秀话语成果的，真正体现马克思主义话语"在场性"的好教材，以杜绝马克思主义话语在一些教材中的"失踪"现象。三是必须贯穿涵盖学术体系话语建设。要特别使表述马克思主义范畴、概念、观点、方法的，同时又吸收古今中外优秀话语表述的话语成为主导话语，成为理论学术传播的"主旋律"，奏出"最强音"，以改变马克思主义话语在一些理论学术阵地，包括国际学术交流论坛上的"失声"现象。四是必须贯穿涵盖评价体系话语建设。要特别以马克思主义话语权遏制社会科学评价话语中的某些错误倾向，建立方向明确、科学权威、公开透明、公平开放的哲学社会科学人才和成果评价话语体系，以改变一些哲学社会科学人才和成果评价中的不分是非、过偏过滥、丢失评价话语权的现象。

（6）推进话语体系建设，必须重视顶层设计、统筹协调、主动出击、扩大影响。一是推进话语体系建设，要克服"声音还比较小"的处境。要让中国的话语不仅被国内大众所接受和传播，还要被国际社会所理解和接受，真正做到面向大众、面向现实、面向未来、面向世界的"四个面向"。在实践基础上，要认真提炼表达中国理论学术思想的范畴、概念、命题的具有中国特色、中国风格、中国气派的话语，以不断深化中国理论学术体系建设的内涵。要破除对于西方理论学术话语的迷信，汲取古今中外理论学术话语的积极成果，夯实中国理论学术话语体系基础。积极支持鼓励我国哲学社会科学机构参与和设立国际性学术组织，支持鼓励海外中国学术研究中心、学会、基金会使用中国话语、研究中国问题，加强国际智库交流，推动海外中国学研究，争夺国际领域的话语权。二是推进话语体系建设，要克服"有理说不出"的窘境。要聚焦国内大众和国际社会关注的问题，加大研究力度，加强运用大众话语对中国特色社会主义伟大实践进行学理阐释，为在国内外理论学术界赢得话语权打下坚实基础。三是推进话语体系建设，要克服"说了传不开"的困境。要运用互联网和大数据技术，构建方便快捷、资源共享的哲学社会科学话语信息发布平台。加强优秀学术网站和学术期刊建设，扶持推介高水平学术研究成果，推进中国理论学术话语真正深入人民群众之中，使中国话语大踏步地"走出去"，让中国声音传得广、扬得远。

三　全面推进我国哲学社会科学话语体系建设再上新台阶

哲学社会科学话语体系的灵魂、特色、风格、气派，是其发展到一定阶段的产物，是成熟的标志，是实力的象征，也是自信的体现。但目前我国哲学社会科学话语的能力与水平同"学术大国"的地位还不太相称，尚有一定距离。要让中国人民和世界人民知道"学术中的中国""理论中的中国""哲学社会科学中的中国"，要让中国人民和世界人民知道"中国道路""中国精神""中国的发展、开放和为人类文明作出的贡献"，使"学术大国"变成"学术强国"，哲学社会科学话语体系建设任重而道远。在这个任重而道远的建设过程中，必须始终正确地把握好五大关系。

（1）立足中国、面向世界，坚持民族性与世界性相统一。推进话语体系建设，首先，必须立足中国，坚持民族性。要重视中华民族的优秀文化，从中汲取智慧和元素，推进话语体系建设要与继承中华民族的优秀文化特质、思维模式、价值取向、行为方式和话语体系相结合，融为一体；要围绕我国和世界发展面临的重大问题，着力构建能够体现中国立场、彰显中国智慧、蕴含中国价值的话语体系。其次，必须面向世界，坚持世界性。以宽广的视野观察世界，以积极主动的姿态了解世界，以比天空更宽阔的胸怀对待不同文明，大胆吸收人类社会一切话语成果的精华，使其成为构建中国特色哲学社会科学话语体系的有益滋养。要反对"洋教条"，不能再版更不能翻版西方负面话语。如果不加分析地把国外话语体系奉为圭臬，一切以此为准绳，那就舍本求末了。最后，必须坚持民族性与世界性相统一。强调民族性并不是要排斥其他国家的话语成果，而是要在比较、对照、批判、吸收、升华的基础上，使民族性的话语更加符合当代中国和当今世界的发展趋势和发展要求。越是具有民族性的话语体系，越是能更好地去解释中国的和世界性的问题；越是从全世界着眼吸取各国有益的、积极的话语，越是能把中国实践总结好、阐释好，越是能在世界上先声夺人，越是能为解决世界性问题宣传中国方案和中国智慧。

（2）挖掘历史、把握当代，坚持继承性与创新性相统一。推进话语体系建设，首先，必须挖掘历史，坚持继承性。要坚定我国独有的文化自信和话语自信，挖掘和阐发中华优秀传统文化话语，使中华民族最基本的文化话语基因与当代新的文化话语相适应。对于前人创造的一切优秀话语体系，我们都要研究借鉴，既不能不加分析地把历史文化话语当作僵死不变的模板，生搬硬套、简单延续，也不能不加分析地把历史文化话语弃如敝屣、完全否定。其次，必须把握当代，坚持创新性。创新是哲学社会科学发展的永恒主题，也是推进话语体系建设的永恒之义。要融通古今各种资源，不断推进知识创新、理论创新、方法创新，以积极推动话语体系创新，多讲新话。要在准确把握当今世界发展趋势和当代中国经济社会发展规律的基础上，及时研究推出表述新思想、新理念、新办法的新话语。否则，话语体系就会苍白无力，哲学社会科学就会"肌无力"，就会"失声"。最后，必须坚持继承性与创新性相统一。把弘扬优秀传统话语与创新当代话语紧密结合起来，坚持古为今用、推陈出新，在继承前人的基础上不断地超越。

（3）追求真理、以人民为中心，坚持科学性与价值性相统一。推进话语体系建设，首先，必须追求真理，坚持科学性。鼓励科研人员致力于原创性、原理性的理论学术发现，为话语体系建设提供强大厚重的学理支撑。其次，必须以人民为中心，坚持价值性。坚持话语体系建设为人民发声，为党的意识形态建设提供话语支撑的价值取向，讲大众听得懂的、听得进的、传得开的话语。最后，必须坚持科学性与价值性相统一。是否及时科学地抓住事物、对象、信息的本质和实质加以表达，是否具有科学性，影响着话语体系所传达的思想观点能否被认同。要提高话语体系的传播力和影响力，实现话语体系建设的价值性，就要深入研究传播规律和受众心理等话语体系建设的内在科学性。只有不断深化对共产党执政规律、社会主义建设规律和人类社会发展规律的认识，讲出中国特色社会主义理论体系的内在逻辑性和科学性，才能准确表达出追求真理、以人民为中心的中国声音。

（4）格物致知、立足现实，坚持理论性与实践性相统一。推进话语体系建设，首先，必须格物致知，坚持理论性。话语体系建设是思想表达活动，离不开理论指导。话语体系建设是科学理论和社会实践的科学解释和理性解读，不是封闭的文字游戏、概念推演和空泛的套话，必须坚持正确的理论论证。其次，必须立足现实，坚持实践性。实践最有说服力，最能显示话语体系宣扬真理的力量。话语体系建设必须植根于中国实践，植根于中国人民，真正提炼出反映中国特色社会主义本质的，表达人民群众心声的，易学、易懂、易记、易传、管用的，体现中国特色哲学社会科学理论、观点、概念、范畴的话语体系。最后，必须坚持理论性与实践性相统一。中国哲学社会科学话语体系与中国特色社会主义伟大实践互为表里、互相促进。中国特色社会主义的生动实践、亿万人民群众火热的创造实践，是哲学社会科学话语体系建设的不竭源泉和强大力量。正是这些实践孕育和催生了中国特色哲学社会科学话语体系。一定要深入实践挖掘、总结、概括、提升反映时代经验、体现中国精神的话语。

（5）深究学理、善假于物，坚持内容性与形式性相统一。推进话语体系建设，首先，必须深究学理，坚持内容性。理念创新是话语创新的核心内容。要以哲学社会科学的学科体系、理论体系和学术体系的建设为基础，构建能把中国故事背后的道理说透，既"中用"又"耐听"的理论学术话语体系。其次，必须善假于物，坚持形式性。既要关注"说什么"的问题，又要关注"借助什么说"的问题。荀子《劝学》中有"顺风而呼，声非加疾也，而闻者彰"，其中"大声"传播的奥秘在于"善假于物"。话语的表达形式要为传播内容服务，努力提高话语的传播效果，要用别人听得懂的语言形式表达中国声音；要与时俱进地采用新形式，用先进的国际传播技术和手段进行快捷有效的传播。最后，必须坚持内容性与形式性相统一。哲学社会科学话语体系不仅要在内容上充分反映当代中国哲学社会科学思想理论体系，而且要在形式上创造切合中国实际、体现时代特色的，反映新概念、新范畴、新逻辑的，具有为人民群众喜闻乐见的语言风格的话语体系，以不断增强中国话语的吸引力、影响力和感染力。

习近平总书记鲜明地提出了"发挥我国哲学社会科学作用，要注意加强话语体系建设"[①]的战略任务。一切有理想、有抱负的哲学社会科学工作者都应该立时代之潮头、通古今之变化、发思想之先声，自觉增强历史责任感和使命感，担负起历史赋予我们的神圣任务和光荣使命，以"自信人生二百年，会当水击三千里"的魄力和勇气，以清醒的理论自觉、坚定的政治信念、科学的思维方法，为构建中国特色哲学社会科学话语体系而努力奋斗！

---

① 习近平：《在哲学社会科学工作座谈会上的讲话》，人民出版社 2016 年版，第 24 页。

努力打造中国特色的标识性话语新表述[*]

——关于全国哲学社会科学话语体系建设 2016 年工作总结和 2017 年工作设想

2016 年，全国哲学社会科学话语体系建设协调会议成员单位，认真学习贯彻习近平总书记系列重要讲话和治国理政新理念新思想新战略，深入学习贯彻习近平总书记在哲学社会科学工作座谈会上的重要讲话，以马列主义、毛泽东思想、中国特色社会主义理论体系为指导，以我国实际为研究起点，按照打造易于为国内外社会所理解和接受的新概念、新范畴、新表述，提出具有原创性的理论观点及创新其表达形式，在指导思想、学科体系、学术体系、话语体系等方面充分体现中国特色、中国风格、中国气派的总体要求，协调推进完成了话语体系建设协调会议确定的工作任务。

2017 年，各成员单位将结合各自工作领域的特点，进一步发挥本单位的优势，协同开展落实相关工作计划，齐心协力进一步推动全国话语体系建设工作。

一　2016 年话语体系建设的主要工作

去年 3 月，协调会议办公室向中央领导同志和中共中央宣传部呈报《关于全国哲学社会科学话语体系建设 2015 年工作总结和 2016 年工作

---

[*] 该文系作者 2017 年 3 月 28 日在全国哲学社会科学话语体系建设协调会议成员单位 2017 年度工作会议上的报告，原载中国社会科学院科研局《哲学社会科学话语体系建设研究动态》2017 年 4 月 26 日，《世界社会主义研究动态》2017 年 5 月 5 日第 11 期，收入本书时有改动。

设想的报告》，获得了中央领导批示。

一年来，在中央领导同志以及中共中央宣传部的关心和指导下，中国社会科学院作为召集单位协调推进各成员单位认真贯彻落实习近平总书记重要讲话和中央领导有关指示精神，积极开展话语体系建设课题研究、组织开展学术研讨、完善协调工作机制、编发《哲学社会科学话语体系建设研究动态》（以下简称《研究动态》），顺利完成了话语体系建设各项工作任务。

（一）结合各成员单位特点，深入推进相关专题研究

各成员单位从自身工作领域的特色和优势出发，由知名专家学者和学科带头人牵头组织开展课题研究，取得一批研究成果。

中央对外宣传办公室、国际传播局将"如何构建对外政治话语体系"列为中共中央宣传部重点调研课题，组织指导新华社、北京大学等单位深化对外政治话语体系重点课题研究，研究成果汇编成册供外宣系统内部参阅。

中央党校设置并完成了"共产主义理想信念的话语研究""西方'普世价值'的话语策略及应对""社会主义核心价值观的话语研究"等3项课题，形成了14个子课题研究报告。

教育部委托高校开展"哲学社会科学学术话语体系创新研究""当代中国马克思主义政治经济学理论体系与话语体系建设与创新研究""中国话语体系建设与全球治理研究"等多项话语研究课题，并在《人民日报》《光明日报》《求是》等报刊上发表了一批重要成果。

国家行政学院2015～2016年设立的"中国特色政治话语体系与国际政治价值观建设""关于发展经济理论话语体系研究""媒体对话语体系的构建与传播作用"等3项课题均已顺利结项，发表论文十余篇。

中央文献研究室设立的"中非'命运共同体'的历史传承与现实意蕴——兼论中国对非话语体系的变迁与建构"等3个课题已完成，还有"从'小康之家'到'全面建成小康社会'看中国特色话语体系的人民性与感召力"等2个课题正在开展。

中央党史研究室"新时期党史话语体系重构研究"课题组 2016 年大力开展"习近平与长征话语体系重构"课题研究，形成了一批阶段性成果。

中央编译局设立并完成了课题"改革开放以来中国若干重要政治学概念建构"，形成研究报告；依托国家高端智库建设重点研究方向展开"中央文献翻译与中国对外话语体系建设"研究工作，提交智库研究成果 12 篇，其中 2 篇获得中央领导批示。

中国外文出版发行事业局重点开展了"新一届领导集体治国理政话语创新实践研究"，在《求是》《学习时报》《对外传播》《网络传播》等权威报刊发表文章 4 篇，另有 3 份内部成果，有 1 项得到刘奇葆同志批示。

中国社会科学院组织院属单位开展相关研究，例如，围绕研究阐释以习近平同志为核心的党中央治国理政新理念新思想新战略，组织全院各单位设立创新工程专题研究项目、智库研究项目。研究生院设立了"马克思主义理论话语权建设研究"项目。科研局参与了"关于如何加强新形势下意识形态工作"项目，形成的调研报告为 2017 年度全国宣传部长会议中央领导讲话文件起草工作起了较好参考作用，总报告被评为中共中央宣传部 2016 年舆情信息"优秀稿件"。

（二）协作举办各类研讨活动，推进话语体系建设

在话语体系建设协调会议的统筹下，各成员单位积极举办形式多样的活动。例如，中央对外宣传办公室、国际传播局"如何构建对外政治话语体系"课题组赴各地实地考察，走访 20 多个高校和外宣翻译机构，分领域举办系列研讨活动 30 多场。教育部举办和指导高校举办繁荣发展哲学社会科学研讨会和论坛，积极推进中国特色新型高校智库建设。国家行政学院举办了"媒体传播与话语体系建设"理论研讨与交流活动。中央文献研究室召开了"党的十八大以来理论创新和实践创新"理论研讨会。中央编译局联合高校举办了主题为"中国重要概念与对外话语体系建设"的"第二届中央文献翻译与研究论坛"，"改革

开放以来中国若干重要政治学概念建构"课题组也召开了研讨会。协调会议办公室主办，中国社会科学院与上海市委宣传部承办，中国浦东干部学院、上海社联、上海研究院、上海大学协办"第三届全国哲学社会科学话语体系建设理论研讨会"。这些研讨活动，有力地推动了相关专题的深化研究工作。

（三）编印《研究动态》、出版"研究辑刊"，前沿研究成果交流传播效益显著

协调会议办公室继续编辑印发《研究动态》，报送中央领导同志并中共中央宣传部相关领导同志，抄送各成员单位。《研究动态》采取编辑约稿、成员单位推荐稿件和文章摘编转载等方式，汇集话语体系研究领域最新研究成果。2016 年度共编发 29 期。

编辑出版"中国哲学社会科学话语体系研究辑刊"第 2 辑《中国学术与话语体系建构》，主要搜集和梳理 2015 年话语体系研究领域相关文章 47 篇，约 60 万字，归纳为"中国道路与中国话语""马克思主义与话语体系创新""人文视野中的话语体系建设""经济理论实践与话语体系建构""中国外交与国际话语权"5 个专题，为学界和有关部门提供参考。

中国社会科学院《要报》《世界社会主义研究》等系列内部刊物，以及《中国社会科学报》也积极刊发话语体系建设相关文章。

（四）完善协调工作机制，落实经费资助工作

总结以往的工作经验，完善协调会议办公室工作机制。定期组织召开话语体系建设与研究信息研讨会，邀请各成员单位联系人和相关专家参加，交流话语体系建设近期研究成果和动态，研讨下季度研究方向和专题，落实《研究动态》撰稿任务，协调解决面临的问题。

完善协调会议办公室内部工作机制及《研究动态》编审机制。建立相对稳定的兼职编辑队伍，依托中国社会科学院科研局成立了工作小

组，分学科跟踪话语体系建设研究的进展，约请专家撰稿，确定专人分别负责《研究动态》稿件统编统校和编务，以及"研究辑刊"的编辑出版工作。

去年6月，全国哲学社会科学规划办公室将"哲学社会科学话语体系建设"列为2016年度国家社会科学基金特别委托项目，项目经费184万元。经费除编印《研究动态》和"研究辑刊"、召集协调会议等开支外，大部分用于资助各成员单位组织的研究课题、学术会议，以及以协调会议名义主办的全国性学术研讨会。

二　深入贯彻落实习近平总书记关于话语体系建设的重要指示精神

习近平总书记在去年5月17日召开的全国哲学社会科学工作座谈会上指出，我国话语体系建设水平总体不高，"在建设以马克思主义为指导的学科体系、学术体系、话语体系上功力不足、高水平成果不多"[1]，"在学术命题、学术思想、学术观点、学术标准、学术话语上的能力和水平同我国综合国力和国际地位还不太相称"。[2] 他还指出，在解读中国实践、构建中国理论上，我们应该最有发言权，但实际上我国哲学社会科学在国际上的声音还比较小，还处于有理说不出、说了传不开的境地。要善于提炼标识性概念，打造易于为国际社会所理解和接受的新的话语表述，引导国际学术界展开研究和讨论。

习近平总书记关于话语体系建设的重要讲话精神，为我们推进中国特色话语体系建设提供了理论依据与基本遵循。深刻领会习近平总书记关于话语体系建设的指示精神，充分认识话语体系建设的重要意义，要着重从以下几个方面把握。

---

[1] 习近平：《在哲学社会科学工作座谈会上的讲话》，人民出版社2016年版，第10页。
[2] 习近平：《在哲学社会科学工作座谈会上的讲话》，人民出版社2016年版，第15页。

（一）话语体系建设是发展中国特色社会主义的需要，是实现中华民族伟大复兴中国梦的必由之路

经过改革开放 30 多年来的实践，我们成功地走出了一条中国特色社会主义道路，正在接近实现中华民族伟大复兴的中国梦，创造了人类发展的奇迹，这是我们开展学术研究、赢得话语优势的丰厚实践资源。植根于中国特色社会主义建设的伟大实践，不断升华对中国特色社会主义实践成果、理论成果、制度成果和文化成果的认识，不断丰富中华民族伟大复兴中国梦的深刻内涵，迫切需要讲好中国发展的故事，建立阐释中国发展、中国梦的话语体系。

（二）话语体系建设是坚持马克思主义指导地位的需要，是保证国家意识形态安全之要

当今社会思想观念和价值取向日趋活跃和多元，主流和非主流同时存在，社会思潮纷纭激荡，国际思想文化斗争形势严峻。西方敌对势力利用在学术研究和文化传播方面的优势，借助所谓的"普适"话语，加强对我国进行思想文化渗透和意识形态攻击，思想舆论成为当前意识形态斗争的聚焦点。巩固马克思主义在意识形态领域的指导地位，培育和践行社会主义核心价值观，巩固全党全国各族人民团结奋斗的共同思想基础，迫切需要我们站在国家意识形态安全的高度，立足中国实践，推进马克思主义及社会主义的、人民大众的中国特色话语体系建设。

（三）话语体系建设是增加国家软实力的需要，是建设中国特色社会主义文化强国的重要之举

当今中国的综合国力不断增强，经济总量已跃居世界第二，全球影响力越来越大，中国的发展已是不争的事实。但相较我国硬实力的发展来说，在国家软实力方面，我们的国际影响力还比较弱，与我们已经达到的综合国力和国际影响力极不相称。面对世界范围内综合国力竞争、思想文化交锋的新形势，迫切需要加快建设中国特色社会主义文化强国，增强文化软实力，提高我国在国际上的话语权，用中国的理论研究解读中国实践、中国道路、中国经验、中国价值、中国方案，打造具有中国特色、中国风格、中国气派的话语体系。

（四）话语体系建设是对外开放的需要，是走中国特色社会主义和平发展道路的题中应有之义

中国独特的文化传统、独特的历史命运、独特的基本国情，注定了我们必然要走适合自己特点的社会主义和平发展道路。当今世界正在发生深刻变革，但和平与发展仍是时代主题，和平、发展、合作、共赢成为时代潮流。坚定不移走中国特色社会主义和平发展道路，积极构建以合作共赢为核心的新型国际关系，打造人类命运共同体，推进实施"一带一路"倡议，大力推进外交理论和实践创新，推动全球治理体系变革，迫切需要我们增强议题设置能力，构建易为国际社会所接受的和平发展的中国话语体系。

总之，具有中国特色、中国风格、中国气派的话语体系已成为展现国家意志、实现国家战略的重要手段，是教育人民、团结人民、动员人民共同奋斗的时代强音，是中国作为发展中大国参与国际合作、国际事务、全球治理的重要前提，对于加强中国特色社会主义建设、全面提升中国在国际舞台上的地位和作用具有重要意义。我们一定要认真贯彻落实习近平总书记关于话语体系建设的重要讲话精神，努力打造具有中国特色、中国风格、中国气派的理论学术话语体系，积极发挥好思想先导、理论支撑、文化传承、智力支持的功能和作用。

三　2017 年话语体系建设工作的设想与建议

中国特色话语体系是中国道路、中国制度、中国理论、中国文化的完整的表述体系，其中哲学社会科学话语体系是理论学术的话语体系，是中国特色社会主义话语体系的核心内容与理论支撑。我这里重点讲一下中国特色哲学社会科学话语体系建设问题。构建中国特色哲学社会科学话语体系，要以马克思列宁主义、毛泽东思想、中国特色社会主义理论体系为指导，植根于中国特色社会主义生动实践，汲取中华文化精华，坚持以我为主、为我所用，秉持面向世界、开放包容的态度，积极汲取国外优秀文化成果，着力打造融通中外的具有鲜明特色的创新表达，增强中国理论学术在国际上的话语权，推动中国哲学社会科学走向世界，中华文化走向世界。

（一）要毫不动摇地坚持以马克思主义为指导的话语体系建设方向

哲学社会科学话语体系具有鲜明的意识形态属性。习近平总书记在去年 5 月 17 日哲学社会科学工作座谈会上指出："坚持以马克思主义为指导，是当代中国哲学社会科学区别于其他哲学社会科学的根本标志，必须旗帜鲜明加以坚持。"[①] 反观西方国家，其往往以哲学社会科学研究的名义，在意识形态领域对我国进行长期渗透，企图通过所谓的学术研究扰乱意识形态领域的思想认识，动摇和否定马克思主义指导思想，以学术话语权实施"和平演变"图谋。建设中国特色哲学社会科学话语体系必须坚持以马克思主义为指导思想，牢牢掌握马克思主义话语权，把马克思主义的基本原理与中国的具体国情相结合，与建设中国特色社会主义的伟大实践相结合，用马克思主义的立场、观点和方法系统地研究阐释中国特色社会主义道路、中国特色社会主义制度、中国特色社会主义理论体系和中国特色社会主义文化，以新中国成立 60 多年特别是改革开放 30 多年我国在经济、政治、社会、文化、生态等领域取得的重大成就，雄辩地证明中国道路的必然性和中国制度的优越性，讲好中国故事，介绍中国方案，宣传中国精神，提出具有中华民族话语特色的标识性的新概念、新范畴、新理念、新观点、新表述，构建有中国特色的哲学社会科学话语体系。

---

① 习近平：《在哲学社会科学工作座谈会上的讲话》，人民出版社 2016 年版，第 8 页。

（二） 要进一步加强哲学社会科学话语体系的创新性研究

创新是哲学社会科学的生命力所在，是哲学社会科学的灵魂，离开了哲学社会科学创新本身，话语体系创新就成了无源之水、无本之木。

要注重学术研究理论创新，善于利用哲学社会科学创新成果突破前人提出的理论、学说和范式，提出新的概念、新的范畴和新的论断。当前，哲学社会科学界最重要的理论创新工作，就是研究阐释习近平总书记系列重要讲话和治国理政新理念新思想新战略，围绕坚持和发展中国特色社会主义、实现中华民族伟大复兴的中国梦、统筹推进"五位一体"总体布局和协调推进"四个全面"战略布局、丰富"一国两制"实践和推进祖国统一、走和平发展道路等方面，开展一系列的创新性研究，推动哲学社会科学话语体系建设。

要注重话语表达创新，新的学术观点必然要求用新的学术话语来表达，要克服"言必称西""言必称古"的表达倾向，用生动鲜活、具有民族特色的语言赋予其时代性和新的活力，让哲学社会科学话语拥有更广阔的语境，得到更广泛群体的关注和响应。要深入准确地把握时代的脉搏，提出能够反映我国经济社会发展规律、反映中国特色社会主义丰富实践的新思想、新概念、新表述，让群众听得懂、易理解和真信服，潜移默化地推动话语体系的大众化、普及化。

（三） 要通过哲学社会科学话语体系建设着力提升中国国际话语权和主导权

当前，我们讲建设中国特色哲学社会科学话语体系，虽然主要是针对国内哲学社会科学话语体系现状提出的，但也是针对全球化背景下西方的学术话语霸权造成的话语冲突和话语陷阱提出的。

在国际学术交流领域，要鼓励哲学社会科学机构参与和设立国际性学术组织，支持和鼓励建立海外中国学术研究中心，支持国外学会、基金会研究中国问题，加强国内外智库交流，推动海外中国学研究。要聚焦国际社会共同关注的问题，推出并牵头组织研究项目，增强我国哲学社会科学研究的国际影响力。要加强优秀外文学术网站和学术期刊建设，扶持推介面向国外的高水平研究成果。

在国际舆论宣传领域，要以对象国人民易于接受的形式，正面讲好中国道路、中国故事，介绍中国经验、中国方案，宣传中国文化、中国精神，传播中国思想、中国理论，让世界各国人民正确认识中国的历史、现在和未来，在国际上赢得更多国家的理解、尊重和支持。要针对西方国家对我国的双重标准、有色眼镜，在国际新闻宣传领域开展舆论斗争，重点解决哑语、失语问题。要通过"和平发展""中国梦""新安全观""新型大国关系""人类命运共同体""合作共享"等中国话语，宣传阐释中国和平发展的道路，化解"中国威胁论"和所谓大国对抗的"修昔底德陷阱"的认识误区，消除国际上对中国"国强必霸"历史逻辑的疑虑。要通过"一带一路"建设，联合爱好和平发展的国家开展经贸合作、人文交流，反制西方国家联手对我国的牵制和遏制。要通过积极参与国际组织事务，推动全球经济政治文化合作治理，增强我国在国际事务处理中的话语权和国际规则制订中的主导权。总之，要通过理论学术话语权和主导权为我国争取和平公正的国际环境。

最后，再强调一下要进一步完善全国话语体系建设的协调工作机制。全国话语体系建设协调工作机制已经运行三年多了，在中共中央宣传部的统一领导下，九家成员单位在各自的工作领域共同参与，开展了一系列研究、研讨、宣传、推介等工作，对于中国话语体系建设起到了积极推动作用。我们要及时总结这几年的工作经验，加强全国话语体系建设的协调工作机制建设，定期召开协调工作会议，安排年度工作；加强选题规划编制，统筹推进话语体系建设研究工作策划；筹办高端研讨会，交流研讨话语体系建设研究成果，今年除了5月上旬举办"第四届全国哲学社会科学话语体系建设理论研讨会"（协调会议办公室主办，国家行政学院承办），7月还要举办"中国哲学社会科学话语体系建设·浦东论坛"（中国浦东干部学院、上海市社会科学界联合会、中国社会科学院—上海市人民政府上海研究院共同主办）；办好《研究动态》，及时跟踪相应学科话语体系建设研究进展，今年拟印发 32～36 期，希望各成员单位积极投稿；继续编印"中国哲学社会科学话语体系研究辑刊"（第 3 辑），打造品牌，宣传推介话语体系建设研究成果。

　　同志们，今年将召开党的十九大。让我们在中共中央宣传部的指导下，深入贯彻落实以习近平同志为核心的党中央各项决策部署，认真学习好习近平总书记系列重要讲话精神和治国理政新理念新思想新战略，牢固树立政治意识、大局意识、核心意识、看齐意识，不断完善工作机制，以高度政治责任感做好话语体系建设工作，共同谱写话语体系建设的新篇章，为迎接党的十九大胜利召开提供强有力的思想舆论保证。

加快推进哲学社会科学话语体系建设，巩固马克思主义思想舆论阵地*

为深入学习贯彻习近平总书记关于哲学社会科学重要讲话精神，全面推进我国哲学社会科学话语体系建设，经过一段时间的筹备，第四届全国哲学社会科学话语体系建设理论研讨会今天顺利举行。首先，我谨代表中国社会科学院、代表全国哲学社会科学话语体系建设协调会议办公室，对研讨会的成功召开表示热烈祝贺！

加强哲学社会科学话语体系建设，是我国实践创新的需要，也是中国特色社会主义理论创新的要求。2016 年 5 月 17 日习近平总书记在哲学社会科学工作座谈会上的重要讲话，为我国哲学社会科学创新发展提供了根本遵循和行动指南，为哲学社会科学话语体系建设明确了指导方针和思路要求。这是当前和今后我国哲学社会科学话语体系建设的重要指引。

一 强化使命意识，深入贯彻落实习近平总书记关于话语体系建设的重要指示精神

话语体系是理论体系的集中表达，是历史发展的逻辑烙印。建设与中国特色社会主义事业发展要求相适应的话语体系，是当前我国哲学社

---

* 该文系作者 2017 年 5 月 4 日在山东青岛召开的第四届全国哲学社会科学话语体系建设理论研讨会上的讲话，原载中国社会科学院科研局《哲学社会科学话语体系建设研究动态》2017 年 6 月 6 日第 15 期，《世界社会主义研究》2017 年第 6 期，收入本书时有改动。

会科学发展面临的重要历史使命。习近平总书记关于话语体系建设的重要讲话精神，为我们推进中国特色话语体系建设提供了重要的理论依据与基本遵循。深刻领会习近平总书记关于话语体系建设的指示精神，充分认识话语体系建设的重要意义，需要从以下几个方面强化哲学社会科学工作者的使命担当意识。

（一） 围绕"两个创新"，高度重视话语体系建设

历史上每一次大的社会变革，无不蕴含着哲学社会科学基础理论创新。中国特色社会主义事业的全面推进，是我党在马克思主义指导下的伟大实践创新。习近平总书记在哲学社会科学工作座谈会上指出："当代中国正经历着我国历史上最为广泛而深刻的社会变革，也正在进行着人类历史上最为宏大而独特的实践创新。"[①] 这种实践创新，是在中国共产党人自觉地进行理论创新的背景下取得的。改革开放以来，我们党创造性地创立和发展了中国特色社会主义理论体系，开辟和拓展了中国特色社会主义道路，用"中国经验"和"中国奇迹"在世界发展史上增添了辉煌的一页。在中国革命和建设过程中，马克思主义基本范畴的确立和话语体系的构建，以及马克思主义话语体系在中国化进程中的衍进，极大地凝聚了中国社会主义革命和建设过程中的共识，推动了中国社会的历史性进步。当前，我国已经步入协调推进"四个全面"战略布局、实现"两个一百年"奋斗目标和"中国梦"的新的伟大征程。经过中国共产党人前赴后继的不懈奋斗，中国正日益成为我们这个时代聚光灯下的主角，为世界历史上演"中国故事"。这就迫切需要我们进一步推进实践创新，在实践中探索规律，总结改革发展规律；同时，要进一步加强理论创新，用理论创新的成果指导实践、阐释实践。实践雄辩地证明，只有不断推进话语体系建设，打造具有中国特色、中国风格、中国气派的哲学社会科学话语体系，才能对我国独特的发展实践作出科学全面的解释；才能在改革发展中始终筑牢思想防线，最大限度地

[①]　习近平：《在哲学社会科学工作座谈会上的讲话》，人民出版社 2016 年版，第 8 页。

凝聚社会共识；才能有力回应对中国特色社会主义的种种误读、错解和歪曲。只有用生动而准确的术语、概念和语言编织和描绘好中华民族伟大复兴的历史剧本，才能用中国的声音吸引人、说服人和感染人，为中国走入世界舞台中心提供理论支撑。

（二）着眼"两个巩固"，积极推进话语体系建设

话语体系服从于理论体系，更直接服务于实践。马克思在《关于费尔巴哈的提纲》中指出："哲学家们只是用不同的方式解释世界，而问题在于改变世界。"[①] 话语体系从来不会独立于社会生活之外，相反它构成当代各国价值观宣传和文化传播的重要支撑。我国宣传思想文化工作的根本任务，就是要巩固马克思主义在意识形态领域的指导地位，巩固全党全国人民团结奋斗的共同思想基础。当前，我们党正在进行具有许多新的历史特点的伟大斗争，面临着治国理政的新的巨大考验。在内部，由于社会主义市场经济条件下的利益主体多元化的影响，我国面临着社会思潮多元化对马克思主义指导地位侵蚀带来的风险；在外部，由于两种社会制度和意识形态的斗争仍在激烈进行，我国面临着西方资本主义国家对我国思想文化渗透带来的挑战。这就要求我们通过创新哲学社会科学话语体系，用贴近现实、反映真理的马克思主义创新话语来解释现实，用中国化的马克思主义话语来宣传群众，用党的思想理论的新创造成果来掌握群众，增强主流思想舆论的解释力和说服力。只有加强话语体系建设，才能有效抵御各种错误思潮的影响，增强广大人民群众对中国特色社会主义的道路自信、理论自信和制度自信。

（三）立足"两个视野"，科学看待话语体系建设

哲学社会科学本身是无国界的，但哲学社会科学的话语主体是有国界的。因此，哲学社会科学话语体系建设既需要有国际视野，也需要有民族视野。立足话语体系建设的民族视野，就是要始终坚持中国立场、

---

① 《马克思恩格斯选集》第 1 卷，人民出版社 2012 年版，第 140 页。

中国表达，就是要自觉地把中国道路、中国理论、中国制度、中国理念、中国方案、中国力量融入理论研究和分析的过程和结论中；就是要坚持中华民族文化和思想的特性，使话语体系建设更多地包含中国元素；就是要用生动鲜活、具有民族特色的语言，赋予中国哲学社会科学研究时代性和新活力。当代世界社会主义国家和资本主义国家的主流话语体系仍然存在着尖锐的对立和矛盾，在科学研究和宣传教育工作中我们不能盲目照搬西方话语体系，不能"言必称西"，奉西方话语为圭臬，盲目信奉和照搬所谓"国际惯例""国际流行""西方主流"，不能在理论工作和科学研究中落入西方国家话语权的陷阱。坚持民族视野，核心是要立足我国的本国立场和学术主体性，反对西方国家对中国的矮化、妖魔化，对其双重标准进行辩驳，避免在国际学术界失声、在国际宣传领域哑语、在国际舆论场失语。

推进话语体系建设需要有国际视野。只有准确把握当代世界的发展潮流，坚持从与世界互动的角度分析中国的发展脉络和前进方向，坚持将历史的纵向比较与各国的横向比较相结合，才能更深刻地阐释和宣传好中国道路和中国经验。中国要融入世界并在世界事务中发挥更大作用，也必须使自己的哲学社会科学话语体系具有更广阔的国际视野和更大的国际影响。因此，当代中国哲学社会科学话语体系建设要积极地走出去。要开辟中国特色的话语表述渠道，借助融通中外的新概念、新范畴、新表述，通过具有中国智慧的表达方式，正面推广中国文化、中国精神，演绎中国理念、中国思想，讲述中国道路、中国方案，努力占领国际话语的道义制高点，最大限度地赢得国际社会理解认同。要主动阐释中国对"人类命运共同体"的定义，推广传播"新安全观""新型大国关系""合作共享"等中国话语，消除国际疑虑。要通过宣传"一带一路"倡议，发挥我国在经贸文化方面的引领作用，宣传"和平发展"理念。要通过国内外学术交流和智库交流，借鉴性地使用国际上的流行话语，探讨国际社会共同关注的问题，推动全球经济政治文化合作治理，增强我国哲学社会科学研究的国际影响力。

二 强化政治意识，坚持以马克思主义指导话语体系建设方向

意识形态属性是哲学社会科学话语体系的重要特征。习近平总书记在哲学社会科学工作座谈会上指出："坚持以马克思主义为指导，是当代中国哲学社会科学区别于其他哲学社会科学的根本标志，必须旗帜鲜明加以坚持。"① 我国推进哲学社会科学话语体系建设，必须坚持以马克思主义为指导。

（一）话语体系建设要确立和巩固马克思主义话语权

话语体系是话语权的基础。话语体系是一个阶级、民族、国家在理论与实践活动中赖以确立话语权的前提、基础和表达形式的概念系统，具有鲜明的意识形态特色。在国际关系中，话语体系体现着一个国家、民族的地位。在国内关系中，话语体系关系到某一阶级及其政党在意识形态领域、思想文化领域有无指导权、主动权，也折射出其经济政治地位。对我国来说，能否做好话语体系建设关系到中国共产党执政、领导的理念和实践是否全面、完整，关系到党的执政的基本理论、基本路线、基本政策和发展战略能否在全国范围实施。

话语体系不是个别概念范畴，而是一个严密的逻辑系统。话语体系在构成要素上，包括反映阶级利益、意识形态、价值判断工具的"主题的选择"、"分析框架"和"使用的语言"。要正确区分话语权中的话语与理论研究中的学术语言。学术语言不属于上层建筑，只是思维外壳，没有任何阶级性；但话语权则属于上层建筑，是被赋予了权力、权利和权益功能的语言，具有确定的阶级内涵。因此，在哲学社会科学领域确立马克思主义话语权，需要我们在话语体系的建设上，从无产阶级立场出发选择主题，将历史唯物主义和剩余价值理论作为话语体系基础，

---

① 习近平：《在哲学社会科学工作座谈会上的讲话》，人民出版社 2016 年版，第 8 页。

以马克思主义理论框架来研究分析问题，科学选择和运用相关学术术语。

确立和巩固马克思主义话语权，哲学社会科学的各领域都不能搞所谓的"中性化""纯粹学术化""价值中立化"等。当前，马克思主义话语权占主导地位仍然是我国哲学社会科学的主流，但也存在马克思主义话语权被侵蚀、被取代的倾向，借学术外衣来逃避、排斥甚至否定马克思主义的现象还广泛存在。习近平总书记指出，"在有的领域中马克思主义被边缘化、空泛化、标签化，在一些学科中'失语'、教材中'失踪'、论坛上'失声'"①。对这一现象，一方面要坚决抵制，另一方面也需要主动发声。我们既要坚持继承马克思主义的已被实践和历史检验的话语；又要结合当代实际，不断创造马克思主义的新鲜话语，丰富发展创新马克思主义话语体系。只有这样，才能把话语权牢牢掌握在人民手里，掌握在党的手里。

（二）话语体系建设要重视思想舆论引导和斗争

争夺哲学社会科学领域话语权，是巩固党的意识形态阵地的必然要求。在理论研究中自觉运用马克思主义基本原理和方法论，在教学科研中主动宣传党的基本路线、基本理论、基本纲领、基本经验，都离不开话语体系的支撑。只有坚持用马克思主义的话语和中国特色社会主义的话语来表达，才能正本清源。只有坚守马克思主义核心话语的表达权利，才能避免模棱两可的话语在思想理论领域起误导作用。尤其是要防止对马克思主义经典作家话语的误读、曲解和有意回避，对中国化马克思主义话语的错误引用和不科学的运用，对西方话语的过度推崇和不加辨析地引用，以及打着创新和发展等旗号用一些新名词对马克思主义话语的替代。例如：一些学者或者媒体通过设置议题、引导舆论和炒作社会热点问题，用一些中性的概念来取代马克思主义和中国特色社会主义语境下的特定内容，或者用一些舶来词取代马克思主义，或者以现代化、发展马克思主义的名义歪曲和误读马克思主义概念。2018 年 5 月 2

---

① 习近平：《在哲学社会科学工作座谈会上的讲话》，人民出版社 2016 年版，第 10 页。

日，习近平总书记在考察北京大学马院时强调："高校马克思主义学院就是要坚持'马院姓马，在马言马'的鲜明导向和办学原则，为巩固马克思主义在意识形态领域的指导地位，推动马克思主义进校园、进课堂、进学生头脑，发挥应有作用。"①

（三）哲学社会科学话语体系建设要重视话语辨别和整合

哲学社会科学的研究范围广阔，涉及经济、社会、政治、历史、哲学等各领域。不同领域话语具有各自的应用情境和话语对象，不仅需要坚持相同的立场，还需要有一个相互协调的逻辑构架，相互借鉴和共同发挥作用。随着历史的发展，马克思主义话语体系中的用语、概念、范畴也在不断扩大、深化、丰富。列宁的帝国主义论、毛泽东同志的"新民主主义革命理论"、邓小平同志的有中国特色社会主义理论，都是这种发展的结果。将马克思主义话语体系与中国实际相结合，我党成功地传播、运用和发展了马克思主义理论，对指导中国革命建设和改革开放发挥了巨大作用。而民主社会主义等理论违背马克思主义原理，则在人类社会的发展中被无情地扫进历史的垃圾堆。

马克思主义意识形态传播和表述需要话语体系这个载体，而不同话语部分间的相互辨别和有机整合也非常必要。巩固马克思主义在我国意识形态领域的主导地位，必须重视话语辨别和整合。一方面，马克思主义话语体系的研究需要注重文本，梳理和提炼出马克思主义基本原理中的基本概念、判断、表述和核心范畴，梳理和总结我党重大理论成果中的主题语言和概念内涵，使之成为马克思主义话语体系研究梳理时的核心元素；另一方面，马克思主义话语体系的梳理和总结需要立足实践，即面向中国特色社会主义实践和人民群众实际关心的问题，赋予马克思主义话语体系研究实践特色、时代特色、民族特色。马克思主义话语体系研究还需要遵循开放性原则，运用恰当的语言和方式来表达我们自己

---

① 《习近平：抓住培养社会主义建设者和接班人根本任务　努力建设中国特色世界一流大学》，《人民日报》2018 年 5 月 3 日，第 1 版。

的观点和立场，坚决避免盲目地照抄或者照搬西方流行和时髦的概念、分析框架以及理论。在话语整合上，则是要处理好政治话语、学术话语及大众话语之间的关系。既要提升政治话语力量，也要加强学术话语的科学性和引导性，更要应对信息时代大众话语的崛起。只有梳理和总结好马克思主义话语体系，才能真正巩固马克思主义意识形态主导地位，才能提升马克思主义政治话语的影响力，才能促进大众话语的理性回归，增强对社会生活的说服力、解释力。

三 强化创新意识，遵循哲学社会科学发展规律

哲学社会科学话语体系的生成、发展和演变有其内在的规律性，当前推进话语体系建设需要遵循客观规律。具体地说，要做好以下几个方面。

（一）坚持理论继承与理论创新的统一

一种话语体系能不能落地生根、能不能成为主流话语体系，要看它是否科学和彻底。马克思主义话语体系建立在科学的基础之上，是对客观世界、人的思维认识和人类社会发展规律的客观反映。马克思主义的基本原理和立场、观点、方法是一个科学的体系，它提供的分析框架和逻辑结构仍然是我们洞察当代世界和探索未来社会的有力武器，不仅没有过时，也不会过时。当代中国哲学社会科学话语体系建设需要继承它的话语体系，在学术研究和理论宣传中要保持马克思主义话语永远"在场"。另外，马克思主义理论体系又是开放的、发展的，随着时代的发展和实践的推进，需要根据新的现实，构建出新的理论框架，揭示出新的学术原理，总结出新的思想观点，推出新的话语表达。要不断丰富和深化马克思主义的逻辑范畴和术语概念，赋予其新的时代内涵和现代表达形式，回答好新的时代性课题。

话语体系建设要立足于学术研究理论创新。话语体系的建设和创新，要建立在人类现有哲学社会科学成果基础之上，又要勇于突破原有

的理论范式和学术原理，敢于在前人基础上提出新概念、新术语和新观点。加强话语体系建设，必须把研究阐释习近平总书记治国理政新理念新思想新战略作为首要任务，准确把握其在马克思主义中国化进程中的历史定位，阐释好其实质要义、时代内涵和精神品格，阐明其与毛泽东思想、中国特色社会主义理论体系一脉相承的关系，揭示其与时俱进的特质。要围绕"五位一体"总体布局、"四个全面"战略布局、"四个意识"、"五大发展理念"、"人类命运共同体"等方面，进行深入的具体的创新性研究，使中国话语体系建设更丰富更生动，更具有理论穿透力和国内外影响力。

（二）坚持政治方向与学术导向的统一

加强话语体系建设，要坚持正确的政治方向。要坚持以马克思主义为指导，在学术研究中自觉运用辩证唯物主义和历史唯物主义的基本原理和方法论，牢牢把握正确的世界观方法论。要严守政治纪律、政治规矩，在重大政治原则和大是大非面前，始终与党中央保持一致，始终保持政治清醒、政治定力、政治敏锐性和政治鉴别力，自觉抵制各种反动的、错误的社会思潮。在学术领域坚持正确的政治方向，要重视并处理好方向和方式、方法之间的关系。要尊重学术发展规律，善于用哲学社会科学的学术理论输出正确的政治观点，在更深层次上和更大范围内，借学术逻辑、学术概念和学术语言表达正确的政治观点，避免以政策宣传替代学术研究，将学术理论简化为政治口号，削弱理论研究和学术研究的公信力、说服力。

（三）坚持话语体系创新与学科学术体系发展的统一

话语体系建设不能独立进行。话语体系建设贯穿于话语构建的各领域，涵盖学科体系、学术体系、教材体系和评价体系等方面。习近平总书记在全国哲学社会科学工作座谈会上指出，我国话语体系建设水平总体不高，"在建设以马克思主义为指导的学科体系、学术体系、话语体系上功力不足、高水平成果不多"①，"在学术命题、学术思想、学术观点、学术标准、学术话语上的能力和水平同我国综合国力和国际地位还不太相称"②。因此，话语体系建设要结合哲学社会科学的学科体系、教材体系、学术体系、评价体系等共同推进。

加强话语体系建设，首先，要在学科建设中使马克思主义话语成为核心话语、主流话语、热点话语，发挥主导和引领作用；其次，要在教材编写中充分体现马克思主义基本原理、基本命题及马克思主义中国化的最新成果；再次，要在学术命题、学术观点上充分反映马克思主义范畴、概念、观点、方法的适用性和生命力；又次，在学术标准上，马克思主义理论研究成果要高要求、严标准，避免简单重复，要根据现实变化深刻揭示其当代内涵；最后，要在学术评价上突出马克思主义主导地位，建立方向明确、科学权威、公开透明、公平开放的哲学社会科学人才和成果评价话语体系，扭转学术成果和人才评价体系中马克思主义导向指标少、权重弱、标准低的现象。

（四）坚持学术创新和表述创新的统一

话语体系建设离不开话语表述的创新。在哲学社会科学研究中，新的现象和规律、新的学术观点往往需要用新的学术话语来表述。话语体系建设要重视学术表述创新，要赋予哲学社会科学话语更广阔的背景、更深远的语境、更广泛的受众，推动话语体系的大众化、普及化。

在学术创新过程中推动话语表述创新，要防范西方学术界通过话语权转移带来的侵蚀。学术话语创新固然要吸收人类社会先进知识成果，但我国在引进相关哲学社会科学范畴和术语时，不能不加辨别地接受其前提和概念界定，要避免被西方国家用学术话语牵着鼻子走，按西方的话语逻辑"给争论下定义"，由西方学者和教材"提供参考术语"，从而掉进其"分配注意力"陷阱。总之，要在学术自信基础上推动话语

---

① 习近平：《在哲学社会科学工作座谈会上的讲话》，人民出版社 2016 年版，第 10 页。
② 习近平：《在哲学社会科学工作座谈会上的讲话》，人民出版社 2016 年版，第 15 页。

体系建设，这是当代中国哲学社会科学走向成熟的标志。

同志们，今年将召开党的十九大。让我们在中共中央宣传部的指导下，深入贯彻落实以习近平同志为核心的党中央各项决策部署，认真学习好习近平总书记系列重要讲话精神和治国理政新理念新思想新战略，牢固树立政治意识、大局意识、核心意识、看齐意识，以高度政治责任感推进话语体系建设，切实巩固马克思主义思想舆论阵地，为迎接党的十九大胜利召开作出自己更大的贡献。

后　记

　　张博、孙兆阳负责收集整理了文稿。21世纪马克思主义研究院北京办事处的工作人员马艺文做了具体编务工作。社会科学文献出版社谢寿光、王利民、冀祥德、杨群、姚冬梅、刘同辉等同志为本文集的出版付出了辛勤的努力，在此一并表示衷心感谢。

王伟光

2022年5月18日

图书在版编目（CIP）数据

哲学社会科学创新规律研究. 关于构建中国特色哲学
社会科学 / 王伟光著. -- 北京：社会科学文献出版社，
2024.1（2024.11 重印）
ISBN 978 - 7 - 5228 - 1252 - 6

Ⅰ.①哲…　Ⅱ.①王…　Ⅲ.①哲学社会科学 - 研究 -
中国　Ⅳ.①C

中国版本图书馆 CIP 数据核字（2022）第 250690 号

哲学社会科学创新规律研究：关于构建中国特色哲学社会科学

著　　者 / 王伟光

出 版 人 / 冀祥德
责任编辑 / 刘同辉
文稿编辑 / 程丽霞
责任印制 / 王京美

出　　版 / 社会科学文献出版社
　　　　　地址：北京市北三环中路甲 29 号院华龙大厦　邮编：100029
　　　　　网址：www. ssap. com. cn
发　　行 / 社会科学文献出版社（010）59367028
印　　装 / 唐山玺诚印务有限公司

规　　格 / 开　本：787mm × 1092mm　1/16
　　　　　印　张：22.5　插　页：0.5　字　数：324 千字
版　　次 / 2024 年 1 月第 1 版　2024 年 11 月第 2 次印刷
书　　号 / ISBN 978 - 7 - 5228 - 1252 - 6
定　　价 / 118.00 元

读者服务电话：4008918866